Células y herencic

CIENCIAS interactivas

PEARSON

Boston, Massachusetts
Chandler, Arizona
Glenview, Illinois
Upper Saddle River, New Jersey

AUTORES

¡Eres el autor!

A medida que escribas en este libro de Ciencias, dejarás un registro de tus respuestas y descubrimientos personales, de modo que este libro será único para ti. Por eso eres uno de los principales autores de este libro.

En el espacio que sigue, escribe tu nombre y el nombre de tu escuela, ciudad y estado. Luego, escribe una autobiografía breve que incluya tus intereses y tus logros.

TU NOMBRE ______________________

ESCUELA ______________________

CIUDAD, ESTADO ______________________

AUTOBIOGRAFÍA ______________________

Tu foto

Acknowledgments appear on pages 207–208, which constitutes an extension of this copyright page.

ISBN-13: 978-0-13-363853-0
ISBN-10: 0-13-363853-7
1 2 3 4 5 6 7 8 9 10 V063 14 13 12 11 10

EN LA PORTADA

Flor de pétalo

Todos los seres vivos, incluso esta dalia, están formados por células microscópicas. Dentro de cada célula de la flor, hay instrucciones químicas denominadas ADN que determinan el color de sus pétalos. El ADN actúa como un interruptor que "enciende" el color magenta en una parte de la flor mientras que lo "apaga" en otras partes. Cuando el ADN se "enciende" y "apaga" rápidamente, produce rayas de colores en los pétalos blancos.

Autores del programa

DON BUCKLEY, M.Sc.
Director de Tecnología de la información y las comunicaciones, The School at Columbia University, Nueva York, Nueva York
Durante casi dos décadas, Don Buckley ha estado a la vanguardia de la tecnología educativa para los grados K a 12. Fundador de Tecnólogos de Escuelas Independientes de la ciudad de Nueva York (NYCIST) y presidente de la conferencia anual de TI de la Asociación de Escuelas Independientes de Nueva York desde hace tiempo, Buckley ha enseñado a estudiantes de dos continentes y ha creado sistemas de instrucción multimedia y basados en Internet para escuelas de todo el mundo.

ZIPPORAH MILLER, M.A.Ed.
Directora ejecutiva adjunta de programas y conferencias para profesionales, Asociación Nacional de Maestros de Ciencias (NSTA), Arlington, Virginia
Directora ejecutiva adjunta de programas y conferencias para profesionales de la NSTA, Zipporah Miller es ex supervisora de Ciencias para los grados K a 12 y coordinadora de Ciencias, Tecnología, Ingeniería y Matemáticas del Distrito de Escuelas Públicas del Condado de Prince George, Maryland. Es consultora educativa de Ciencias y ha supervisado el desarrollo del plan de estudios y la capacitación de más de 150 coordinadores de Ciencias del distrito.

MICHAEL J. PADILLA, Ph.D.
Decano adjunto y director, Escuela de educación Eugene P. Moore, Clemson University, Clemson, Carolina del Sur
Ex maestro de escuela media y líder en la enseñanza de Ciencias en la escuela media, el doctor Michael Padilla se ha desempeñado como presidente de la Asociación Nacional de Maestros de Ciencias y como redactor de los Estándares Nacionales para la Enseñanza de Ciencias. Actualmente es profesor de Ciencias en Clemson University. Como autor principal de la serie *Science Explorer*, el doctor Padilla ha inspirado al equipo a desarrollar un programa que promueva la indagación en los estudiantes y cubra las necesidades de los estudiantes de hoy.

KATHRYN THORNTON, Ph.D.
Profesora y decana adjunta, Escuela de Ingeniería y Ciencias aplicadas, University of Virginia, Charlottesville, Virginia
Seleccionada por la NASA en mayo de 1984, la doctora Kathryn Thornton es veterana de cuatro vuelos espaciales. Tiene en su haber más de 975 horas en el espacio, incluidas más de 21 horas de actividades extravehiculares. Como autora de la serie *Scott Foresman Science*, el entusiasmo que Thornton siente por las ciencias ha inspirado a maestros de todo el mundo.

MICHAEL E. WYSESSION, Ph.D.
Profesor adjunto de Ciencias planetarias y Ciencias de la Tierra, Washington University, St. Louis, Missouri
Autor de más de 50 publicaciones científicas, el doctor Wysession ganó las prestigiosas becas de Packard Foundation y Presidential Faculty por su investigación en geofísica. El doctor Wysession es un experto en la estructura interna de la Tierra y ha realizado mapeos de varias regiones de la Tierra mediante la tomografía sísmica. Es conocido en todo el mundo por su trabajo en la enseñanza y difusión de la geociencia.

Autor de Comprensión a través del diseño

GRANT WIGGINS, Ed.D.
Presidente, Authentic Education, Hopewell, Nueva Jersey
El doctor Wiggins es co-autor de *Understanding by Design®* (UbD, por sus siglas en inglés), una filosofía del diseño curricular. UbD es una manera disciplinada de pensar el diseño curricular, la evaluación y la enseñanza: en vez de tratar de cubrir contenidos, busca asegurar la comprensión. El doctor Wiggins es uno de los reformadores educativos más influyentes de la actualidad y realiza consultorías para escuelas, distritos y departamentos de educación estatales.

Autor de *Planet Diary*

JACK HANKIN
Maestro de Ciencias y Matemáticas, The Hilldale School, Dale City, California
Fundador del sitio web Planet Diary
Jack Hankin es el creador y escritor de *Planet Diary*, un sitio web de actualidad científica. A Hankin le apasiona divulgar noticias sobre ciencia entre los estudiantes y fomentar su conciencia acerca del medio ambiente. Dictó varios talleres de *Planet Diary* en la NSTA y otros cursos de capacitación para docentes de escuelas medias y superiores.

Consultor de ELL

JIM CUMMINS, Ph.D.
Profesor y titular del Canada Research, *Departamento de plan de estudios, enseñanza y aprendizaje de University of Toronto.*
La investigación del doctor Cummins se centra en la lectoescritura en escuelas multilingües y el rol de la tecnología para estimular el aprendizaje entre planes de estudios. El programa *Ciencias interactivas* incorpora principios fundamentales basados en la investigación para integrar la lengua con la enseñanza de contenidos académicos, según el marco educativo del doctor Cummins.

Consultor de Lectura

HARVEY DANIELS, Ph.D.
Profesor de educación secundaria, University of New Mexico, Albuquerque, Nuevo México
El doctor Daniels es consultor internacional para escuelas, distritos y organismos educativos. Es autor y co-autor de 13 libros acerca de la lengua, lectoescritura y educación. Algunos de sus trabajos más recientes son *Comprehension and Collaboration: Inquiry Circles in Action* y *Subjects Matter: Every Teacher's Guide to Content-Area Reading.*

REVISORES

Escritores colaboradores

Edward Aguado, Ph.D.
Profesor, Departamento de Geografía
San Diego State University
San Diego, California

Elizabeth Coolidge-Stolz, M.D.
Escritora médica
North Reading, Massachusetts

Donald L. Cronkite, Ph.D.
Profesor de Biología
Hope College
Holland, Michigan

Jan Jenner, Ph.D.
Escritora de Ciencias
Talladega, Alabama

Linda Cronin Jones, Ph.D.
Profesora adjunta de Ciencias y Educación ambiental
University of Florida
Gainesville, Florida

T. Griffith Jones, Ph.D.
Profesor clínico adjunto de Educación en Ciencias
College of Education
University of Florida
Gainesville, Florida

Andrew C. Kemp, Ph.D.
Maestro
Jefferson County Public Schools
Louisville, Kentucky

Matthew Stoneking, Ph.D.
Profesor adjunto de Física
Lawrence University
Appleton, Wisconsin

R. Bruce Ward, Ed.D.
Investigador principal adjunto
Departamento de Educación en Ciencias
Harvard-Smithsonian Center for Astrophysics
Cambridge, Massachusetts

Agradecemos especialmente al *Museum of Science* (Museo de Ciencias) de Boston, Massachusetts, y a Ioannis Miaoulis, presidente y director del museo, su contribución como consultores de los elementos de tecnología y diseño de este programa.

Revisores de contenido

Paul D. Beale, Ph.D.
Departamento de Física
University of Colorado at Boulder
Boulder, Colorado

Jeff R. Bodart, Ph.D.
Profesor de Ciencias físicas
Chipola College
Marianna, Florida

Joy Branlund, Ph.D.
Departamento de Ciencias de la Tierra
Southwestern Illinois College
Granite City, Illinois

Marguerite Brickman, Ph.D.
División de Ciencias biológicas
University of Georgia
Athens, Georgia

Bonnie J. Brunkhorst, Ph.D.
Educación en Ciencias y Ciencias geológicas
California State University
San Bernardino, California

Michael Castellani, Ph.D.
Departamento de Química
Marshall University
Huntington, West Virginia

Charles C. Curtis, Ph.D.
Profesor investigador adjunto de Física
University of Arizona
Tucson, Arizona

Diane I. Doser, Ph.D.
Departamento de Ciencias geológicas
University of Texas
El Paso, Texas

Rick Duhrkopf, Ph.D.
Departamento de Biología
Baylor University
Waco, Texas

Alice K. Hankla, Ph.D.
The Galloway School
Atlanta, Georgia

Mark Henriksen, Ph.D.
Departamento de Física
University of Maryland
Baltimore, Maryland

Chad Hershock, Ph.D.
Centro para la Investigación del Aprendizaje y la Enseñanza
University of Michigan
Ann Arbor, Michigan

Jeremiah N. Jarrett, Ph.D.
Departamento de Biología
Central Connecticut State University
New Britain, Connecticut

Scott L. Kight, Ph.D.
Departamento de Biología
Montclair State University
Montclair, Nueva Jersey

Jennifer O. Liang, Ph.D.
Departamento de Biología
University of Minnesota–Duluth
Duluth, Minnesota

Candace Lutzow-Felling, Ph.D.
Directora de Educación
The State Arboretum of Virginia
University of Virginia
Boyce, Virginia

Cortney V. Martin, Ph.D.
Virginia Polytechnic Institute
Blacksburg, Virginia

Joseph F. McCullough, Ph.D.
Presidente del Programa de Física
Cabrillo College
Aptos, California

Heather Mernitz, Ph.D.
Departamento de Ciencias físicas
Alverno College
Milwaukee, Wisconsin

Sadredin C. Moosavi, Ph.D.
Departamento de Ciencias de la Tierra y Ciencias ambientales
Tulane University
Nueva Orleans, Luisiana

David L. Reid, Ph.D.
Departamento de Biología
Blackburn College
Carlinville, Illinois

Scott M. Rochette, Ph.D.
Departamento de Ciencias de la Tierra
SUNY College at Brockport
Brockport, Nueva York

Karyn L. Rogers, Ph.D.
Departamento de Ciencias geológicas
University of Missouri
Columbia, Missouri

Laurence Rosenhein, Ph.D.
Departamento de Química
Indiana State University
Terre Haute, Indiana

Sara Seager, Ph.D.
Departamento de Ciencias planetarias y Física
Massachusetts Institute of Technology
Cambridge, Massachusetts

Tom Shoberg, Ph.D.
Missouri University of Science and Technology
Rolla, Missouri

Patricia Simmons, Ph.D.
North Carolina State University
Raleigh, Carolina del Norte

William H. Steinecker, Ph.D.
Investigador académico
Miami University
Oxford, Ohio

Paul R. Stoddard, Ph.D.
Departamento de Geología y Geociencias ambientales
Northern Illinois University
DeKalb, Illinois

John R. Villarreal, Ph.D.
Departamento de Química
The University of Texas–Pan American
Edinburg, Texas

John R. Wagner, Ph.D.
Departamento de Geología
Clemson University
Clemson, Carolina del Sur

Jerry Waldvogel, Ph.D.
Departamento de Ciencias biológicas
Clemson University
Clemson, Carolina del Sur

Donna L. Witter, Ph.D.
Departamento de Geología
Kent State University
Kent, Ohio

Edward J. Zalisko, Ph.D.
Departamento de Biología
Blackburn College
Carlinville, Illinois

Revisores docentes

Herb Bergamini
The Northwest School
Seattle, Washington

David R. Blakely
Arlington High School
Arlington, Massachusetts

Jane E. Callery
Capital Region Education Council (CREC)
Hartford, Connecticut

Jeffrey C. Callister
Ex maestro de Ciencias de la Tierra
Newburgh Free Academy
Newburgh, Nueva York

Colleen Campos
Cherry Creek Schools
Aurora, Colorado

Scott Cordell
Amarillo Independent School District
Amarillo, Texas

Dan Gabel
Maestro consultor, Ciencias
Montgomery County Public Schools
Montgomery County, Maryland

Wayne Goates
Polymer Ambassador de Kansas
Intersociety Polymer Education Council (IPEC)
Wichita, Kansas

Katherine Bobay Graser
Mint Hill Middle School
Charlotte, Carolina del Norte

Darcy Hampton
Presidente del Departamento de Ciencias
Deal Middle School
Washington, D.C.

Sean S. Houseknecht
Elizabethtown Area Middle School
Elizabethtown, Pensilvania

Tanisha L. Johnson
Prince George's County Public Schools
Lanham, Maryland

Karen E. Kelly
Pierce Middle School
Waterford, Michigan

Dave J. Kelso
Manchester Central High School
Manchester, New Hampshire

Beverly Crouch Lyons
Career Center High School
Winston-Salem, Carolina del Norte

Angie L. Matamoros, Ed.D.
ALM Consulting
Weston, Florida

Corey Mayle
Durham Public Schools
Durham, Carolina del Norte

Keith W. McCarthy
George Washington Middle School
Wayne, Nueva Jersey

Timothy McCollum
Charleston Middle School
Charleston, Illinois

Bruce A. Mellin
Cambridge College
Cambridge, Massachusetts

John Thomas Miller
Thornapple Kellogg High School
Middleville, Michigan

Randy Mousley
Dean Ray Stucky Middle School
Wichita, Kansas

Yolanda O. Peña
John F. Kennedy Junior High School
West Valley, Utah

Kathleen M. Poe
Fletcher Middle School
Jacksonville Beach, Florida

Judy Pouncey
Thomasville Middle School
Thomasville, Carolina del Norte

Vickki Lynne Reese
Mad River Middle School
Dayton, Ohio

Bronwyn W. Robinson
Directora de plan de estudios
Algiers Charter Schools Association
Nueva Orleans, Luisiana

Sandra G. Robinson
Matoaca Middle School
Chesterfield, Virginia

Shirley Rose
Lewis and Clark Middle School
Tulsa, Oklahoma

Linda Sandersen
Sally Ride Academy
Whitefish Bay, Wisconsin

Roxanne Scala
Schuyler-Colfax Middle School
Wayne, Nueva Jersey

Patricia M. Shane, Ph.D.
Directora adjunta
Centro de Educación en Matemáticas y Ciencias
University of North Carolina at Chapel Hill
Chapel Hill, Carolina del Norte

Bradd A. Smithson
Coordinador del plan de estudios de Ciencias
John Glenn Middle School
Bedford, Massachusetts

Sharon Stroud
Consultora
Colorado Springs, Colorado

Consejo de catedráticos

Emily Compton
Park Forest Middle School
Baton Rouge, Luisiana

Georgi Delgadillo
East Valley School District
Spokane Valley, Washington

Treva Jeffries
Toledo Public Schools
Toledo, Ohio

James W. Kuhl
Central Square Middle School
Central Square, Nueva York

Bonnie Mizell
Howard Middle School
Orlando, Florida

Joel Palmer, Ed.D.
Mesquite Independent School District
Mesquite, Texas

Leslie Pohley
Largo Middle School
Largo, Florida

Susan M. Pritchard, Ph.D.
Washington Middle School
La Habra, California

Anne Rice
Woodland Middle School
Gurnee, Illinois

Richard Towle
Noblesville Middle School
Noblesville, Indiana

CONTENIDO

Entra en la Zona de laboratorio para hacer una indagación interactiva.

Investigación de laboratorio del capítulo:
• Indagación dirigida: Diseñar y construir un microscopio
• Indagación abierta: Diseñar y construir un microscopio

Indagación preliminar: • ¿Qué ves?
• ¿Qué tamaño tienen las células? • Detectar el almidón • Difusión en acción

Actividades rápidas de laboratorio:
• Comparar células • Observar células
• Modelo de una célula en gelatina • Tejidos, órganos y sistemas • ¿Qué es un compuesto?
• ¿Qué es ese sabor? • Los efectos de la concentración en la difusión

my science online.com

Visita MyScienceOnline.com para interactuar con el contenido del capítulo en inglés.
Palabra clave: ***Introduction to Cells***

UNTAMED SCIENCE
• *Touring Hooke's Crib!*

PLANET DIARY
• *Introduction to Cells*

INTERACTIVE ART
• *Plant and Animal Cells* • *Specialized Cells*

ART IN MOTION
• *Passive and Active Transport*

VIRTUAL LAB
• *How Can You Observe Cells?*

CAPÍTULO 2

Procesos celulares y energía

Entra en la Zona de laboratorio para hacer una indagación interactiva.

Investigación de laboratorio del capítulo:
• Indagación dirigida: Exhalar dióxido de carbono
• Indagación abierta: Exhalar dióxido de carbono

Indagación preliminar: • ¿De dónde proviene la energía? • Respiración celular • ¿Qué hacen las células de la levadura?

Actividades rápidas de laboratorio:
• Energía que proviene del sol • Observar los pigmentos • Observar la fermentación • Observar la mitosis • Hacer un modelo de la mitosis

my science online.com

Visita MyScienceOnline.com para interactuar con el contenido del capítulo en inglés.
Palabra clave: ***Cell Processes and Energy***

UNTAMED SCIENCE
• *Yum...Eating Solar Energy*

PLANET DIARY
• *Cell Processes and Energy*

INTERACTIVE ART
• *Photosynthesis* • *Cellular Respiration*
• *Cell Growth and Division*

ART IN MOTION
• *Opposite Processes*

VIRTUAL LAB • *The Inner Workings of Photosynthesis*

CONTENIDO

Entra en la Zona de laboratorio para hacer una indagación interactiva.

Investigación de laboratorio del capítulo:
• Indagación dirigida: ¡Toma la decisión correcta!
• Indagación abierta: ¡Toma la decisión correcta!

Indagación preliminar: • ¿Cómo es el padre? • ¿Qué probabilidades hay? • Observar rasgos • Cromosomas: ¿cuál es cuál?

Actividades rápidas de laboratorio:
• Observar pistilos y estambres • Inferir la generación parental • Cruces de monedas • Patrones de herencia • ¿Todo está en los genes? • Los cromosomas y la herencia • Hacer un modelo de la meiosis

my science online .com

Visita MyScienceOnline.com para interactuar con el contenido del capítulo en inglés.
Palabra clave: *Genetics: The Science of Heredity*

UNTAMED SCIENCE
• *Where'd You Get Those Genes?*

PLANET DIARY
• *Genetics: The Science of Heredity*

INTERACTIVE ART
• *Punnett Squares* • *Effects of Environment on Genetic Traits*

ART IN MOTION
• *Meiosis*

CAPÍTULO 4

El ADN: El código de la vida

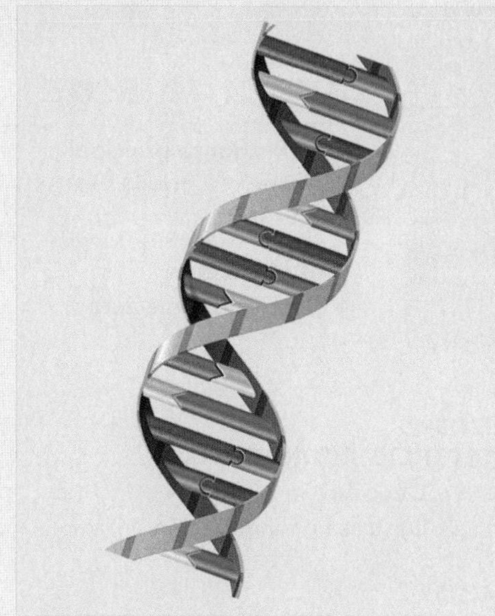

Entra en la Zona de laboratorio para hacer una indagación interactiva.

Investigación de laboratorio del capítulo:
- Indagación dirigida: ¿Culpable o inocente?
- Indagación abierta: ¿Culpable o inocente?

Indagación preliminar: • ¿Puedes descifrar el código? • ¿Qué es el ARN? • ¡Uy!

Actividades rápidas de laboratorio:
- Hacer un modelo del código genético
- Hacer un modelo de la síntesis de proteínas
- Los efectos de las mutaciones • ¿Qué sucede cuando hay demasiadas células?

my science online.com

Visita MyScienceOnline.com para interactuar con el contenido del capítulo en inglés.
Palabra clave: ***DNA: The Code of Life***

UNTAMED SCIENCE
- *Why Is This Lobster Blue?*

PLANET DIARY
- *DNA: The Code of Life*

INTERACTIVE ART
- *Copying DNA* • *Making Proteins*

ART IN MOTION
- *Understanding DNA*

VIRTUAL LAB
- *Track Down the Genetic Mutation*

CONTENIDO

CAPÍTULO 5

Genética humana y tecnología genética

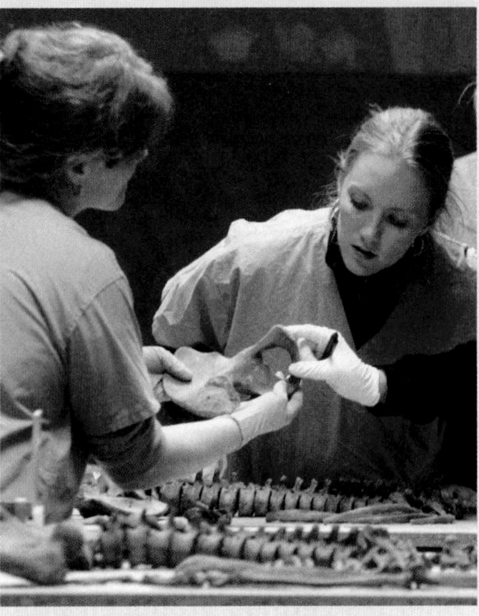

Entra en la Zona de laboratorio para hacer una indagación interactiva.

Investigación de laboratorio del capítulo:
• Indagación dirigida: ¿Cómo se heredan los genes de los cromosomas sexuales?
• Indagación abierta: ¿Cómo se heredan los genes de los cromosomas sexuales?

Indagación preliminar: • ¿Qué tan alto es alto? • ¿Cuántos cromosomas? • ¿Qué revelan las huellas digitales? • Uso de la información genética

Actividades rápidas de laboratorio: • Ojo por ojo • ¿Qué salió mal? • Acertijo familiar • Cruce selectivo • Extracción en acción

my science online.com

Visita MyScienceOnline.com para interactuar con el contenido del capítulo en inglés.
Palabra clave: ***Human Genetics and Genetic Technology***

UNTAMED SCIENCE
• *The Case of the X-Linked Gene*

PLANET DIARY
• *Human Genetics and Genetic Technology*

INTERACTIVE ART
• *Pedigree* • *DNA Fingerprinting*

ART IN MOTION
• *Understanding Genetic Engineering*

VIRTUAL LAB
• *Why Does My Brother Have It and I Don't?*

CAPÍTULO 6

Cambios a lo largo del tiempo

Entra en la Zona de laboratorio para hacer una indagación interactiva.

Investigación de laboratorio del capítulo:
- Indagación dirigida: Naturaleza en acción
- Indagación abierta: Naturaleza en acción

Indagación preliminar: • ¿Qué diferencias hay entre los seres vivos? • ¿Cómo puedes clasificar una especie? • Hacer una línea cronológica

Actividades rápidas de laboratorio:
• Adaptaciones del pico de un ave • Hallar pruebas • Aislamiento en gran escala • ¿Lento o rápido?

my science online.com

Visita MyScienceOnline.com para interactuar con el contenido del capítulo en inglés.
Palabra clave: *Change Over Time*

UNTAMED SCIENCE
- *Why Would a Fish Have Red Lips?*

PLANET DIARY
- *Change Over Time*

INTERACTIVE ART
- *What Is It Adapted To?*
- *Homologous Structures*

ART IN MOTION
- *Rate of Evolution*

REAL-WORLD INQUIRY
- *What Affects Natural Selection?*

CIENCIAS interactivas

Puedes escribir en el libro. Es tuyo.

¡Participa!

Al comienzo de cada capítulo verás dos preguntas: una Pregunta para participar y la Pregunta principal. Con la Pregunta principal de cada capítulo empezarás a pensar en las Grandes ideas de la ciencia. ¡Busca el símbolo de la Pregunta principal a lo largo del capítulo!

Untamed Science™

Sigue al equipo de los videos de *Untamed Science* mientras viaja por el mundo explorando las Grandes ideas de la ciencia.

Interactúa con tu libro.

Interactúa con la indagación.

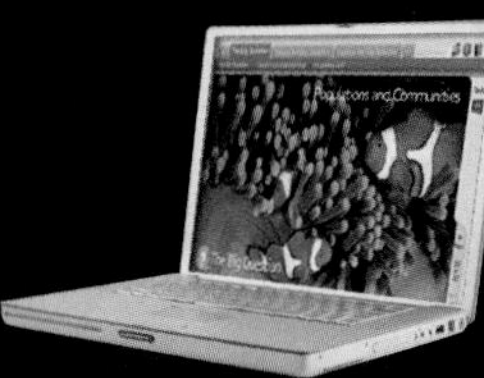

Interactúa en línea.

Desarrolla destrezas de lectura, indagación y vocabulario

En cada lección aprenderás nuevas destrezas de lectura e indagación. Esas destrezas te ayudarán a leer y pensar como un científico. Las destrezas de vocabulario te permitirán comunicar ideas de manera efectiva y descubrir el significado de las palabras.

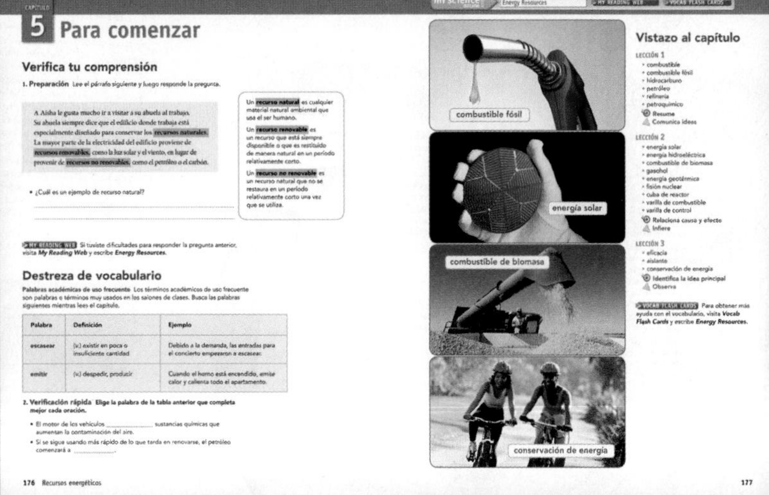

CAPÍTULO 5 Para comenzar

Verifica tu comprensión

1. Preparación Lee el párrafo siguiente y luego responde la pregunta.

A Aisha le gusta mucho ir a visitar a su abuela al trabajo. Su abuela siempre dice que el edificio donde trabaja está especialmente diseñado para conservar los recursos naturales. La mayor parte de la electricidad del edificio proviene de recursos renovables, como la luz solar y el viento, en lugar de provenir de recursos no renovables, como el petróleo o el carbón.

Un recurso natural es cualquier material natural ambiental que usa el ser humano.

Un recurso renovable es un recurso que está siempre disponible o que es restituido de manera natural en un período relativamente corto.

Un recurso no renovable es un recurso natural que no se restaura en un período relativamente corto una vez que se utiliza.

- ¿Cuál es un ejemplo de recurso natural?

MY READING WEB Si tuviste dificultades para responder la pregunta anterior, visita *My Reading Web* y escribe *Energy Resources*.

Destreza de vocabulario

Palabras académicas de uso frecuente Los términos académicos de uso frecuente son palabras o términos muy usados en los salones de clases. Busca las palabras siguientes mientras lees el capítulo.

Palabra	Definición	Ejemplo
escasear	(v.) existir en poca o insuficiente cantidad	Debido a la demanda, las entradas para el concierto empezaron a *escasear*.
emitir	(v.) despedir, producir	Cuando el horno está encendido, *emite* calor y calienta todo el apartamento.

2. Verificación rápida Elige la palabra de la tabla anterior que completa mejor cada oración.

- El motor de los vehículos ______ sustancias químicas que aumentan la contaminación del aire.
- Si se sigue usando más rápido de lo que tarda en renovarse, el petróleo comenzará a ______.

176 Recursos energéticos

my science online Energy Resources MY READING WEB VOCAB FLASH CARDS

combustible fósil

energía solar

combustible de biomasa

conservación de energía

Vistazo al capítulo

LECCIÓN 1
- combustible
- combustible fósil
- hidrocarburo
- petróleo
- refinería
- petroquímico

Resume
Comunica ideas

LECCIÓN 2
- energía solar
- energía hidroeléctrica
- combustible de biomasa
- gasohol
- energía geotérmica
- fisión nuclear
- cuba de reactor
- varilla de combustible
- varilla de control

Relaciona causa y efecto
Infiere

LECCIÓN 3
- eficacia
- aislante
- conservación de energía

Identifica la idea principal
Observa

VOCAB FLASH CARDS Para obtener más ayuda con el vocabulario, visita *Vocab Flash Cards* y escribe *Energy Resources*.

177

my science online.com

¡Conéctate!

Busca las opciones de tecnología de MyScienceOnline.com. En MyScienceOnline.com puedes sumergirte en un mundo virtual sorprendente, obtener práctica adicional en inglés e incluso participar de un *blog* sobre temas científicos de la actualidad.

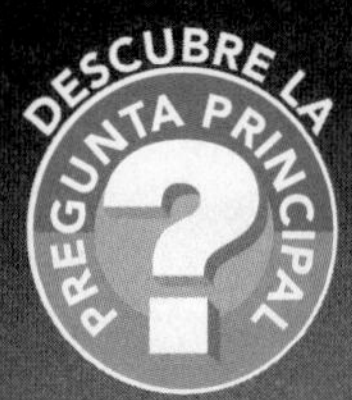

Explora los conceptos clave.

Cada lección comienza con una serie de preguntas sobre conceptos clave. Las actividades interactivas de cada lección te ayudarán a entender esos conceptos y a descubrir la Pregunta principal.

mi diario del planeta

Al comienzo de cada lección, Mi diario del planeta te presentará sucesos increíbles, personas importantes y descubrimientos significativos de la ciencia, o te ayudará a aclarar conceptos erróneos comunes en el mundo de la ciencia.

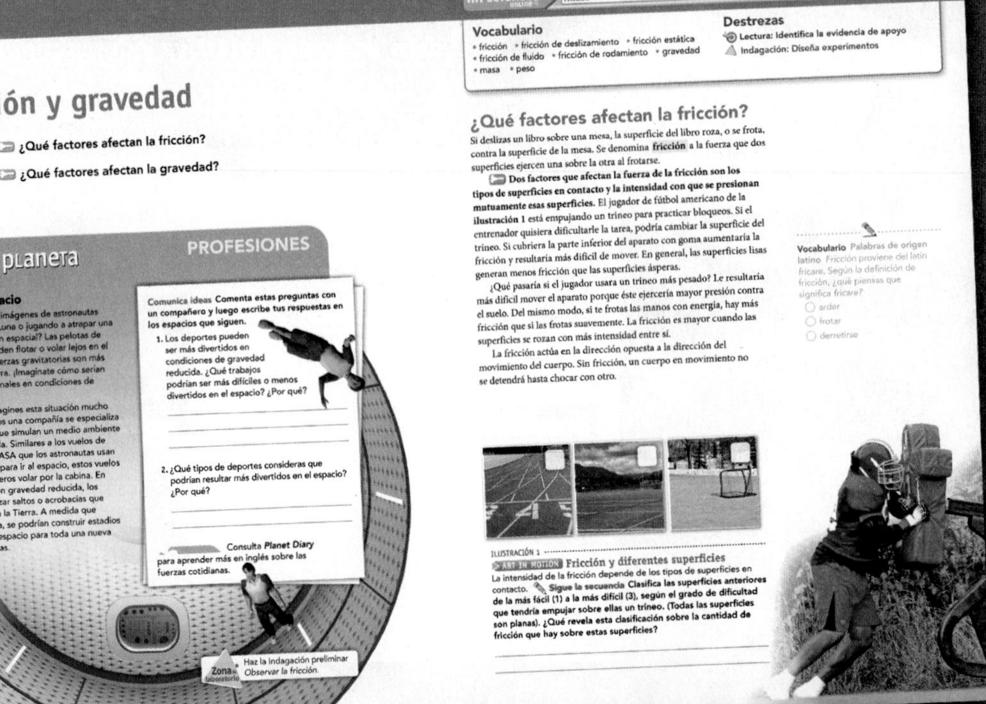

LECCIÓN 2 Fricción y gravedad

¿Qué factores afectan la fricción?

¿Qué factores afectan la gravedad?

Vocabulario
• fricción • fricción de deslizamiento • fricción estática • fricción de fluido • fricción de rodamiento • gravedad • masa • peso

Destrezas
Lectura: Identifica la evidencia de apoyo
Indagación: Diseña experimentos

mi diario del planeta — PROFESIONES

Atletas del espacio

¿Alguna vez has visto imágenes de astronautas jugando al golf en la Luna o jugando a atrapar una pelota en una estación espacial? Las pelotas de golf y de béisbol pueden flotar o volar lejos en el espacio, donde las fuerzas gravitatorias son más débiles que en la Tierra. ¡Imagínate cómo serían los deportes profesionales en condiciones de gravedad reducida!

No hará falta que imagines esta situación mucho tiempo más. Al menos una compañía se especializa en vuelos de avión que simulan un medio ambiente de gravedad reducida. Similares a los vuelos de entrenamiento de NASA que los astronautas usan cuando se preparan para ir al espacio, estos vuelos permiten a los pasajeros volar por la cabina. En medio ambientes con gravedad reducida, los atletas pueden realizar saltos o acrobacias que serían imposibles en la Tierra. A medida que avance la tecnología, se podrían construir estadios permanentes en el espacio para toda una nueva generación de atletas.

Comunica ideas Comenta estas preguntas con un compañero y luego escribe tus respuestas en los espacios que siguen.

1. Los deportes pueden ser más divertidos en condiciones de gravedad reducida. ¿Qué trabajos podrían ser más difíciles o menos divertidos en el espacio? ¿Por qué?

2. ¿Qué tipos de deportes consideras que podrían resultar más divertidos en el espacio? ¿Por qué?

Consulta Planet Diary para aprender más en inglés sobre las fuerzas cotidianas.

Zona de laboratorio: Haz la indagación preliminar Observar la fricción.

¿Qué factores afectan la fricción?

Si deslizas un libro sobre una mesa, la superficie del libro roza, o se frota, contra la superficie de la mesa. Se denomina **fricción** a la fuerza que dos superficies ejercen una sobre la otra al frotarse.

Dos factores que afectan la fuerza de la fricción son los tipos de superficies en contacto y la intensidad con que se presionan mutuamente esas superficies. El jugador de fútbol americano de la ilustración 1 está empujando un trineo para practicar bloqueos. Si el entrenador quisiera dificultarle la tarea, podría cambiar la superficie del trineo. Si cubriera la parte inferior del aparato con goma aumentaría la fricción y resultaría más difícil de mover. En general, las superficies lisas generan menos fricción que las superficies ásperas.

¿Qué pasaría si el jugador usara un trineo más pesado? Le resultaría más difícil mover el aparato porque éste ejercería mayor presión contra el suelo. Del mismo modo, si te frotas las manos con energía, hay más fricción que si las frotas suavemente. La fricción es mayor cuando las superficies se rozan con más intensidad entre sí.

La fricción actúa en la dirección opuesta a la dirección del movimiento del cuerpo. Sin fricción, un cuerpo en movimiento no se detendrá hasta chocar con otro.

Vocabulario Palabras de origen latino Fricción proviene del latín fricare. Según la definición de fricción, ¿qué piensas que significa fricare?
○ arder ○ frotar ○ derretirse

ILUSTRACIÓN 1 ART IN MOTION Fricción y diferentes superficies
La intensidad de la fricción depende de los tipos de superficies en contacto. Sigue la secuencia Clasifica las superficies anteriores de la más fácil (1) a la más difícil (3), según el grado de dificultad que tendría empujar sobre ellas un trineo. (Todas las superficies son planas). ¿Qué revela esta clasificación sobre la cantidad de fricción que hay sobre estas superficies?

36 Fuerzas

Explica lo que sabes.

Busca el símbolo del lápiz. Cuando lo veas, será momento de interactuar con tu libro y demostrar lo que has aprendido.

¡aplícalo!

Desarrolla tus conocimientos con las actividades de Aplícalo. Ésta es tu oportunidad de poner en práctica lo que aprendiste y aplicar esas destrezas a situaciones nuevas.

Zona de laboratorio

Cuando veas el triángulo de la Zona de laboratorio, es hora de hacer una indagación de laboratorio interactiva. En cada lección, tendrás la oportunidad de hacer una actividad de indagación interactiva que te ayudará a reforzar la comprensión del tema principal.

utrientes del suelo de
te en un desierto. La
ndiciones desérticas se

ejemplo, una **sequía** es
n un lugar. En períodos
de las plantas, el suelo
vo del ganado vacuno
ia también pueden

eas desertificadas, no
Como consecuencia,
icación es un problema
se trasladan de las
vivir de la tierra.

mérica
l Norte
Europa
Asia
Océano Atlántico
Océano Pacífico
América del Sur
África
Océano Índico
Australia
Antártida
Clave
Desierto existente
Área de alto riesgo
Área de riesgo moderado

o en áreas donde ya existe
culo un área del mapa para

esertificación, ¿qué medidas
os?

Recuperación de la tierra Afortunadamente, es posible reemplazar la tierra dañada por la erosión o la minería. El proceso que consiste en restaurar un área de tierra y llevarla a un estado más productivo se denomina **recuperación de la tierra.** Además de recuperar la tierra para la agricultura, este proceso puede recuperar hábitats para la vida silvestre. Hoy en día, en todo el mundo, se están llevando adelante muchos tipos diferentes de proyectos de recuperación de la tierra. De todos modos, suele ser más difícil y más caro restaurar la tierra y el suelo dañados que proteger esos recursos desde un primer momento. En algunos casos, es probable que la tierra nunca vuelva a su estado original.

ILUSTRACIÓN 4

Recuperación de la tierra
Estas fotografías muestran un área de terreno antes y después de la explotación minera.

Comunica ideas Debajo de las fotografías, escribe una historia sobre lo que sucedió con la tierra.

Haz la Actividad rápida de laboratorio *Hacer modelos de la conse...*

Evalúa tu comprensión

1a. Repasa El subsuelo tiene (menos/más) materia vegetal y animal que el suelo superior.

b. Explica ¿Qué puede suceder con el suelo si se sacan las plantas?

c. Aplica conceptos ... que podrían im... recuperación...

¿comprendiste?

○ ¡Comprendí! Ahora sé que la administración del suelo es importa...

○ Necesito más ayuda con

Consulta MY SCIENCE COACH en línea para obtener ayuda en inglés sobre este tema.

¿comprendiste?

Evalúa tu progreso.

Después de responder la pregunta de ¿Comprendiste?, reflexiona sobre tu progreso. ¿Comprendiste el tema o necesitas un poco de ayuda? Recuerda: puedes consultar MY SCIENCE COACH para más información en inglés.

Explora la Pregunta principal.

En un momento del capítulo, tendrás la oportunidad de poner en práctica todo lo que aprendiste para indagar más sobre la Pregunta principal.

Contaminación y soluciones

¿Qué podemos hacer para usar los recursos con responsabilidad?

ILUSTRACIÓN 4 REAL-WORLD INQUIRY Todos los seres vivos dependen de la tierra, el aire y el agua. Conservar estos recursos para el futuro es importante. Parte de la conservación de los recursos consiste en identificar y limitar las fuentes de contaminación.
Interpretar fotos En la fotografía, escribe en cada círculo la letra que mejor identifica la fuente de contaminación.

Tierra
Describe al menos una cosa que tu comunidad podría hacer para reducir la contaminación de la tierra.

Aire
Describe al menos una cosa que tu comunidad podría hacer para reducir la contaminación del aire.

Agua
Describe al menos una cosa que tu comunida podría hacer para reducir la contaminación del agua.

Clave de las fuentes de contaminación
A. Sedimentos
B. Desechos sólidos urbanos
...usado por

Zona de laboratorio Haz la Act laboratorio

Evalúa tu con

1a. Define ¿Qué son los s

b. Explica ¿Cómo puede limpiar un derrame de

c. ¿Qué pode recursos c

d. DESAFÍO ¿Por qué querer reciclar los d pesar de que así rec del agua?

¿comprendiste?.
O ¡Comprendí! Ahor reducir la contami
O Necesito más ayu
Consulta MY SCIENCE obtener ayuda en

Responde la Pregunta principal.

Es hora de demostrar lo que sabes y responder la Pregunta principal.

Repasa lo que has aprendido.

Usa la Guía de estudio del capítulo para repasar la Pregunta principal y prepararte para el examen.

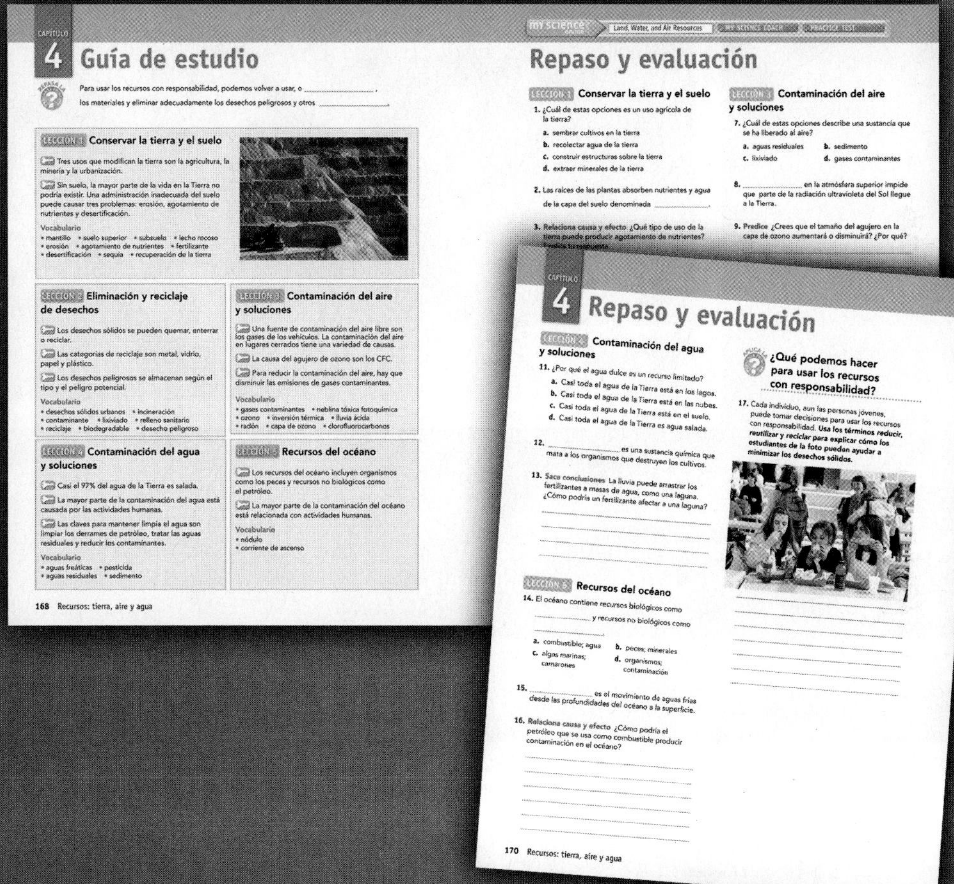

CAPÍTULO 4

Guía de estudio

Para usar los recursos con responsabilidad, podemos volver a usar, o ______________, los materiales y eliminar adecuadamente los desechos peligrosos y otros ______________.

LECCIÓN 1 Conservar la tierra y el suelo

Tres usos que modifican la tierra son la agricultura, la minería y la urbanización.

Sin suelo, la mayor parte de la vida en la Tierra no podría existir. Una administración inadecuada del suelo puede causar tres problemas: erosión, agotamiento de nutrientes y desertificación.

Vocabulario
- mantillo • suelo superior • subsuelo • lecho rocoso
- erosión • agotamiento de nutrientes • fertilizante
- desertificación • sequía • recuperación de la tierra

LECCIÓN 2 Eliminación y reciclaje de desechos

Los desechos sólidos se pueden quemar, enterrar o reciclar.

Las categorías de reciclaje son metal, vidrio, papel y plástico.

Los desechos peligrosos se almacenan según el tipo y el peligro potencial.

Vocabulario
- desechos sólidos urbanos • incineración
- contaminante • lixiviado • relleno sanitario
- reciclaje • biodegradable • desecho peligroso

LECCIÓN 3 Contaminación del aire y soluciones

Una fuente de contaminación del aire libre son los gases de los vehículos. La contaminación del aire en lugares cerrados tiene una variedad de causas.

La causa del agujero de ozono son los CFC.

Para reducir la contaminación del aire, hay que disminuir las emisiones de gases contaminantes.

Vocabulario
- gases contaminantes • neblina tóxica fotoquímica
- ozono • inversión térmica • lluvia ácida
- radón • capa de ozono • clorofluorocarbonos

LECCIÓN 4 Contaminación del agua y soluciones

Casi el 97% del agua de la Tierra es salada.

La mayor parte de la contaminación del agua está causada por las actividades humanas.

Las claves para mantener limpia el agua son limpiar los derrames de petróleo, tratar las aguas residuales y reducir los contaminantes.

Vocabulario
- aguas freáticas • pesticida
- aguas residuales • sedimento

LECCIÓN 5 Recursos del océano

Los recursos del océano incluyen organismos como los peces y recursos no biológicos como el petróleo.

La mayor parte de la contaminación del océano está relacionada con actividades humanas.

Vocabulario
- nódulo
- corriente de ascenso

168 Recursos: tierra, aire y agua

my science online | Land, Water, and Air Resources | MY SCIENCE COACH | PRACTICE TEST

Repaso y evaluación

LECCIÓN 1 Conservar la tierra y el suelo

1. ¿Cuál de estas opciones es un uso agrícola de la tierra?
   a. sembrar cultivos en la tierra
   b. recolectar agua de la tierra
   c. construir estructuras sobre la tierra
   d. extraer minerales de la tierra

2. Las raíces de las plantas absorben nutrientes y agua de la capa del suelo denominada ______________.

3. **Relaciona causa y efecto** ¿Qué tipo de uso de la tierra puede producir agotamiento de nutrientes? Explica tu respuesta.

LECCIÓN 3 Contaminación del aire y soluciones

7. ¿Cuál de estas opciones describe una sustancia que se ha liberado al aire?
   a. aguas residuales b. sedimento
   c. lixiviado d. gases contaminantes

8. ______________ en la atmósfera superior impide que parte de la radiación ultravioleta del Sol llegue a la Tierra.

9. **Predice** ¿Crees que el tamaño del agujero en la capa de ozono aumentará o disminuirá? ¿Por qué?

CAPÍTULO 4

Repaso y evaluación

LECCIÓN 4 Contaminación del agua y soluciones

11. ¿Por qué el agua dulce es un recurso limitado?
    a. Casi toda el agua de la Tierra está en los lagos.
    b. Casi toda el agua de la Tierra está en las nubes.
    c. Casi toda el agua de la Tierra está en el suelo.
    d. Casi toda el agua de la Tierra es agua salada.

12. ______________ es una sustancia química que mata a los organismos que destruyen los cultivos.

13. **Saca conclusiones** La lluvia puede arrastrar los fertilizantes a masas de agua, como una laguna. ¿Cómo podría un fertilizante afectar a una laguna?

LECCIÓN 5 Recursos del océano

14. El océano contiene recursos biológicos como ______________ y recursos no biológicos como ______________.
    a. combustible; agua b. peces; minerales
    c. algas marinas; camarones d. organismos; contaminación

15. ______________ es el movimiento de aguas frías desde las profundidades del océano a la superficie.

16. **Relaciona causa y efecto** ¿Cómo podría el petróleo que se usa como combustible producir contaminación en el océano?

¿Qué podemos hacer para usar los recursos con responsabilidad?

17. Cada individuo, aun las personas jóvenes, puede tomar decisiones para usar los recursos con responsabilidad. **Usa los términos *reducir, reutilizar* y *reciclar* para explicar cómo los estudiantes de la foto pueden ayudar a minimizar los desechos sólidos.**

170 Recursos: tierra, aire y agua

Practica para los exámenes.

Aplica la Pregunta principal y haz un examen de práctica en el formato de examen estandarizado.

INTERACTÚA... CON TU LIBRO...

Visita MyScienceOnline.com y sumérgete en un mundo virtual sorprendente.

THE BIG QUESTION

Cada capítulo en línea comienza con una Pregunta principal. Tu misión es descubrir el significado de esa Pregunta principal a medida que se desarrolla cada lección de Ciencias.

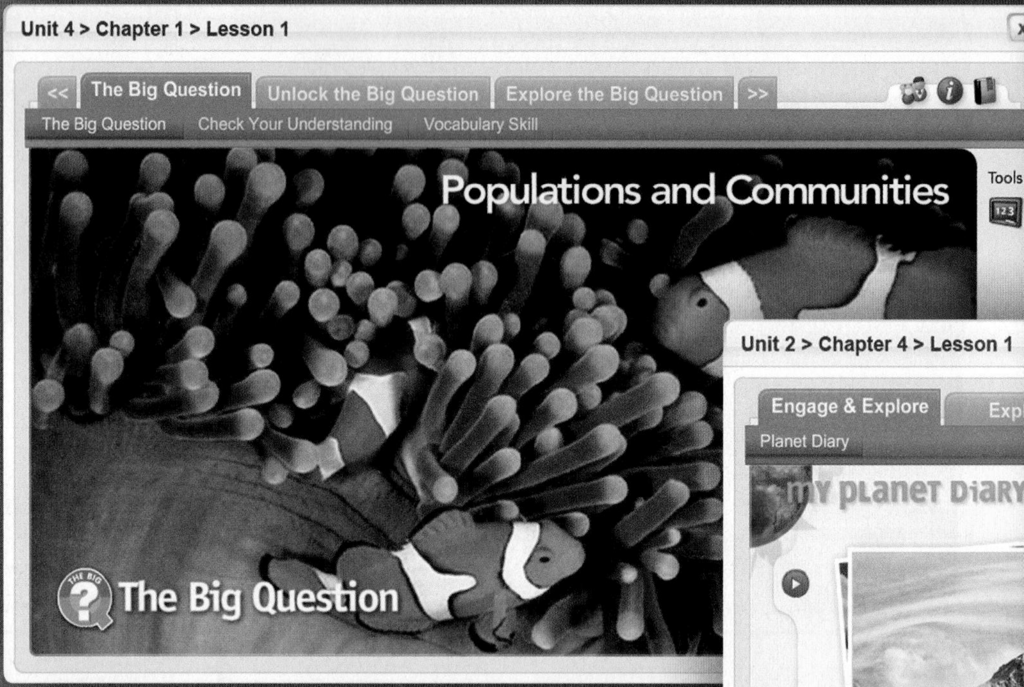

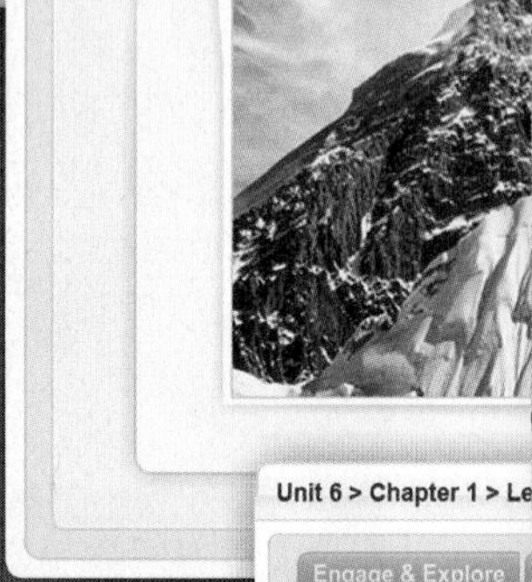

Unit 4 > Chapter 1 > Lesson 1

The Big Question | Unlock the Big Question | Explore the Big Question

The Big Question | Check Your Understanding | Vocabulary Skill

Populations and Communities

The Big Question

Unit 2 > Chapter 4 > Lesson 1

Engage & Explore

Planet Diary

VOCAB FLASH CARDS

Practica el vocabulario del capítulo con las tarjetas de vocabulario interactivas. Cada tarjeta tiene una imagen, definiciones en español y en inglés, y un espacio para que escribas tus notas.

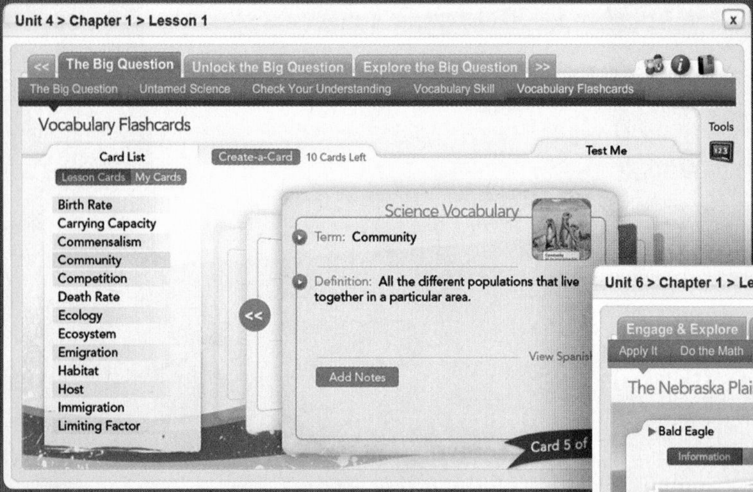

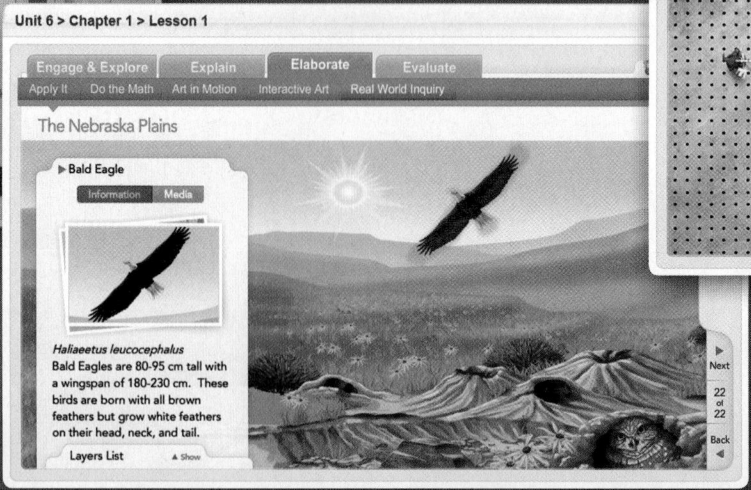

Unit 4 > Chapter 1 > Lesson 1

The Big Question | Untamed Science | Check Your Understanding | Vocabulary Skill | Vocabulary Flashcards

Vocabulary Flashcards

Card List: Birth Rate, Carrying Capacity, Commensalism, Community, Competition, Death Rate, Ecology, Ecosystem, Emigration, Habitat, Host, Immigration, Limiting Factor

Science Vocabulary

Term: Community

Definition: All the different populations that live together in a particular area.

Add Notes

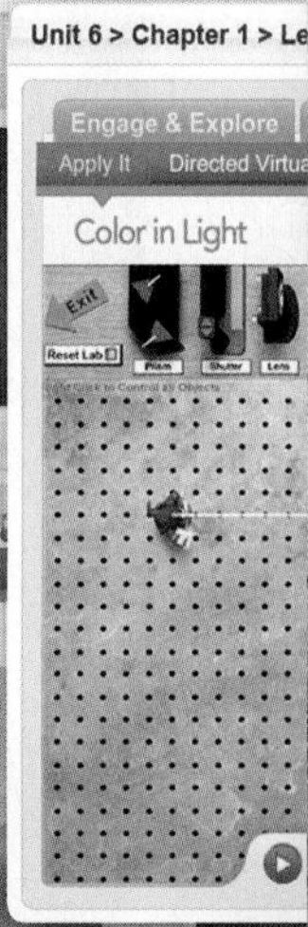

Unit 6 > Chapter 1 > Lesson 1

Engage & Explore | Explain | Elaborate | Evaluate

Apply It | Do the Math | Art in Motion | Interactive Art | Real World Inquiry

The Nebraska Plains

Bald Eagle

Haliaeetus leucocephalus
Bald Eagles are 80-95 cm tall with a wingspan of 180-230 cm. These birds are born with all brown feathers but grow white feathers on their head, neck, and tail.

Color in Light

INTERACTIVE ART

En MyScienceOnline.com, muchas de las hermosas imágenes de tu libro se vuelven interactivas para que puedas ampliar tus conocimientos.

CIENCIAS interactivas

CONÉCTATE

my science online.com | Populations and Communities | PLANET DIARY | LAB ZONE | VIRTUAL LAB

http://www.myscienceonline.com/

PLANET DIARY

Consulta *My Planet Diary* en línea para hallar más información y actividades en inglés relacionadas con el tema de la lección.

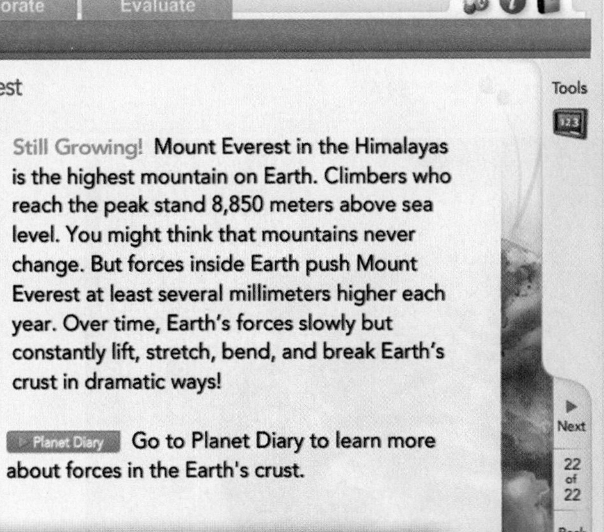

VIRTUAL LAB

Obtén más práctica en estos laboratorios virtuales realistas. Manipula las variables en pantalla y pon a prueba tus hipótesis.

Busca tu capítulo

1. Visita www.myscienceonline.com.
2. Ingresa tu nombre de usuario y contraseña.
3. Haz clic en tu programa y selecciona el capítulo.

Búsqueda de palabras clave

1. Visita www.myscienceonline.com.
2. Ingresa tu nombre de usuario y contraseña.
3. Haz clic en tu programa y selecciona *Search* (Buscar).
4. Escribe en el casillero de búsqueda la palabra clave en inglés (que aparece en tu libro).

Contenido adicional disponible en línea

UNTAMED SCIENCE Sigue las aventuras de estos jóvenes científicos en sus sorprendentes *blogs* con videos en línea mientras viajan por el mundo en busca de respuestas a las Preguntas principales de la ciencia.

MY SCIENCE COACH ¿Necesitas más ayuda? *My Science Coach* es tu compañero de estudio personal en línea. *My Science Coach* es una oportunidad para obtener más práctica en inglés con los conceptos clave de Ciencias. Te permite elegir varias herramientas distintas que te orientarán en cada lección de Ciencias.

MY READING WEB ¿Necesitas más ayuda con las lecturas de un tema de Ciencias en particular? En *My Reading Web* encontrarás una variedad de selecciones en inglés adaptadas a tu nivel de lectura específico.

LAS GRANDES IDEAS DE LA CIENCIA

¿Alguna vez has resuelto un rompecabezas? Generalmente, los rompecabezas tienen un tema que sirve de guía para agrupar las piezas según lo que tienen en común. Pero el rompecabezas no queda resuelto hasta que se colocan todas las piezas. Estudiar Ciencias es como resolver un rompecabezas. Las grandes ideas de la ciencia son como temas de un rompecabezas. Para entender las grandes ideas, los científicos hacen preguntas. Las respuestas a esas preguntas son como las piezas de un rompecabezas. Cada capítulo de este libro plantea una pregunta principal para que pienses en una gran idea de la ciencia. A medida que respondas estas preguntas principales, estarás más cerca de comprender la gran idea.

Antes de leer cada capítulo, escribe qué sabes y qué más te gustaría saber sobre el tema.

Grant Wiggins, co-autor de *Understanding by Design*

GRANIDEA

Los seres vivos están formados por células.

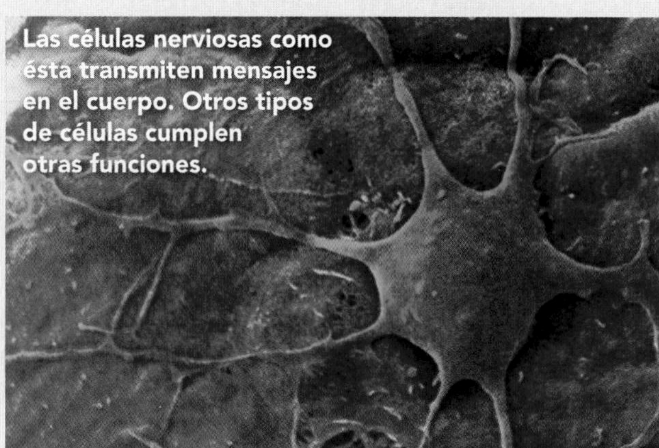

Las células nerviosas como ésta transmiten mensajes en el cuerpo. Otros tipos de células cumplen otras funciones.

¿Qué sabes sobre la función que cumple una célula? ¿Qué más te gustaría saber?

____

____

____

Pregunta principal:

¿De qué están hechas las células? Capítulo 1

Después de leer el capítulo, escribe lo que has aprendido sobre la Gran idea.

____

____

____

GRANIDEA

Los seres vivos obtienen y usan energía.

Un león caza una cebra. El león obtiene su energía cuando come a la cebra. La cebra obtuvo su energía cuando comió pasto.

¿Qué sabes sobre cómo obtienen alimento y energía los animales y las plantas? ¿Qué más te gustaría saber?

____

____

____

Pregunta principal:

¿Cómo obtienen la energía los seres vivos? Capítulo 2

Después de leer el capítulo, escribe lo que has aprendido sobre la Gran idea.

____

____

____

GRANIDEA

La información genética se transmite de padres a hijos.

De vez en cuando, nace un bebé koala con pelaje blanco en lugar de pelaje gris. Incluso con esa llamativa diferencia, se puede afirmar que el bebé está emparentado con su madre.

¿Qué sabes sobre el parecido entre un ser vivo y sus progenitores? ¿Qué más te gustaría saber?

Preguntas principales:

- ¿Por qué los seres vivos no siempre se parecen a sus progenitores? Capítulo 3
- ¿Qué función cumple el ADN? Capítulo 4
- ¿Cómo se puede usar la información genética? Capítulo 5

Después de leer los capítulos, escribe lo que has aprendido sobre la Gran idea.

GRANIDEA

Los seres vivos cambian con el tiempo.

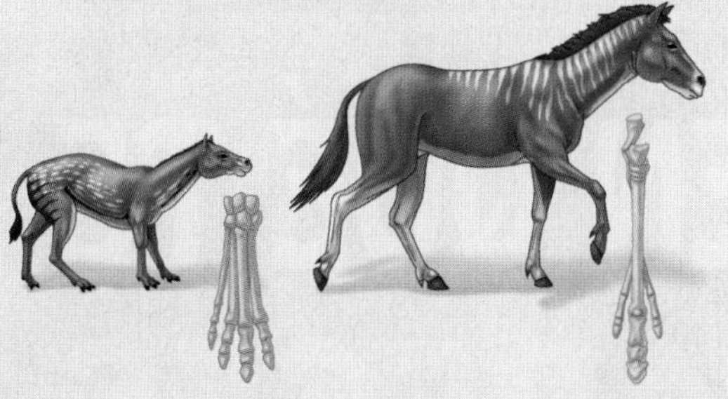

Los caballos actuales descienden de animales mucho más pequeños que tenían dedos en lugar de pezuñas.

¿Qué sabes sobre los cambios en los seres vivos? ¿Qué más te gustaría saber?

Pregunta principal:

- ¿Cómo cambian los seres vivos con el tiempo? Capítulo 6

Después de leer el capítulo, escribe lo que has aprendido sobre la Gran idea.

¿EN QUÉ TE PARECES A ESTA CRIATURA?

¿De qué están hechas las células?

Cuando te miras al espejo seguramente no ves a esta criatura. Este animal de las profundidades marinas no tiene piel ni boca ni pelo como tú. Es un animal joven que vive en el océano Atlántico y que cuando crezca se convertirá en un cangrejo o un langostino. Sin embargo, esta criatura y tú tienen más cosas en común de lo que te imaginas.

Infiere **¿Qué podrías tener en común con este joven animal marino?**

____

____

____

____

____

____

UNTAMED SCIENCE Mira el video de ***Untamed Science*** para aprender más sobre las células.

CAPÍTULO 1

Introducción a las células

Introduction to Cells

UNTAMED SCIENCE

THE BIG QUESTION

CAPÍTULO

1 Para comenzar

Verifica tu comprensión

1. **Preparación** Lee el párrafo siguiente y luego responde la pregunta.

> Has oído que una pequeña porción de suelo contiene millones de **organismos** y decides comprobarlo. Muchos organismos son demasiado pequeños y no se ven a simple vista; por eso, trajiste una lupa, o **lente** de aumento. Puedes ver algunos organismos, pero te parece que verías más si usaras una lente con más **aumento.**

Un **organismo** es un ser vivo.

Una **lente** es un trozo curvo de vidrio u otro material transparente que se usa para desviar la luz.

El **aumento** hace que las cosas se vean más grandes de lo que son.

- ¿Cómo te ayuda una lente de aumento, o lupa, a ver más objetos en el suelo de los que puedes ver a simple vista?

____

____

MY READING WEB Si tuviste dificultades para responder la pregunta anterior, visita ***My Reading Web*** y escribe ***Introduction to Cells.***

Destreza de vocabulario

Prefijos Algunas palabras se pueden dividir en partes. La raíz es la parte de la palabra que contiene el significado básico. Un prefijo es una parte que se coloca delante de la raíz para cambiar el significado de la palabra. Los prefijos siguientes te ayudarán a entender algunas de las palabras de vocabulario de este capítulo.

Prefijo	Significado	Ejemplo
cromo-	color	cromatina: (*s.*) material genético que se encuentra en el núcleo de una célula y que puede colorearse con tinturas
multi-	muchos	multicelular: (*adj.*) que tiene muchas células

2. **Verificación rápida Encierra en un círculo el prefijo de la palabra en negrita de la oración siguiente. ¿Qué te indica la palabra acerca de los organismos?**
   - Los peces, los insectos, las hierbas y los árboles son ejemplos de organismos **multicelulares.**

____

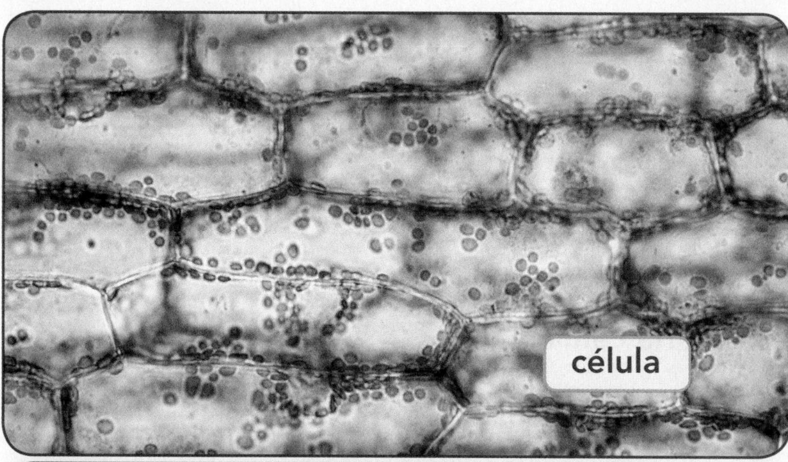

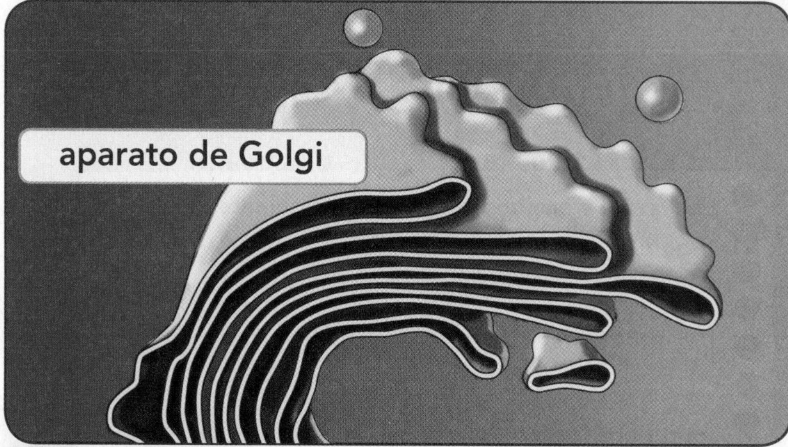

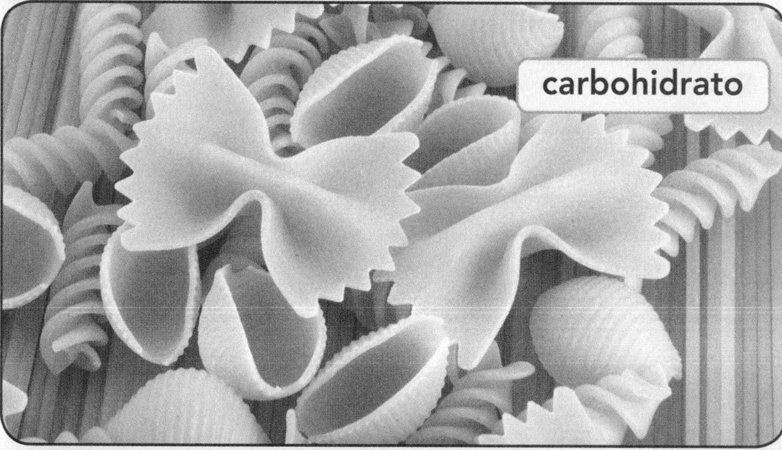

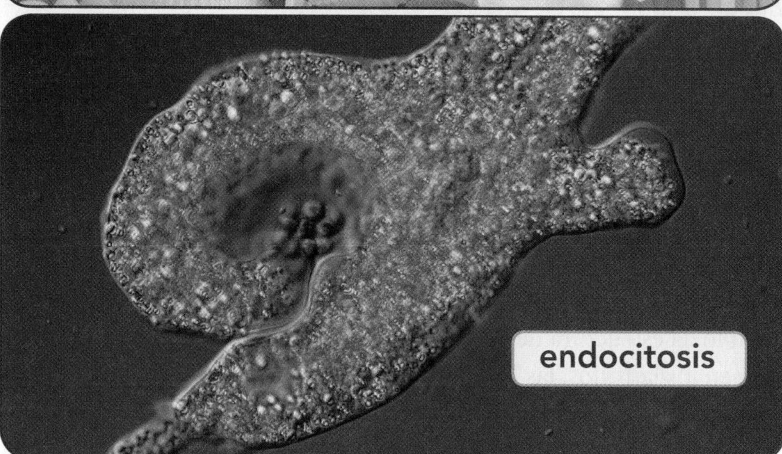

Vistazo al capítulo

LECCIÓN 1

- célula
- microscopio
- teoría celular

Sigue la secuencia
Mide

LECCIÓN 2

- pared celular • membrana celular
- núcleo • orgánulo • ribosoma
- citoplasma • mitocondria
- retículo endoplasmático
- aparato de Golgi • vacuola
- cloroplasto • lisosoma
- multicelular • unicelular
- tejido • órgano
- sistema de órganos

Identifica la idea principal
Haz modelos

LECCIÓN 3

- elemento • compuesto
- carbohidrato • lípido • proteína
- enzima • ácido nucleico • ADN
- doble hélice

Compara y contrasta
Saca conclusiones

LECCIÓN 4

- permeabilidad selectiva
- transporte pasivo • difusión
- ósmosis • transporte activo
- endocitosis • exocitosis

Relaciona causa y efecto
Predice

VOCAB FLASH CARDS Para obtener más ayuda con el vocabulario, visita ***Vocab Flash Cards*** y escribe ***Introduction to Cells.***

LECCIÓN 1

Descubrimiento de las células

- ¿Qué son las células?
- ¿Qué es la teoría celular?
- ¿Cómo funciona un microscopio?

mi Diario del planeta

VOCES DE LA HISTORIA

La vida a simple vista

Anton van Leeuwenhoek fue el primer científico en observar bacterias a través de un microscopio. En su diario, describió cómo se sintió después de descubrir esta nueva forma de vida desconocida.

"En mi vida he visto algo más cautivante que los miles de criaturas vivientes que hay en una sola gota de agua"

Lee la cita y responde la pregunta siguiente.

¿Por qué piensas que Leeuwenhoek estaba tan entusiasmado con lo que vio?

____

____

PLANET DIARY Consulta *Planet Diary* para aprender más en inglés sobre el estudio de las células.

Vista moderna de bacterias similares a las que vio Leeuwenhoek

Haz la Indagación preliminar *¿Qué ves?*

¿Qué son las células?

¿Qué crees que tienen en común una seta, un árbol, una araña, un pájaro y tú? Todos son seres vivos, u organismos. Como todos los organismos, están formados por células. Las **células** forman las partes de un organismo y llevan a cabo todas las funciones. **La célula es la unidad básica de la estructura y función de todos los seres vivos.**

Células y estructura Cuando describes la estructura de un objeto, describes de qué está hecho y cómo se combinan sus partes. Por ejemplo, la estructura de un edificio depende de la manera en que se disponen los ladrillos, las barras de acero y otros materiales. La estructura de los seres vivos está determinada por la asombrosa variedad de maneras en que se combinan las células.

Vocabulario
- célula
- microscopio
- teoría celular

Destrezas
- Lectura: Sigue la secuencia
- Indagación: Mide

ILUSTRACIÓN 1

Necesidades de las células

Una sola célula tiene las mismas necesidades que todo un organismo.

Clasifica **Escribe sobre las flechas el nombre del material que se desplaza en la dirección indicada.**

Células y función

Las funciones de un organismo son los procesos que le permiten vivir, crecer y reproducirse. Algunas de estas funciones son obtener oxígeno, alimento y agua, y eliminar los desechos. Las células participan en todas esas funciones. Por ejemplo, las células del aparato digestivo absorben alimento. El alimento le da al cuerpo la energía y los materiales que necesita para crecer. Las células de los pulmones nos ayudan a obtener oxígeno. Las células del cuerpo trabajan juntas y nos mantienen vivos. Y para poder seguir viviendo, cada célula debe llevar a cabo muchas de las mismas funciones que realiza todo el organismo.

Zona de laboratorio — Haz la Actividad rápida de laboratorio *Comparar células*.

Evalúa tu comprensión

¿comprendiste?

- O **¡Comprendí!** Ahora sé que la célula es la unidad básica de la ____________________

  ____
- O Necesito más ayuda con ____________________

Consulta my science COACH *en línea para obtener ayuda en inglés sobre este tema.*

¿Qué es la teoría celular?

Hasta el siglo XVII, nadie sabía que existían las células porque no había manera de verlas. Alrededor de 1590, la invención del primer microscopio hizo posible que se pudieran observar objetos muy pequeños. Un **microscopio** es un instrumento que permite que los objetos pequeños se vean más grandes. En los siguientes 200 años, esta nueva tecnología contribuyó a que se descubrieran las células y se desarrollara la teoría celular. La **teoría celular** es una explicación ampliamente aceptada sobre la relación entre las células y los seres vivos.

Observar las células El científico inglés Robert Hooke construyó sus propios microscopios e hizo dibujos de lo que veía cuando observaba la corteza seca de ciertos robles. Hooke nunca se enteró de la importancia de lo que observó. Pocos años después, Anton van Leeuwenhoek (LEI von juk), un hombre de negocios holandés, fue el primero en observar células vivas a través de un microscopio.

ILUSTRACIÓN 2

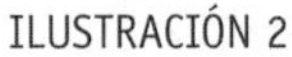

El desarrollo de la teoría celular

La teoría celular describe cómo se relacionan las células con la estructura y las funciones de los seres vivos.

Repasa Responde las preguntas en los espacios en blanco.

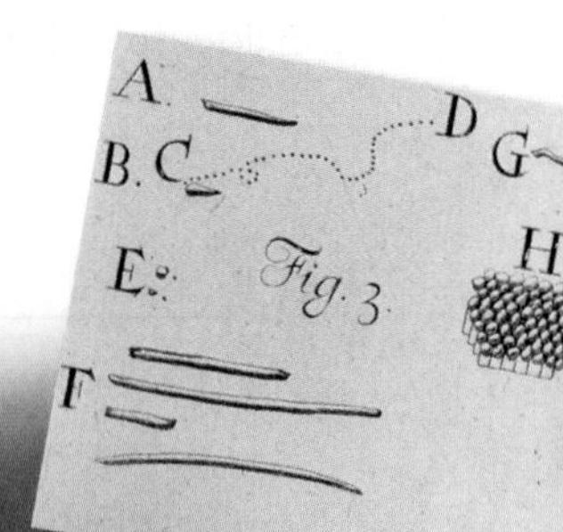

Dibujo de Leeuwenhoek

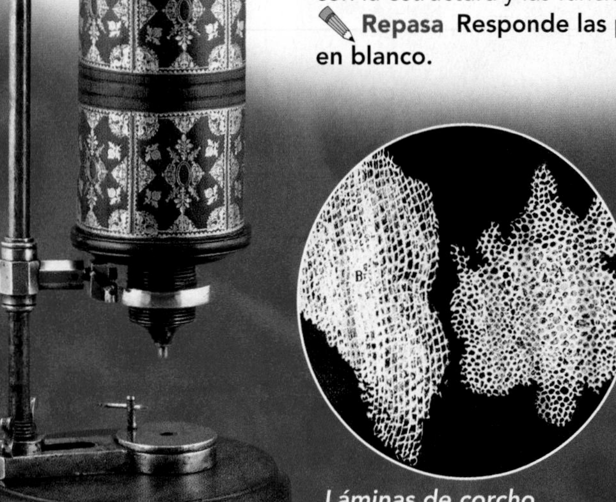

Láminas de corcho dibujadas por Hooke

El microscopio de Hooke

En 1663, Robert Hooke usó su microscopio para observar una delgada lámina de corcho. El corcho, la corteza del alcornoque, está formado por células que ya no están vivas. Para Hooke, los espacios vacíos en el corcho se veían como diminutas habitaciones rectangulares. Hooke denominó células a esos espacios vacíos, que significa "celdas o habitaciones pequeñas".

¿Cuál es la importancia del trabajo de Hooke?

____

____

El microscopio de Leeuwenhoek

Leeuwenhoek construía microscopios en su tiempo libre. Alrededor de 1674, se dedicó a observar gotas del agua de un lago, material obtenido al raspar dientes y encías, y agua de los desagües de lluvia. Leeuwenhoek se sorprendió al hallar una gran variedad de organismos unicelulares. También notó que muchos de esos organismos giraban, saltaban o se deslizaban velozmente en el agua como peces. Leeuwenhoek los denominó animálculos, que quiere decir "animales pequeños".

¿Qué revelaron las observaciones de Leeuwenhoek?

____

____

¿Qué dice la teoría celular?

En la **ilustración 2** se mencionan personas que hicieron descubrimientos importantes en los primeros estudios de las células. El trabajo de estos científicos y el de muchos otros contribuyó al desarrollo de la teoría celular. **La teoría celular establece lo siguiente:**

- **Todos los seres vivos están formados por células.**
- **La célula es la unidad básica de la estructura y función de los seres vivos.**
- **Todas las células se originan a partir de otras células.**

Los seres vivos son muy diferentes entre sí, pero todos están formados por células. La teoría celular es válida para todos los seres vivos, no importa cuán grandes o pequeños sean. Como son comunes a todos los seres vivos, las células pueden dar pistas acerca de las funciones que llevan a cabo los seres vivos. Y como todas las células provienen de otras células, los científicos pueden estudiar las células para aprender sobre el crecimiento y la reproducción.

Sigue la secuencia Rellena el círculo que está junto al nombre de la persona que observó por primera vez células vivas a través de un microscopio.

- ○ Matthias Schleiden
- ○ Robert Hooke
- ○ Anton van Leeuwenhoek
- ○ Rudolf Virchow
- ○ Theodor Schwann

Zona de laboratorio Haz la Actividad rápida de laboratorio *Observar células.*

Schleiden, Schwann y Virchow

En 1838, a partir de su propia investigación y las investigaciones de otros científicos, Matthias Schleiden llegó a la conclusión de que todas las plantas están formadas por células. Un año después, Theodor Schwann llegó a la misma conclusión sobre los animales. En 1855, Rudolf Virchow propuso que las células nuevas siempre se forman a partir de células que ya existen. "Todas las células provienen de células", escribió Virchow.

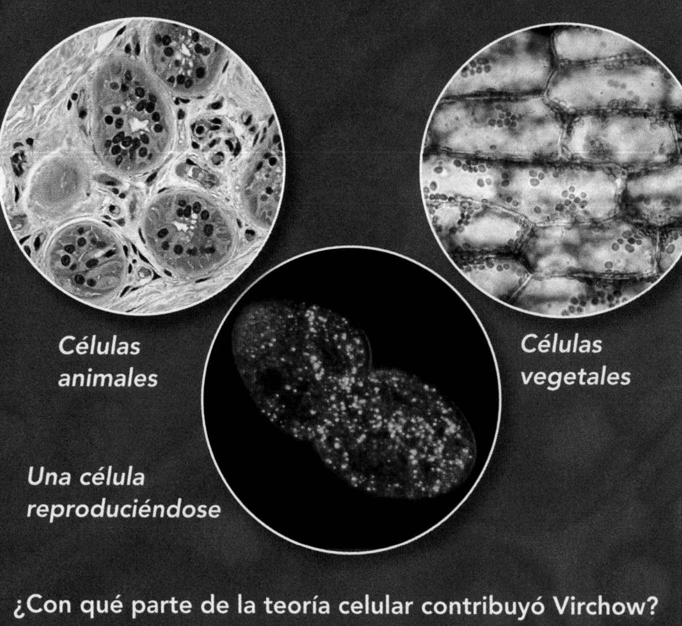

Células animales

Células vegetales

Una célula reproduciéndose

¿Con qué parte de la teoría celular contribuyó Virchow?

____

____

Evalúa tu comprensión

1a. Relaciona causa y efecto ¿Por qué el descubrimiento de Hooke habría sido imposible sin un microscopio?

____

____

____

b. Aplica conceptos Usa las ideas de Virchow para explicar por qué las plantas de plástico y los animales de peluche no están vivos.

____

____

____

¿comprendiste?

○ **¡Comprendí!** Ahora sé que la teoría celular describe _______________

____

____

○ Necesito más ayuda con _______________

Consulta **my science coach** *en línea para obtener ayuda en inglés sobre este tema.*

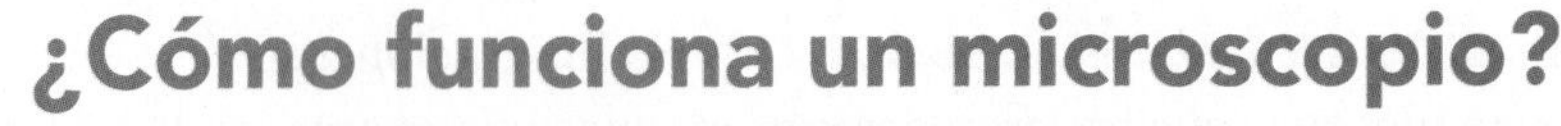

¿Cómo funciona un microscopio?

La teoría celular no podría haberse desarrollado sin el microscopio. **Algunos microscopios enfocan la luz a través de lentes para producir una imagen aumentada y otros usan un haz de electrones.** Tanto con el microscopio óptico como con el electrónico se pueden ver microorganismos y objetos microscópicos pero de distinta manera. Para que un microscopio sea útil, debe tener dos propiedades importantes: aumento y resolución.

Vocabulario Prefijos El prefijo *micro-* significa "pequeño". Subraya en el párrafo que está a la derecha todas las palabras que puedas hallar con este prefijo.

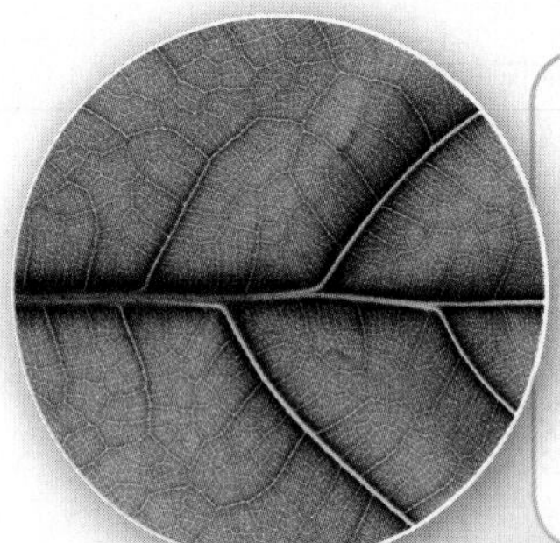

El aumento y las lentes ¿Alguna vez has mirado algo a través de una gota de agua? Si lo hiciste, ¿el objeto parecía más grande? El aumento hace que las cosas se vean más grandes de lo que son. Al mirar a través de una lente de aumento, se logra el mismo resultado. Una lupa, o lente de aumento, es una lente convexa, que tiene el centro más grueso que los bordes. Cuando la luz atraviesa una lente convexa y se dirige hacia el ojo, la imagen se ve más grande. El aumento cambia la manera de ver los objetos y revela detalles que de otra manera no podrían verse, como muestra la **ilustración 3.**

1 Hoja; color verde y nervaduras

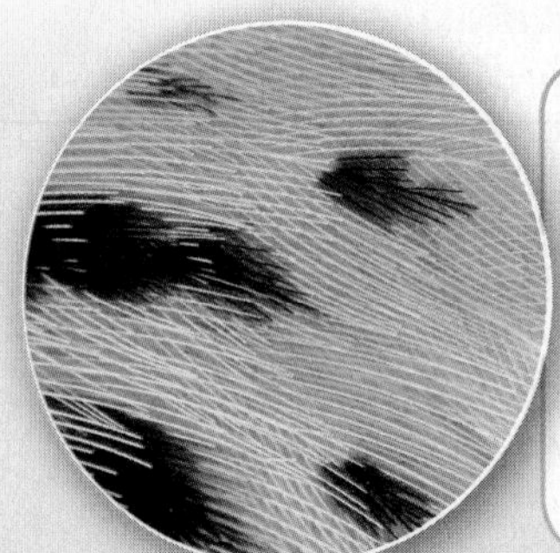

2 ______

3 ______

4 ______

ILUSTRACIÓN 3

Aumento

Las imágenes anteriores están aumentadas, lo que hace que se vean extrañas. **Infiere En los espacios que siguen escribe lo que crees que muestra cada fotografía y explica tu razonamiento. (Se da una respuesta como ejemplo).**

El aumento con un microscopio compuesto

La **ilustración 4** muestra un microscopio similar al que podrías usar en tu salón de clases. Este tipo de instrumento, denominado microscopio compuesto, aumenta la imagen usando dos lentes al mismo tiempo. Una está fija y es la lente del ocular. La segunda lente se elige entre un grupo de dos o tres lentes que se encuentran en el revólver. Cada una de estas lentes tiene un aumento diferente. Al girar el revólver, puedes elegir las lentes que necesitas. Un portaobjetos de vidrio en la platina sostiene el objeto que quieres observar.

Un microscopio compuesto puede aumentar más la imagen de un objeto que una sola lente. La luz de una lámpara (o la luz reflejada por un espejo) atraviesa el objeto que está en el portaobjetos, la lente inferior y finalmente el ocular. El aumento total del objeto es igual a la multiplicación del aumento de las dos lentes. Por ejemplo, imagínate que la lente inferior aumenta el objeto 10 veces y el ocular también aumenta el objeto 10 veces. El aumento total del microscopio es 10 × 10, ó 100 veces, y se escribe "100×".

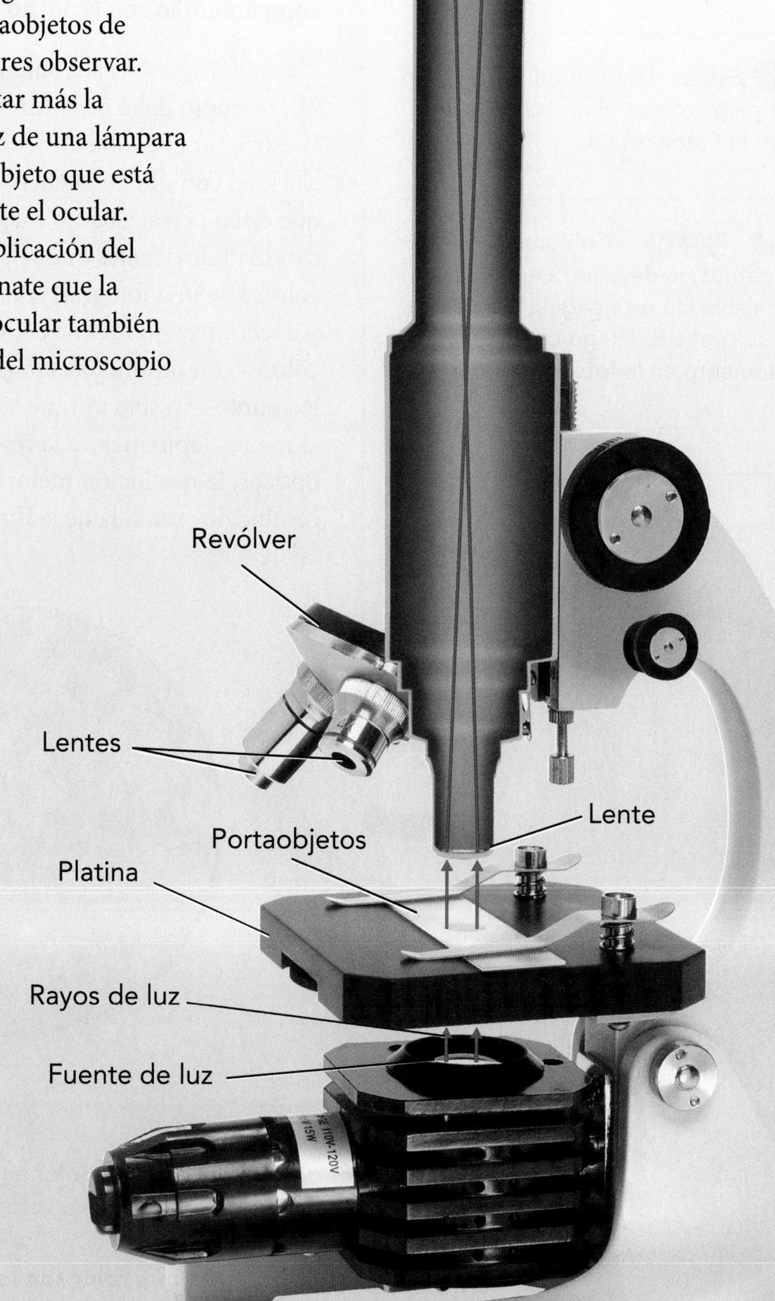

ILUSTRACIÓN 4

VIRTUAL LAB Un microscopio compuesto

Este microscopio tiene una lente en el ocular de 10×. El revólver tiene tres lentes: 4×, 10× y 40×.

Completa estas actividades.

1. **Calcula** Calcula los tres aumentos totales posibles para este microscopio.

2. **Predice** ¿Qué pasaría si el objeto del portaobjetos fuera demasiado grueso como para que lo atravesara la luz?

¡aplícalo!

1 **Mide** En la fotografía A, se pueden observar las marcas de los milímetros de una regla métrica en el campo de un microscopio. ¿Cuál es el diámetro aproximado del campo?

______

2 **Estima** Usa la medida del paso 1 para estimar el ancho de la letra en la Fotografía B.

______

3 DESAFÍO Con una regla métrica, mide la letra **e** en una palabra de esta página y en la fotografía B. Luego calcula el aumento en la fotografía.

______

______

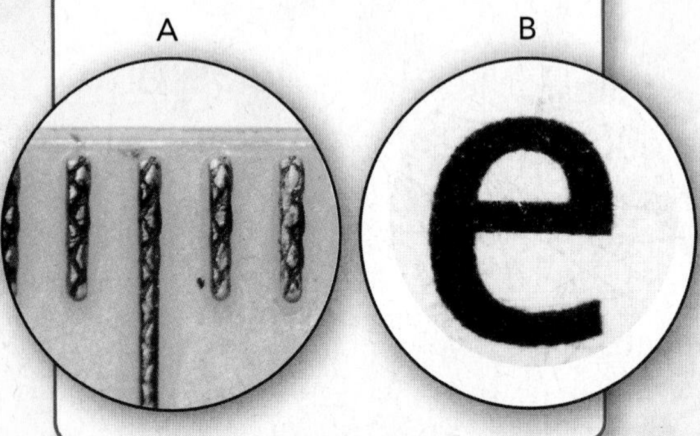

Medir objetos microscópicos

Cuando observas objetos con un microscopio, los objetos se ven más grandes de lo que son en realidad. ¿Cómo sabes cuál es su verdadero tamaño? Una manera es usar una regla métrica para medir en milímetros el tamaño del campo circular como lo ves a través del microscopio. Luego puedes estimar el tamaño del objeto comparándolo con el ancho del campo.

Resolución Para obtener una imagen que sea útil, un microscopio debe permitir ver con claridad los detalles de la estructura del objeto. Se denomina resolución al grado de claridad con que se pueden distinguir dos estructuras diferentes que están cerca. Cuanto mejor es la resolución, mayor es la cantidad de detalles que se pueden observar. Por ejemplo, los colores de una fotografía de un periódico a simple vista pueden parecer áreas sólidas de color. Sin embargo, si miramos los colores con un microscopio, veremos puntos separados. Vemos los puntos no sólo porque se ven más grandes, sino también porque el microscopio mejora la resolución. En general, con los microscopios ópticos, la resolución mejora cuanto mayor es el aumento. Una buena resolución, como la de la **ilustración 5,** hace que sea más fácil estudiar las células.

ILUSTRACIÓN 5

Resolución

Las imágenes de una fotografía en color en realidad consisten en sólo unos pocos colores de tinta en forma de puntos.

Interpreta fotos ¿De qué color son los puntos que puedes observar gracias a la resolución mejorada?

______

______

______

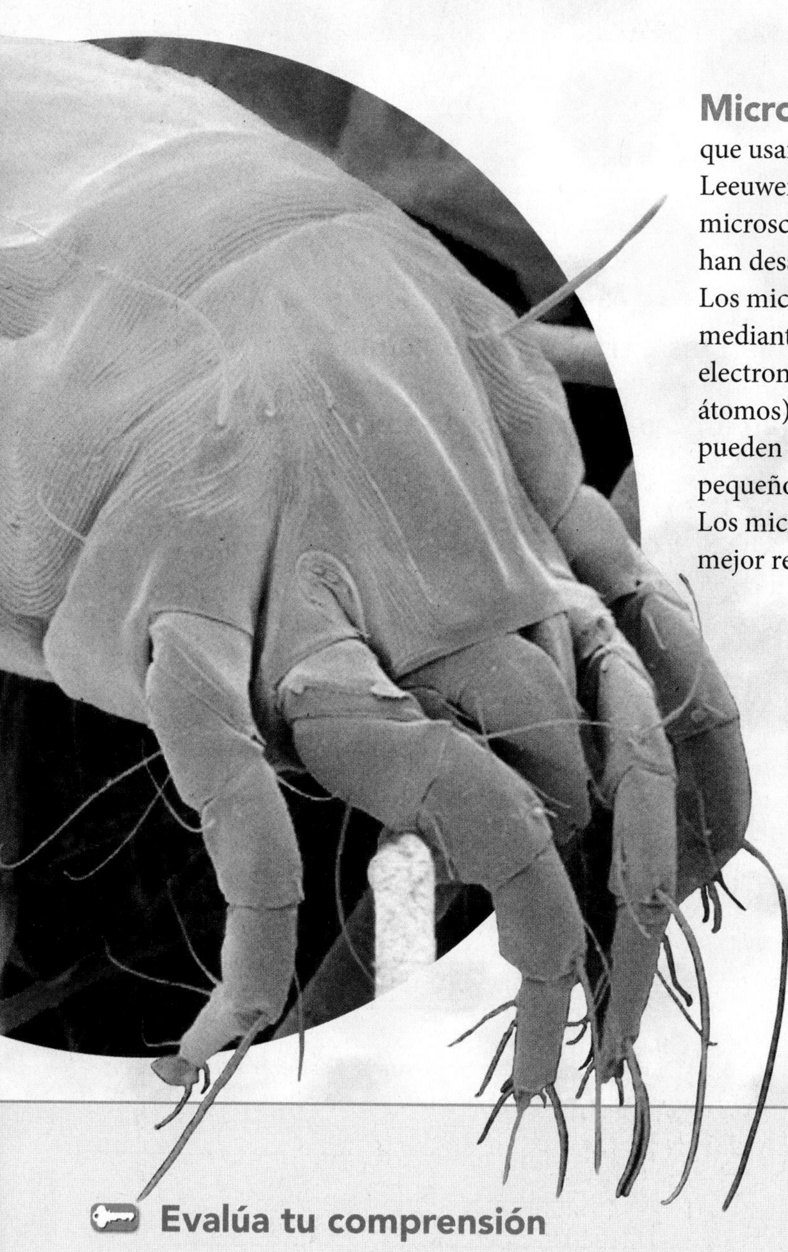

Microscopios electrónicos Los microscopios que usaron los primeros científicos, como Hooke, Leeuwenhoek y otros investigadores, eran todos microscopios ópticos. Desde la década de 1930, los científicos han desarrollado varios tipos de microscopios electrónicos. Los microscopios electrónicos aumentan una imagen mediante un haz de electrones, en vez de usar luz. (Los electrones son partículas diminutas, más pequeñas que los átomos). Con los microscopios electrónicos, los científicos pueden obtener imágenes de objetos que son demasiado pequeños y no se pueden ver con un microscopio óptico. Los microscopios electrónicos tienen más aumento y una mejor resolución que los microscopios ópticos.

ILUSTRACIÓN 6

Ácaro del polvo

Los ácaros del polvo viven en todos los hogares. Una imagen en color hecha con un microscopio electrónico revela asombrosos detalles del cuerpo de un ácaro.

Observa Menciona al menos tres detalles que puedas observar en la fotografía.

Zona de laboratorio® Haz la Investigación de laboratorio *Diseñar y construir un microscopio.*

Evalúa tu comprensión

2a. Define El aumento hace que los objetos se vean más (pequeños/grandes) de lo que realmente son.

b. Estima Se estima que el diámetro del campo visual de un microscopio es 0.9 mm. ¿Cuál es el ancho aproximado de un objeto que cubre dos tercios del campo? Encierra en un círculo tu respuesta.

1.8 mm 0.6 mm 0.3 mm

c. Compara y contrasta ¿Cuál es la diferencia entre aumento y resolución?

d. Explica ¿Por qué las características de los microscopios electrónicos hacen que sean útiles para estudiar las células?

¿comprendiste?

○ **¡Comprendí!** Ahora sé que los microscopios ópticos funcionan con ____

○ Necesito más ayuda con ____

Consulta **MY SCIENCE COACH** *en línea para obtener ayuda en inglés sobre este tema.*

LECCIÓN 2

Observar las células por dentro

¿Cómo funcionan las partes de una célula?

¿Cómo trabajan juntas las células en un organismo?

mi DIARIO DEL PLANETA

Células fluorescentes

¿Te parece que estas células brillan? Esta fotografía muestra células que se tiñeron de distintos colores para que resultara más fácil ver su estructura. Los científicos observan las células tratadas de esta manera con un microscopio fluorescente, que activa las tinturas por medio de una luz potente que hace que las células brillen. Aquí, las áreas verdes son el núcleo de la célula, que es el centro de control. Las "fibras" amarillas forman un tipo de estructura de apoyo de la célula.

TECNOLOGÍA

Comunica ideas Comenta estas preguntas con un compañero. Luego, escribe tus respuestas en los espacios que siguen.

1. ¿Por qué las tinturas son útiles para estudiar las células con un microscopio?

____

____

2. ¿Qué tipo de cosas te gustaría observar si tuvieras un microscopio? ¿Por qué?

____

____

____

PLANET DIARY Consulta ***Planet Diary*** para aprender más en inglés sobre las partes de la célula.

Zona de laboratorio® Haz la Indagación preliminar *¿Qué tamaño tienen las células?*

Vocabulario

- pared celular • membrana celular • núcleo • orgánulo
- ribosoma • citoplasma • mitocondria
- retículo endoplasmático • aparato de Golgi • vacuola
- cloroplasto • lisosoma • multicelular • unicelular
- tejido • órgano • sistema de órganos

Destrezas

- Lectura: Identifica la idea principal
- Indagación: Haz modelos

¿Cómo funcionan las partes de una célula?

Cuando observas una célula a través de un microscopio, normalmente puedes ver el borde exterior de la célula. A veces también puedes ver estructuras más pequeñas en el interior de la célula. **Cada tipo de estructura celular cumple una función diferente dentro de la célula.** En esta lección, leerás acerca de las estructuras que tienen en común las células vegetales y animales. También leerás acerca de algunas diferencias que hay entre las células.

Pared celular La **pared celular** es una capa fuerte que rodea las células de las plantas y algunos otros organismos. Las células de los animales, en cambio, no tienen pared celular. La pared celular de una planta protege y sostiene a la célula. La pared celular se compone mayormente de un material resistente denominado celulosa. Sin embargo, muchos materiales, como el agua y el oxígeno, pueden atravesar fácilmente la pared celular.

Membrana celular Piensa en una ventana con tejido mosquitero. El aire puede entrar pero los insectos quedan afuera. Una de las funciones de la membrana celular es similar a la función del mosquitero. La **membrana celular** controla las sustancias que entran y salen de la célula. Todo lo que la célula necesita, como partículas de alimento, agua y oxígeno, entra a través de la membrana celular. Los desechos salen de la misma manera. Además, la membrana celular impide que entren materiales dañinos en la célula.

Todas las células tienen membrana celular. En las células vegetales la membrana celular se encuentra dentro de la pared celular. En las células que no tienen pared celular, la membrana celular forma el borde que separa la célula del medio ambiente.

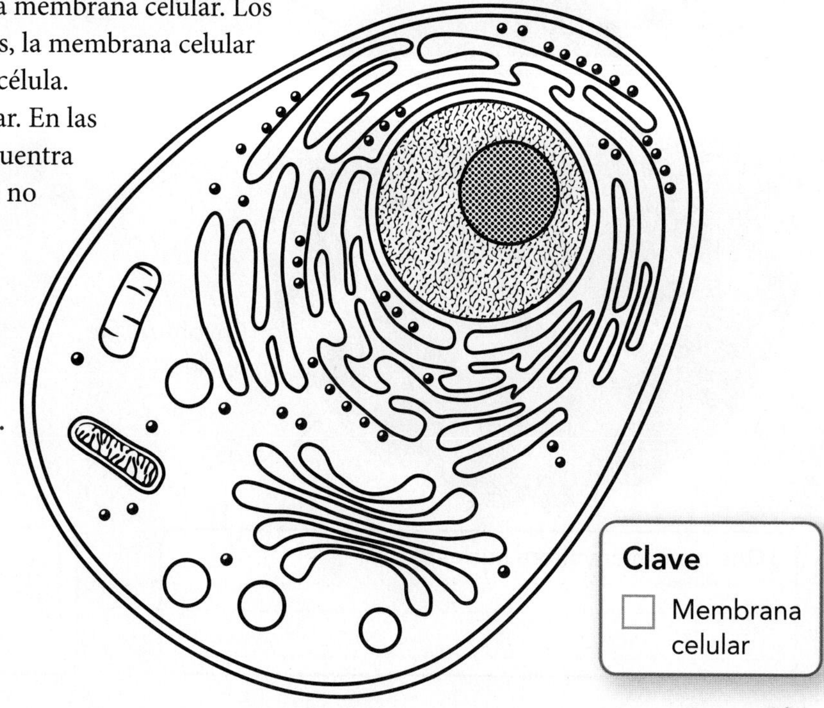

ILUSTRACIÓN 1

Una célula animal típica

Volverás a ver este diagrama de una célula en esta lección.

Identifica **Usa un lápiz de color para colorear la membrana celular y rellenar el recuadro de la clave.**

Clave

☐ Membrana celular

ILUSTRACIÓN 2

Los orgánulos de una célula

Las estructuras de una célula difieren según la función de cada célula.

Completa las actividades.

1. **Repasa** Responde las preguntas de los recuadros.
2. **Relaciona el texto y los elementos visuales** En el diagrama de la página siguiente, colorea cada estructura y el recuadro correspondiente de la clave con un lápiz de distinto color.

Núcleo Las células no tienen cerebro, pero tienen algo que funciona de manera similar. Una estructura grande y ovalada denominada **núcleo** funciona como centro de control de la célula y dirige todas las actividades celulares. El núcleo es la más grande de muchas estructuras celulares diminutas denominadas **orgánulos,** que realizan funciones específicas dentro de la célula. En la **ilustración 2** puedes ver que el núcleo está rodeado por una membrana denominada envoltura nuclear. Los materiales entran y salen del núcleo a través de los poros de la envoltura nuclear.

Cromatina Quizá te preguntes de qué manera el núcleo "sabe" cómo dirigir a la célula. La cromatina, un conjunto de delgados filamentos de material que llenan el interior del núcleo, contiene información para dirigir las funciones de una célula. Por ejemplo, las instrucciones que tiene la cromatina aseguran que las células de las hojas crezcan, se dividan y formen más células de hojas.

Nucleolo Observa la estructura pequeña y redonda que se encuentra en el núcleo. En esta estructura, el nucleolo, se forman los ribosomas. Los **ribosomas** son orgánulos pequeños con forma de grano que producen proteínas. Las proteínas son sustancias importantes para las células.

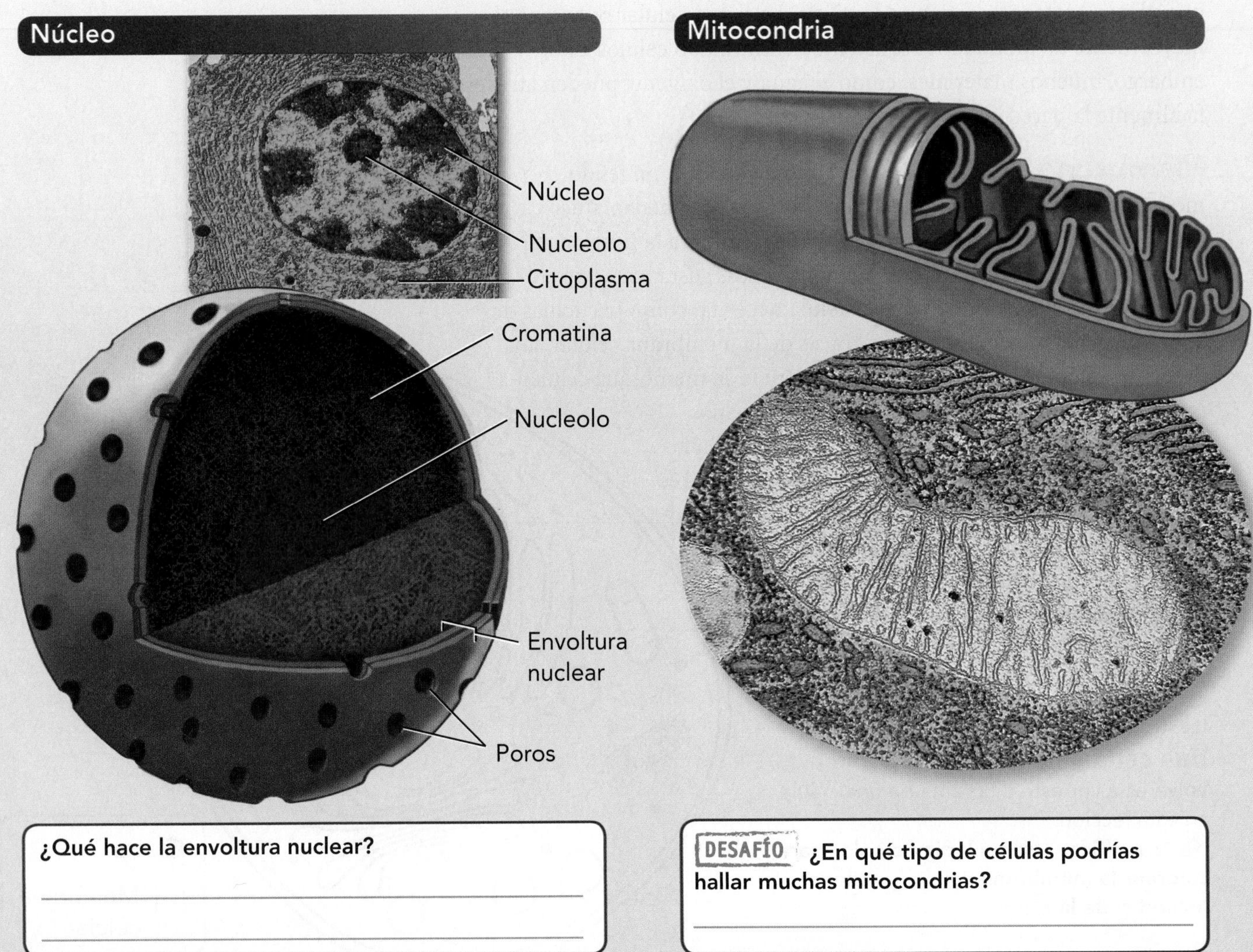

¿Qué hace la envoltura nuclear?

____

____

DESAFÍO ¿En qué tipo de células podrías hallar muchas mitocondrias?

____

Orgánulos en el citoplasma

La mayor parte de la célula está formada por un fluido espeso y transparente que tiene la consistencia de un gel. El **citoplasma** ocupa la región entre la membrana celular y el núcleo. El fluido del citoplasma se mueve constantemente en la célula y transporta al núcleo y a los otros orgánulos que tienen funciones específicas.

Mitocondrias Flotando en el citoplasma se encuentran unas estructuras con forma de bastón conocidas como la "central eléctrica" de la célula. Observa nuevamente la **ilustración 2.** Una **mitocondria** es una estructura celular que transforma la energía almacenada en los alimentos en energía que la célula puede usar para vivir y llevar a cabo sus funciones.

Retículo endoplasmático y ribosomas En la **ilustración 2,** puedes ver una estructura similar a un laberinto. El **retículo endoplasmático,** a menudo denominado RE, es un orgánulo que tiene una red de membranas que producen muchas sustancias. Los ribosomas pueden estar adheridos al RE o flotar en el citoplasma. El RE ayuda a los ribosomas adheridos a producir proteínas. Estas proteínas y otras sustancias salen del RE y se desplazan hacia otros orgánulos.

Vocabulario Prefijos El prefijo de origen griego *endo-* significa "dentro de". Si la palabra *plasma* se refiere al "cuerpo" de la célula, ¿qué te indica el prefijo *endo-* acerca del retículo endoplasmático?

____

____

Retículo endoplasmático y ribosomas

Ribosomas

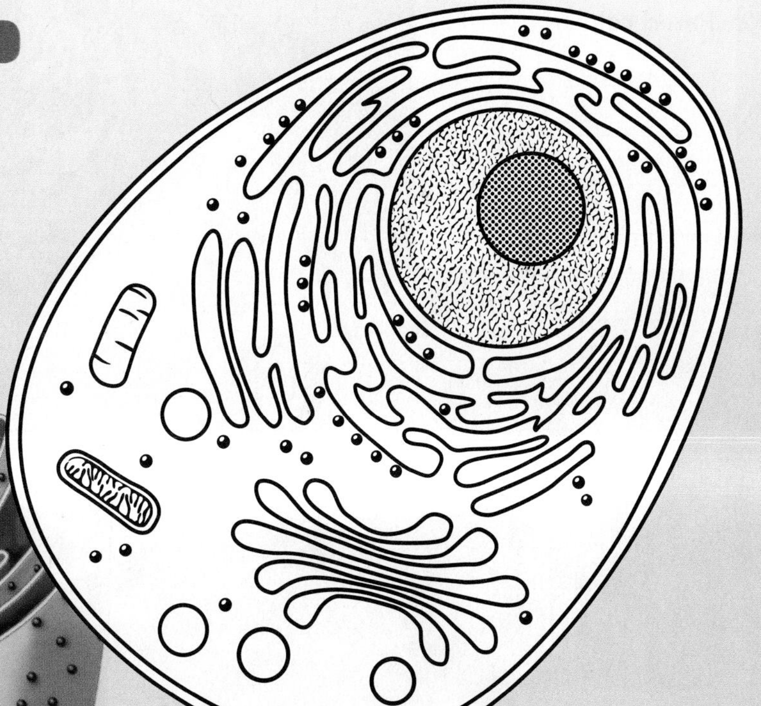

¿Qué hacen los ribosomas?

____

Clave

- ☐ Núcleo
- ☐ Nucleolo
- ☐ Citoplasma
- ☐ Mitocondrias
- ☐ RE
- ☐ Ribosomas

EXPLORA LA PREGUNTA PRINCIPAL

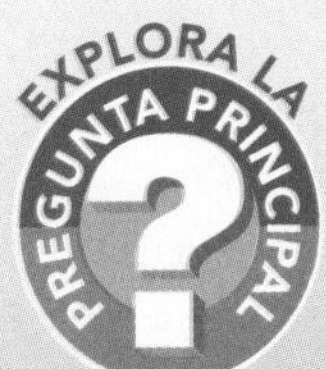

LAS CÉLULAS DE LOS SERES VIVOS

¿De qué están hechas las células?

ILUSTRACIÓN 3

INTERACTIVE ART Las ilustraciones muestran las estructuras típicas de las células vegetales y animales. Otros seres vivos también comparten varias de esas estructuras.

Describe **Describe la función de cada estructura en los recuadros.**

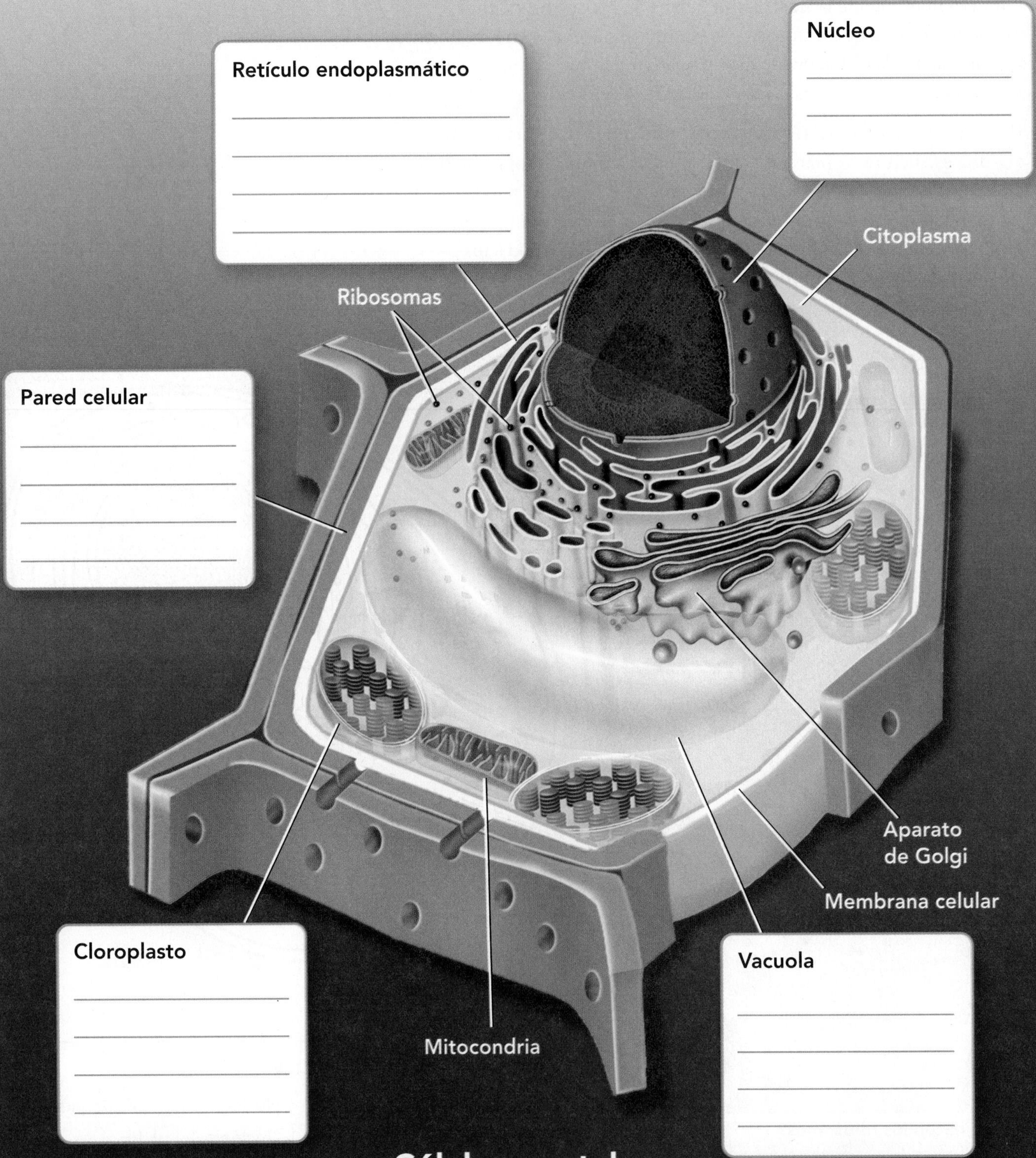

Retículo endoplasmático
Núcleo
Citoplasma
Ribosomas
Pared celular
Aparato de Golgi
Membrana celular
Cloroplasto
Vacuola
Mitocondria

Célula vegetal

Haz una marca en la casilla si la estructura se encuentra en las células vegetales o animales.											
Estructura	Pared celular	Membrana celular	Citoplasma	Núcleo	Mitocondrias	Cloroplasto	Ribosomas	Retículo endoplasmático	Vacuolas	Aparato de Golgi	Lisosomas
Células vegetales											
Células animales											

Célula animal

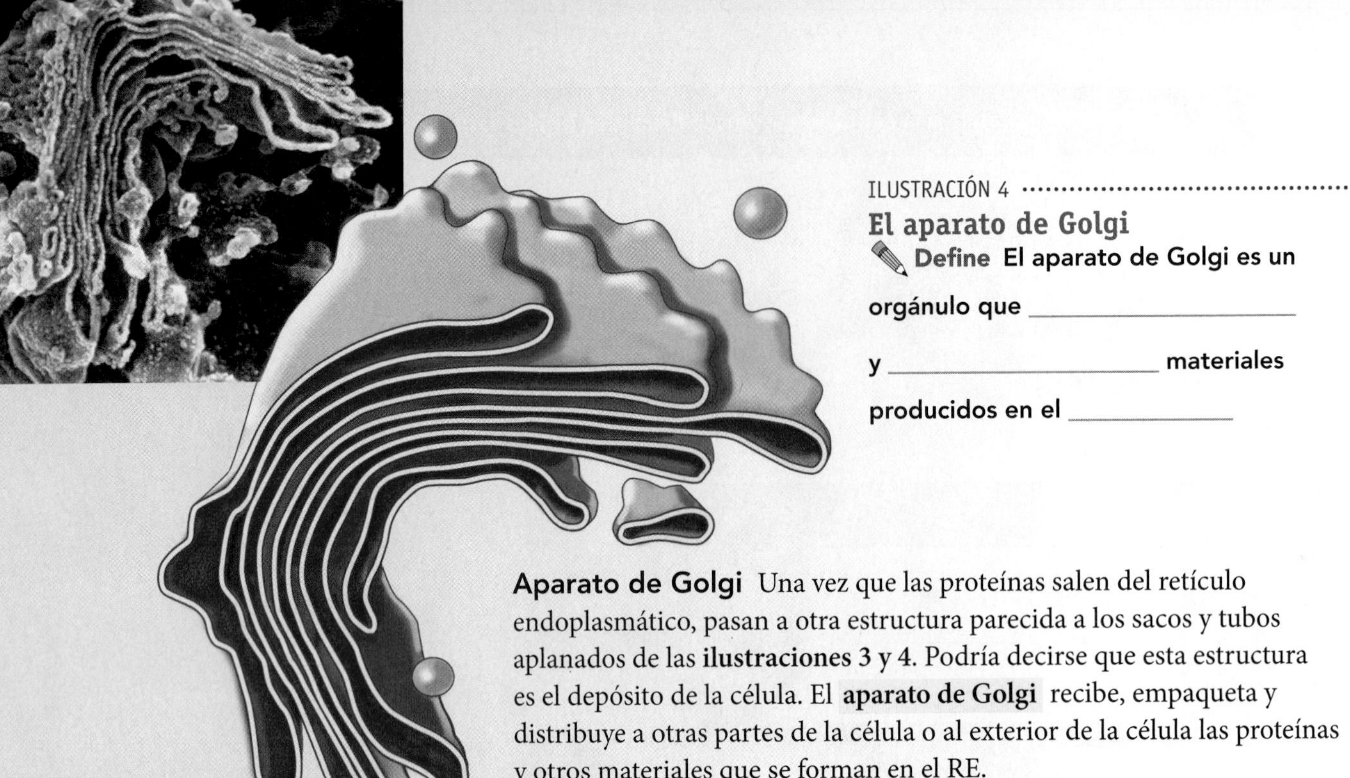

ILUSTRACIÓN 4

El aparato de Golgi

Define El aparato de Golgi es un

orgánulo que ____________________

y ____________________ materiales

producidos en el ____________

Aparato de Golgi Una vez que las proteínas salen del retículo endoplasmático, pasan a otra estructura parecida a los sacos y tubos aplanados de las **ilustraciones 3 y 4**. Podría decirse que esta estructura es el depósito de la célula. El **aparato de Golgi** recibe, empaqueta y distribuye a otras partes de la célula o al exterior de la célula las proteínas y otros materiales que se forman en el RE.

Vacuolas Las células vegetales muchas veces tienen uno o más sacos grandes llenos de agua que flotan en el citoplasma. Este tipo de saco, denominado **vacuola,** almacena agua, alimento y otros materiales que la célula necesita. Las vacuolas también pueden almacenar desechos hasta que se los elimina. Algunas células animales no tienen vacuolas, pero otras sí.

¡aplícalo!

¿El edificio de una tienda puede ser un modelo de una célula? Si es así, ¿en qué se parecen las partes de una célula y sus funciones a las partes de un edificio? Intenta responder la pregunta. En la ilustración, escribe en los espacios en blanco el nombre de la estructura celular que funciona casi de la misma manera que la parte de la tienda.

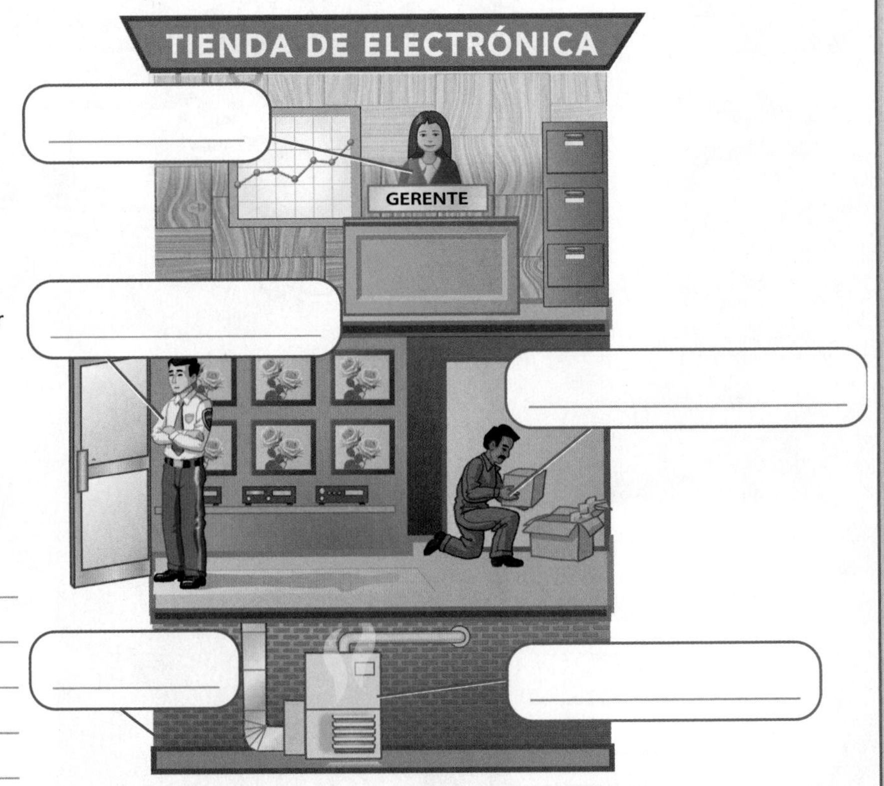

Haz modelos ¿Por qué crees que las comparaciones con el mundo real te pueden ayudar a entender la estructura y las funciones de las células?

____

____

____

____

____

Cloroplastos En el citoplasma de una célula vegetal típica hay estructuras verdes denominadas cloroplastos. Un **cloroplasto,** como el de la **ilustración 5,** atrapa la energía de la luz del sol y la convierte en energía que las células pueden usar para fabricar alimentos. Las células animales no tienen cloroplastos, pero las células vegetales y otros organismos sí tienen. Los cloroplastos dan el color verde a las hojas, porque las células de las hojas contienen gran cantidad de cloroplastos.

Lisosomas Vuelve a mirar la célula animal de la **ilustración 3.** Observa los orgánulos con forma de saco denominados **lisosomas.** Los lisosomas contienen sustancias que convierten partículas grandes de alimento en partículas más pequeñas. Los lisosomas también descomponen partes viejas de la célula y liberan las sustancias para que puedan volverse a usar. Se podría decir que los lisosomas son los centros de reciclaje de la célula.

ILUSTRACIÓN 5

Un cloroplasto

Infiere ¿En qué parte de una planta NO esperarías hallar células con cloroplastos?

____

____

Zona de laboratorio Haz la Actividad rápida de laboratorio *Modelo de una célula en gelatina.*

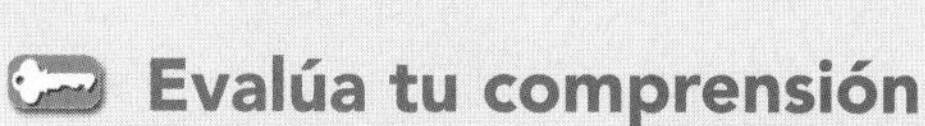

Evalúa tu comprensión

1a. Interpreta tablas Usa la tabla que completaste en la **ilustración 3** para resumir las diferencias entre las células vegetales y las células animales.

____

____

____

____

b. Haz generalizaciones ¿Cómo se relacionan las funciones del retículo endoplasmático y el aparato de Golgi?

____

____

____

____

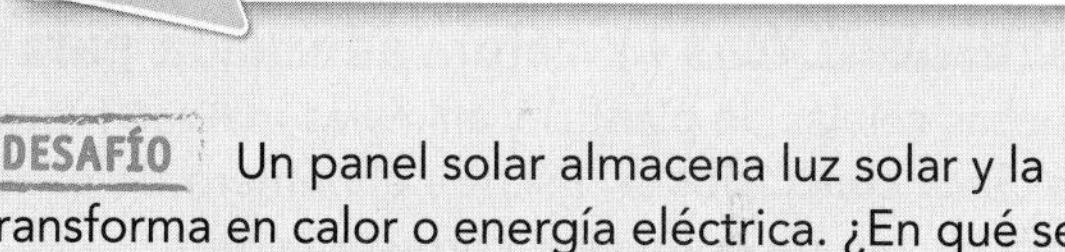

c. DESAFÍO Un panel solar almacena luz solar y la transforma en calor o energía eléctrica. ¿En qué se parece un panel solar a los cloroplastos?

____

____

____

____

d. RESPONDE LA PREGUNTA PRINCIPAL ¿De qué están hechas las células?

____

____

____

____

____

¿comprendiste?

○ ¡Comprendí! Ahora sé que los distintos tipos de orgánulos de una célula _______________

○ Necesito más ayuda con _______________

Consulta MY SCIENCE COACH *en línea para obtener ayuda en inglés sobre este tema.*

¿Cómo trabajan juntas las células de un organismo?

Las plantas, los animales y también tú son **multicelulares,** que significa "formados por muchas células". Los organismos que tienen una sola célula se denominan **unicelulares.** Las células de un organismo multicelular suelen ser distintas entre sí. También cumplen funciones diferentes.

Identifica la idea principal Vuelve a leer el párrafo sobre las células especializadas. Luego subraya las frases u oraciones que describen las ideas principales sobre las células especializadas.

Células especializadas Todas las células de un organismo multicelular deben realizar funciones importantes, como obtener oxígeno, para mantenerse con vida. Pero las células también pueden estar especializadas. Es decir, realizan funciones específicas que benefician a todo el organismo. Estas células especializadas participan de la "división del trabajo". Un tipo de célula hace un tipo de trabajo, mientras otros tipos de células hacen otras tareas. Por ejemplo, los glóbulos rojos llevan oxígeno a otras células que tal vez están ocupadas digiriendo lo que comiste. Las células especializadas realizan funciones diferentes y también tienen estructuras diferentes. La **ilustración 6** muestra células especializadas de plantas y animales. Cada tipo de célula tiene una forma distinta. Por ejemplo, una neurona tiene extensiones delgadas con forma de dedo que llegan hasta otras células. Estas estructuras ayudan a las neuronas a transmitir información de una parte del cuerpo a otra. La forma de las neuronas no les serviría a los glóbulos rojos.

ILUSTRACIÓN 6

INTERACTIVE ART **La célula adecuada para cada tarea**

Muchas células de plantas y animales realizan funciones especializadas.

Saca conclusiones Escribe el número de cada tipo de células en el círculo de la función correspondiente.

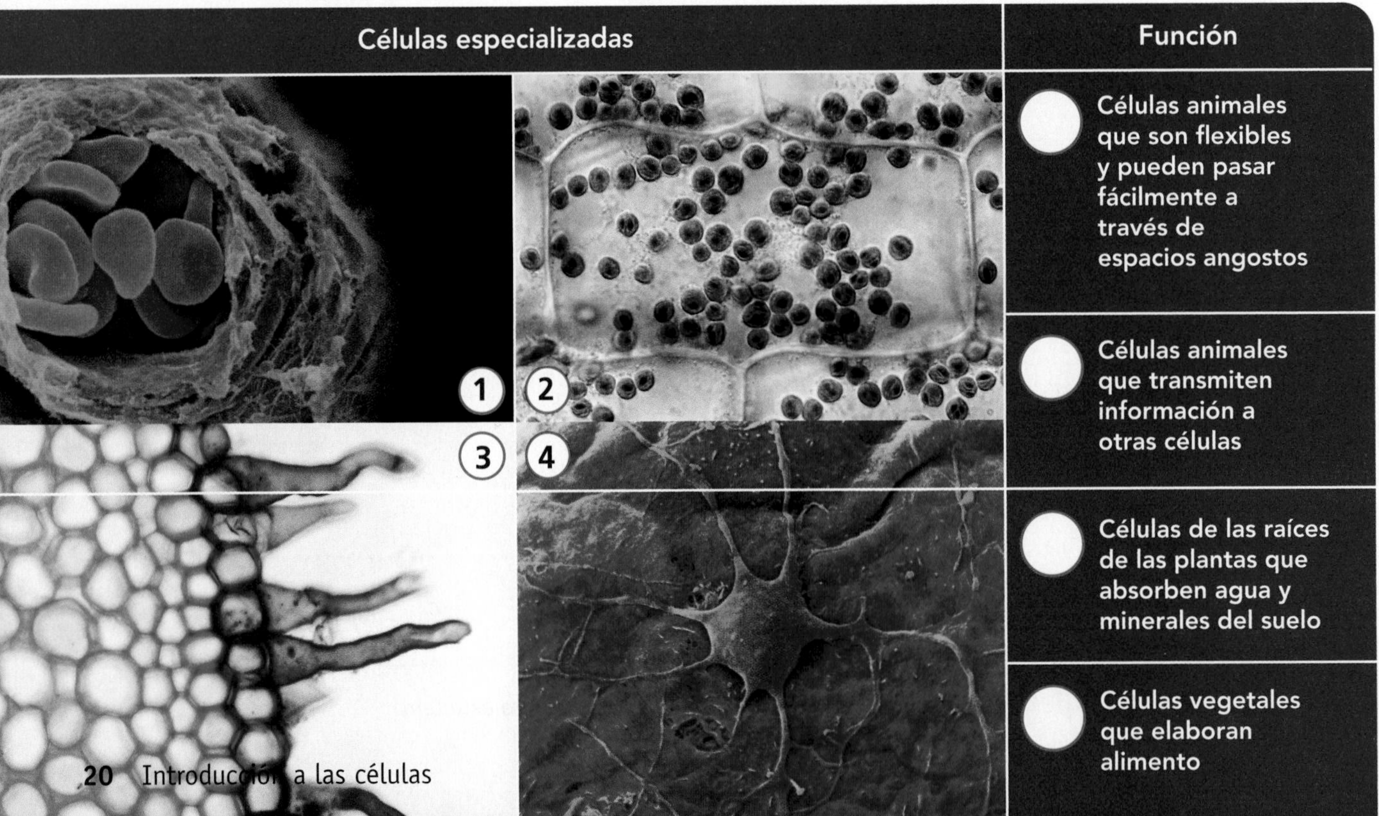

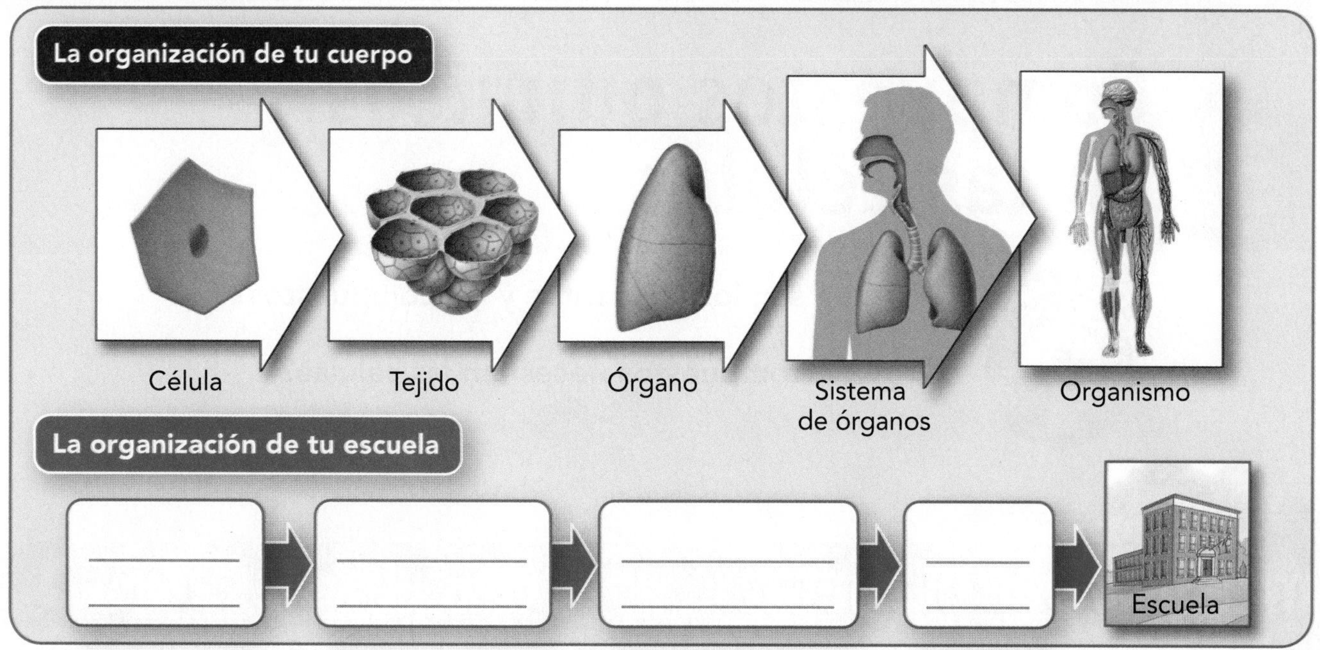

Las células trabajan juntas La división del trabajo sucede entre las células especializadas de un organismo. También ocurre en otros niveles de organización. **En los organismos multicelulares, las células están organizadas en tejidos, órganos y sistemas de órganos.** Un **tejido** es un grupo de células semejantes que trabajan juntas para realizar una función específica. Por ejemplo, el cerebro está formado principalmente por tejido nervioso, que consiste en neuronas que transmiten información a otras partes del cuerpo. Un **órgano,** como el cerebro, está formado por distintos tipos de tejidos que funcionan juntos. Por ejemplo, el cerebro tiene vasos sanguíneos que transportan la sangre que lleva el oxígeno a las células del cerebro. El cerebro es parte del sistema nervioso, que dirige las actividades y los procesos del cuerpo. Un **sistema de órganos** es un grupo de órganos que trabajan juntos para realizar una función importante. La **ilustración 7** muestra que el nivel de organización de un organismo se vuelve más complejo al pasar de la célula al tejido, del tejido al órgano y del órgano al sistema de órganos.

ILUSTRACIÓN 7

Niveles de organización

Un ser vivo está organizado en niveles cada vez más complejos. Muchas cosas sin vida, como una escuela, también tienen niveles de organización.

Aplica conceptos En los espacios de arriba, escribe los niveles de organización de tu escuela, desde el nivel más simple, como tu escritorio, hasta el más complejo.

Haz la Actividad rápida de laboratorio *Tejidos, órganos y sistemas.*

Evalúa tu comprensión

2a. Describe ¿Qué significa el término *división del trabajo* según como se usa en esta lección?

____

____

b. Infiere ¿Cuál tendrá más tipos de células especializadas: un tejido o un órgano? Explica tu respuesta.

____

____

¿comprendiste?

O **¡Comprendí!** Ahora sé que los niveles de organización de un organismo multicelular son ______________________

____

O Necesito más ayuda con ______________________

Consulta my science coach *en línea para obtener ayuda en inglés sobre este tema.*

LECCIÓN 3

Compuestos químicos en las células

¿Qué son los elementos y los compuestos?

¿Qué compuestos necesitan las células?

mi Diario del planeta

CONCEPTO ERRÓNEO

Mochilas de energía

Muchos piensan que las jorobas del camello contienen agua. ¡No es verdad! En realidad, contienen grasa. El tejido graso de una joroba proporciona energía al camello cuando no come. Si un camello tiene suficiente comida, la joroba está dura y redondeada. Pero si la comida escasea, la joroba se achica y se puede inclinar un poco hacia un costado. Si el camello luego consigue más comida, la joroba puede volver a su tamaño y forma originales en tres o cuatro meses.

Comunica ideas **Comenta esta pregunta en grupo. Luego, escribe tu respuesta en los espacios que siguen.**
¿Cómo crees que afectaría al camello el hecho de no tener jorobas?

___

___

___

PLANET DIARY Consulta ***Planet Diary*** para aprender más en inglés sobre los compuestos químicos en las células.

Haz la Indagación preliminar *Detectar el almidón.*

¿Qué son los elementos y los compuestos?

Estamos hechos de muchas sustancias. Estas sustancias nos proveen de la materia prima que forma la sangre, los huesos, los músculos y demás partes del cuerpo. También participan de los procesos que llevan a cabo las células.

Elementos Probablemente has oído hablar del carbono, el hidrógeno, el oxígeno y el nitrógeno; quizá también del fósforo y el azufre. Todos son ejemplos de **elementos** que se encuentran en el cuerpo. **Un elemento es toda sustancia que no se puede separar en sustancias más simples.** La unidad más pequeña de un elemento es una partícula denominada átomo. Todo elemento está formado por un solo tipo de átomo.

Vocabulario

- elemento
- compuesto
- carbohidrato
- lípido
- proteína
- enzima
- ácido nucleico
- ADN
- doble hélice

Destrezas

Lectura: Compara y contrasta

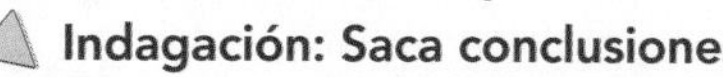
Indagación: Saca conclusiones

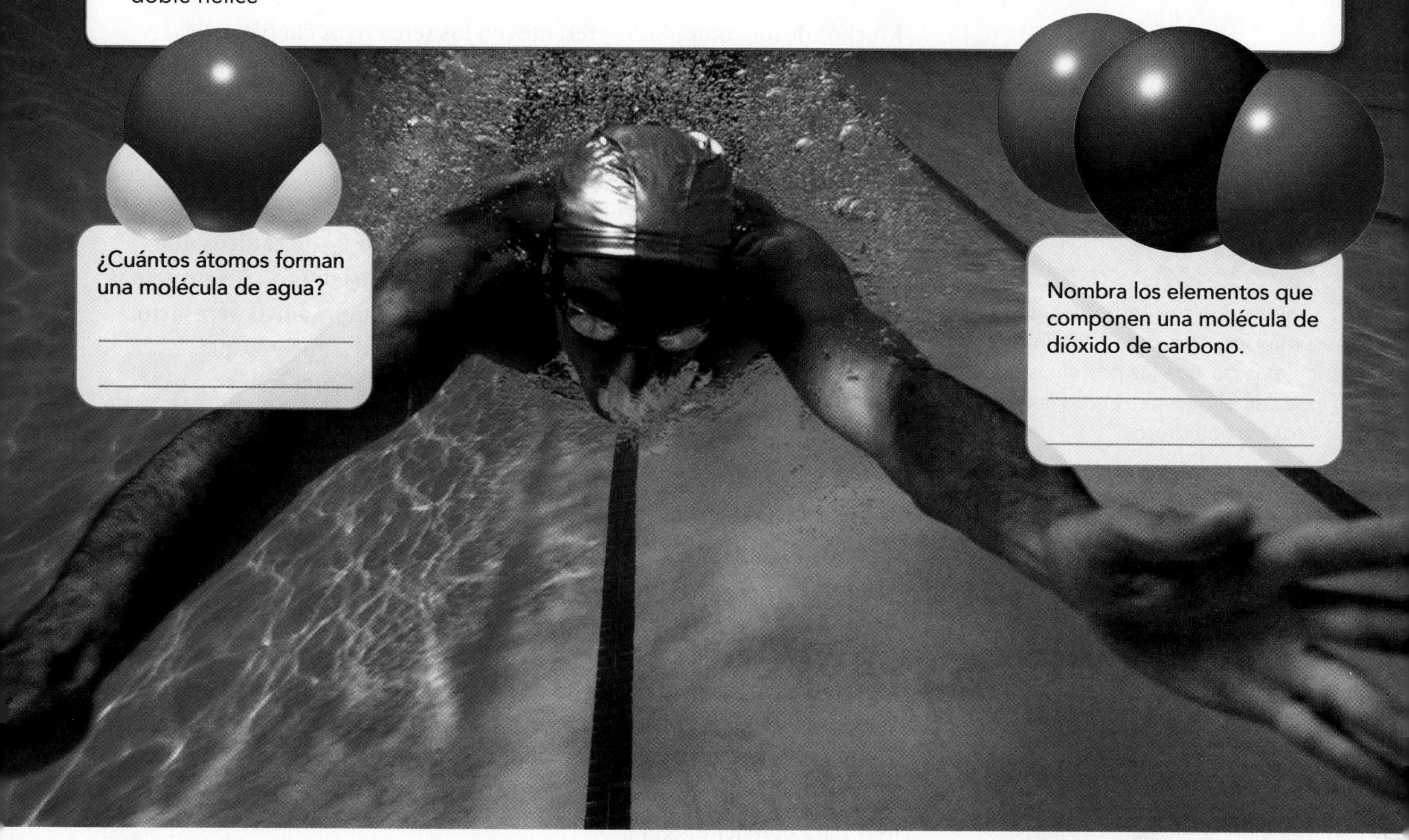

¿Cuántos átomos forman una molécula de agua?

____

____

Nombra los elementos que componen una molécula de dióxido de carbono.

____

____

Compuestos El dióxido de carbono y el agua son ejemplos de **compuestos.** **Los compuestos se forman cuando dos o más elementos se combinan químicamente.** La mayoría de los elementos están presentes en los seres vivos en forma de compuestos. Por ejemplo, el dióxido de carbono es un compuesto formado por los elementos carbono y oxígeno.

La unidad más pequeña de muchos compuestos es la molécula. Una molécula de dióxido de carbono consiste en un átomo de carbono y dos átomos de oxígeno. Compara los diagramas de la molécula de dióxido de carbono y de la molécula de agua de la **ilustración 1.**

ILUSTRACIÓN 1

Moléculas y compuestos

El dióxido de carbono, presente en el aire que exhalan los pulmones del nadador, es un compuesto, al igual que el agua.

Interpreta diagramas Responde las preguntas en los recuadros.

Haz la Actividad rápida de laboratorio *¿Qué es un compuesto?*

Evalúa tu comprensión

¿comprendiste?

○ **¡Comprendí!** Ahora sé que los compuestos se forman cuando _______________

○ Necesito más ayuda con _______________

Consulta my science coach *en línea para obtener ayuda en inglés sobre este tema.*

¿Qué compuestos necesitan las células?

Muchos de los compuestos presentes en los seres vivos contienen el elemento carbono. La mayoría de los compuestos que contienen carbono se denominan compuestos orgánicos. Algunos de los compuestos orgánicos que quizá hayas oído nombrar son el nailon y el poliéster. Los compuestos que no contienen carbono se denominan compuestos inorgánicos. El agua y la sal de mesa son ejemplos conocidos de compuestos inorgánicos.

Algunos grupos importantes de compuestos orgánicos que necesitan los seres vivos son los carbohidratos, los lípidos, las proteínas y los ácidos nucleicos. El agua es un compuesto inorgánico necesario. Muchos de estos compuestos están presentes en los alimentos que comemos, lo cual tiene sentido porque éstos provienen de seres vivos.

¿Sabías que tu cuerpo necesita un suministro nuevo de proteínas todos los días porque las proteínas no se pueden almacenar, como las grasas o los carbohidratos?

Carbohidratos Probablemente hayas oído hablar de los azúcares y los almidones. Son ejemplos de **carbohidratos,** compuestos orgánicos ricos en energía formados por los elementos carbono, hidrógeno y oxígeno.

Durante el proceso de producción de alimentos, las plantas producen azúcares. Las frutas y algunas verduras tienen un alto contenido de azúcar. Las moléculas de azúcar pueden combinarse y formar moléculas más grandes denominadas almidones, o carbohidratos complejos. Las células vegetales almacenan el exceso de energía en moléculas de almidón. Muchos alimentos, como las papas, las pastas, el arroz y el pan, provienen de plantas que contienen almidón. Cuando comes esos alimentos, tu cuerpo convierte el almidón en glucosa, un tipo de azúcar que las células del cuerpo pueden usar para obtener energía.

Los carbohidratos son componentes importantes de algunas partes de las células. Por ejemplo, la celulosa que se encuentra en la pared celular de las plantas es un tipo de carbohidrato. Los carbohidratos también están presentes en la membrana celular.

ILUSTRACIÓN 2

Compuestos ricos en energía

Un plato de pastas con aceite de oliva, especias y otros ingredientes constituye una comida rica en energía.

Clasifica Rotula cada alimento como almidón o lípido. Junto al rótulo, escribe otro ejemplo de un alimento que contenga almidón o lípidos.

ILUSTRACIÓN 3

Proteínas

El pico, las plumas y las garras de un loro están formados por proteínas.

Aplica conceptos ¿Qué parte de tu cuerpo probablemente está formada por proteínas similares a las de las garras de un loro?

____

____

Lípidos

¿Alguna vez has visto a un cocinero quitar la grasa de un trozo de carne antes de cocinarlo? El cocinero está quitando un tipo de lípido. Los **lípidos** son compuestos que están formados en su mayor parte por carbono e hidrógeno y un poco de oxígeno. La membrana celular está formada principalmente por lípidos.

Las grasas, los aceites y las ceras son todos lípidos. Gramo por gramo, las grasas y los aceites contienen más energía que los carbohidratos. Las células almacenan la energía de las grasas y los aceites para usarla más adelante. Por ejemplo, en invierno, un oso inactivo vive gracias a la energía almacenada en sus células grasas. Algunos alimentos ricos en grasas son la leche entera, el helado y la comida frita.

Proteínas

¿Qué tienen en común las plumas de un ave, una telaraña y una hamburguesa? Todas están formadas principalmente por proteínas. Las **proteínas** son moléculas orgánicas grandes compuestas por carbono, hidrógeno, oxígeno, nitrógeno y, en algunos casos, azufre. Algunos de los alimentos ricos en proteínas son la carne, los productos lácteos, el pescado, los frutos secos y las legumbres.

La estructura y la función de una célula dependen en gran medida de las proteínas. Las proteínas forman parte de la membrana celular. También forman parte de los orgánulos que están en el interior de las células. Un grupo de proteínas denominadas **enzimas** aceleran las reacciones químicas en los seres vivos. Sin las enzimas, muchas de las reacciones químicas necesarias para la vida tardarían mucho. Por ejemplo, una enzima de la saliva acelera la digestión del almidón. El almidón se descompone en azúcares cuando todavía está en la boca.

Compara y contrasta Mientras lees, completa la tabla siguiente para comparar los carbohidratos, los lípidos y las proteínas.

Tipo de compuesto	Elementos	Funciones
Carbohidrato		
Lípido		
Proteína		

ILUSTRACIÓN 4

ADN

Moléculas más pequeñas se conectan en patrones y secuencias específicos, y forman el ADN.

Interpreta diagramas En el diagrama siguiente, identifica el patrón de colores. Luego colorea los que faltan.

Ácidos nucleicos

Los **ácidos nucleicos** son moléculas orgánicas muy largas. Estas moléculas están formadas por carbono, oxígeno, hidrógeno, nitrógeno y fósforo. Los ácidos nucleicos portan las instrucciones necesarias para que las células realicen todas las funciones vitales. Algunos alimentos ricos en ácidos nucleicos son la carne roja, los mariscos, las setas y los guisantes.

Un tipo de ácido nucleico es el ácido desoxirribonucleico, o ADN. El **ADN** es el material genético que lleva información sobre un organismo y que se transmite de padres a hijos. Esta información dirige las funciones de una célula. La mayor parte del ADN se encuentra en el núcleo de la célula. La forma de una molécula de ADN se describe como una **doble hélice.** Imagínate una escalera de cuerda enrollada alrededor de un palo y tendrás una imagen mental de la doble hélice del ADN. La doble hélice está formada por muchas moléculas pequeñas conectadas entre sí. El patrón y la secuencia en las que se conectan esas moléculas forman una especie de código químico que la célula puede "leer".

¡Usa las matemáticas!

La mayoría de las células contienen los mismos compuestos. La gráfica compara los porcentajes de algunos compuestos que se encuentran en una célula bacteriana y en una célula animal. Escribe un título para la gráfica y responde las preguntas siguientes.

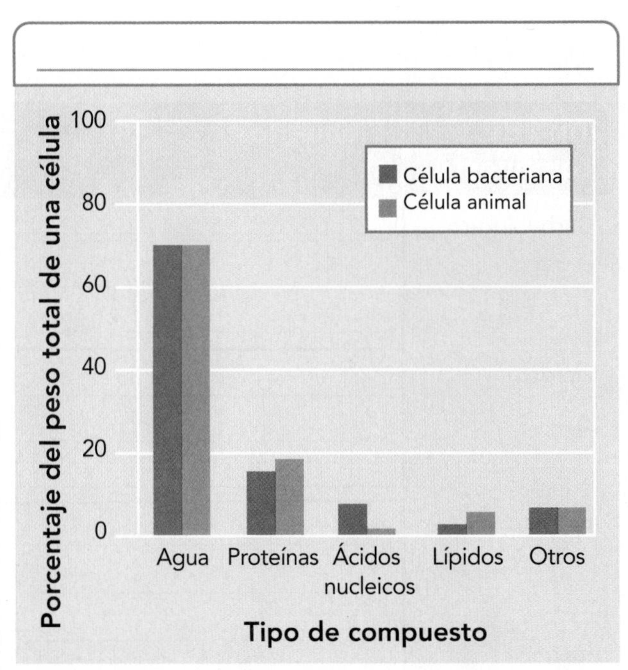

1 **Lee gráficas** Pon una marca de verificación sobre la barra que muestra el porcentaje de agua que tiene una célula animal. Compara este número con el porcentaje de agua que tiene una célula bacteriana.

____

2 **Lee gráficas** (Las proteínas/Los ácidos nucleicos) constituyen un porcentaje mayor de una célula animal.

3 **Saca conclusiones** En general, ¿cómo crees que es la composición química de una célula bacteriana en comparación con la de una célula animal?

____

____

ILUSTRACIÓN 5

En su mayoría agua

El cuerpo humano está formado por aproximadamente dos tercios de agua. ¡Pero sabes bien que no te pareces a una pecera con un pececito dentro!

Haz una gráfica Completa y rotula la gráfica circular para representar el porcentaje de agua que hay en tu cuerpo.

El agua y los seres vivos El agua realiza funciones muy importantes en las células. Por ejemplo, la mayoría de las reacciones químicas que ocurren en las células dependen de sustancias que deben disolverse en agua para que reaccionen. Y el agua misma participa en muchas de esas reacciones químicas.

El agua también ayuda a las células a mantener su forma. ¡Una célula sin agua parecería un globo sin aire! Piensa en cómo se marchitan las hojas de una planta cuando la planta necesita agua. Cuando agregas agua a la tierra, las células absorben el agua y las hojas se recuperan.

El agua cambia de temperatura lentamente para que la temperatura de las células no cambie bruscamente, ya que este cambio podría ser dañino. El agua también cumple una función clave porque transporta sustancias hacia dentro y fuera de las células. Sin agua, la vida como la conocemos no existiría en la Tierra.

Zona de laboratorio® Haz la Actividad rápida de laboratorio *¿Qué es ese sabor?*

Evalúa tu comprensión

1a. Describe Es más probable que un compuesto orgánico que contiene sólo los elementos carbono, hidrógeno y oxígeno sea (un carbohidrato/una proteína/ADN). Explica tu respuesta.

___

b. Clasifica ¿Qué grupos de compuestos orgánicos de los seres vivos NO son ricos en energía?

___

c. Repasa ¿Cuál es la función del ADN?

___

d. DESAFÍO Describe algunas maneras en que la falta de agua podría afectar las funciones de las células.

___

¿comprendiste?

O **¡Comprendí!** Ahora sé que los compuestos importantes que se encuentran en los seres vivos son ___

O Necesito más ayuda con ___

Consulta my science COACH *en línea para obtener ayuda en inglés sobre este tema.*

LECCIÓN 4

La célula en su medio ambiente

¿Cómo entran y salen los materiales de la célula?

mi Diario del planeta

DATOS CURIOSOS

Algo delicioso en el aire

Estás estudiando en tu habitación y hueles algo delicioso. ¡Alguien está cocinando el almuerzo! ¿Cómo llegó el olor de la cocina a tu nariz? Durante la cocción, las moléculas de la sopa y de otros alimentos se difunden; es decir, se separan cada vez más unas de otras. Las corrientes de aire también transportan las moléculas. Tu nariz huele las moléculas y envía un mensaje al cerebro. ¡Incluso si sólo una molécula entre diez millones transporta el olor, tu nariz igualmente enviará el mensaje de "olor"! Aunque parezca increíble, tu cerebro puede identificar unos diez mil olores diferentes.

Comunica ideas Comenta la pregunta con un compañero y escribe tus respuestas en los espacios que siguen.

Si la puerta de la cocina está cerrada, ¿en qué cambiará tu capacidad para percibir en tu habitación los olores de la cocina?

____

____

____

____

____

PLANET DIARY Consulta ***Planet Diary*** para aprender más en inglés sobre las células en su medio ambiente.

Haz la Indagación preliminar *Difusión en acción.*

¿Cómo entran y salen los materiales de la célula?

Las células tienen estructuras que protegen el contenido de las células del mundo exterior. Pero para que las células puedan vivir y funcionar, ciertos materiales deben poder entrar y salir. El oxígeno y el agua y las partículas de alimento deben poder entrar en la célula, mientras que el dióxido de carbono y otros materiales de desecho deben poder salir. Así como el encargado de un estacionamiento controla la entrada y la salida de automóviles, la membrana celular controla la entrada y la salida de los materiales en la célula.

Vocabulario

- permeabilidad selectiva
- transporte pasivo
- difusión
- ósmosis
- transporte activo
- endocitosis
- exocitosis

Destrezas

Lectura: Relaciona causa y efecto
Indagación: Predice

Importancia de la membrana celular Cada célula está rodeada por una membrana celular. En la **ilustración 1**, puedes ver que la membrana celular está formada por una capa doble de moléculas de lípidos alineadas una junto a la otra. Recuerda que los lípidos son grupos de compuestos orgánicos presentes en los seres vivos. En la doble capa de moléculas de lípidos hay proteínas, algunas unidas a cadenas de carbohidratos. Otras cadenas de carbohidratos se ubican en la superficie de la membrana. Todas estas moléculas son muy importantes porque ayudan a que los materiales pasen a través de la membrana celular.

Algunos materiales atraviesan la membrana celular fácilmente. Otros pasan con mayor dificultad o no logran atravesarla. La membrana celular tiene **permeabilidad selectiva,** lo que significa que algunas sustancias pueden pasar y otras no. **Las sustancias que pueden entrar y salir de la célula lo hacen por medio de uno de estos dos procesos: transporte pasivo o transporte activo.**

ILUSTRACIÓN 1

Una barrera selectiva

Haz modelos **¿En qué se parece la membrana celular al encargado de un estacionamiento?**

____

____

Difusión y ósmosis: Formas de transporte pasivo Si alguna vez has andado en bicicleta cuesta abajo, sabrás que ir velozmente no demanda casi nada de energía. Pero sí hay que usar bastante energía para pedalear cuesta arriba. Para que los materiales atraviesen la membrana celular, a veces la célula debe usar su propia energía. Otras veces, la célula no usa energía. Se denomina **transporte pasivo** al movimiento de materiales disueltos a través de la membrana celular sin usar la energía de la célula.

ILUSTRACIÓN 2

Difusión

Una gota de colorante de alimentos se esparce gradualmente en un plato de gelatina a medida que las moléculas del colorante se difunden. **Predice En el tercer plato, dibuja cómo crees que se vería el plato si continúa la difusión.**

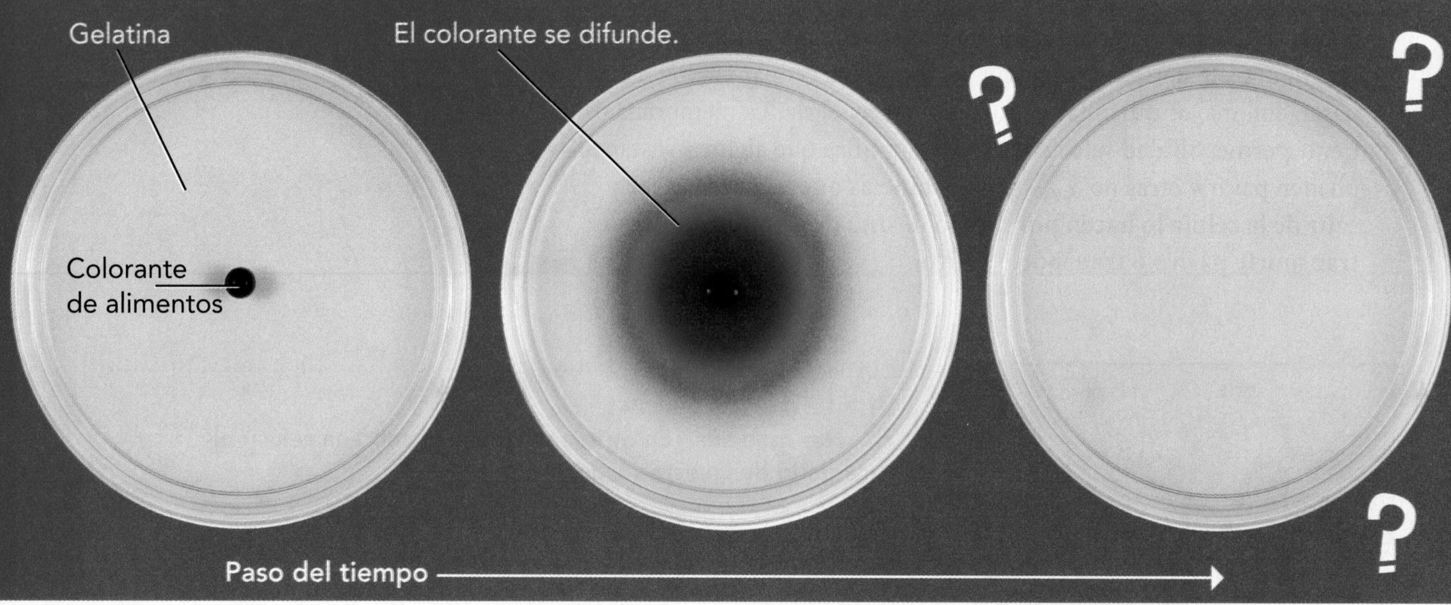

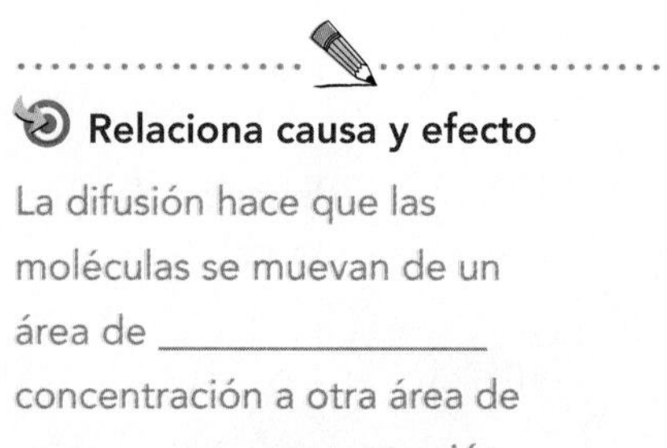

Relaciona causa y efecto

La difusión hace que las moléculas se muevan de un área de ________________ concentración a otra área de ____________concentración.

Difusión Las moléculas están siempre en movimiento. Al moverse, las moléculas chocan entre sí. Cuantas más moléculas hay en un espacio, se dice que más concentradas están las moléculas en ese espacio. Entonces, chocan, o colisionan, entre sí más seguido. Estas colisiones hacen que las moléculas salgan despedidas en la dirección contraria. Con el tiempo, a medida que las moléculas siguen chocando y separándose, la concentración de moléculas disminuye, hasta que quedan esparcidas de manera uniforme en el espacio. La **difusión** es el proceso por el cual las moléculas se mueven de un área de mayor concentración a otra de menor concentración. Observa la **ilustración 2**.

Piensa en un organismo unicelular que vive en el agua de una laguna. El organismo obtiene oxígeno del agua. Muchas más moléculas de oxígeno se disuelven en el agua fuera de la célula, que dentro de ella. En otras palabras, la concentración de oxígeno es más alta fuera de la célula. ¿Qué sucede? El oxígeno entra fácilmente en la célula. La difusión del oxígeno hacia el interior de la célula no requiere nada de energía celular. La difusión es una forma de transporte pasivo.

Ósmosis Al igual que el oxígeno, el agua entra y sale fácilmente de la célula a través de la membrana celular. Se denomina **ósmosis** a la difusión de moléculas de agua a través de una membrana permeable selectiva. Como las células no pueden funcionar de manera adecuada sin la cantidad de agua suficiente, muchos procesos celulares dependen de la ósmosis. La ósmosis es una forma de transporte pasivo.

La ósmosis puede tener efectos importantes en la célula y en todo un organismo. Las células vegetales de la fotografía superior de la **ilustración 3** muestran una buena circulación de agua hacia dentro y hacia fuera de la célula. En ciertas condiciones, la ósmosis puede hacer que el agua salga de las células más rápido de lo que entra. Cuando eso sucede, el citoplasma se reduce y la membrana celular se separa de la pared celular, como muestra la segunda foto. Si las condiciones no cambian, la célula puede morir.

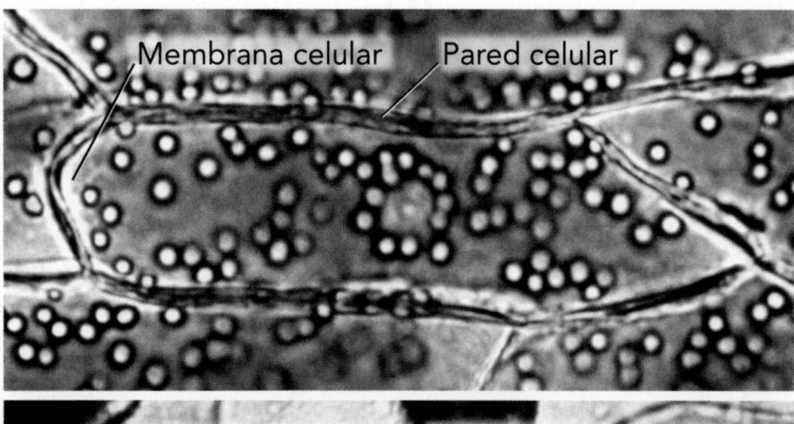

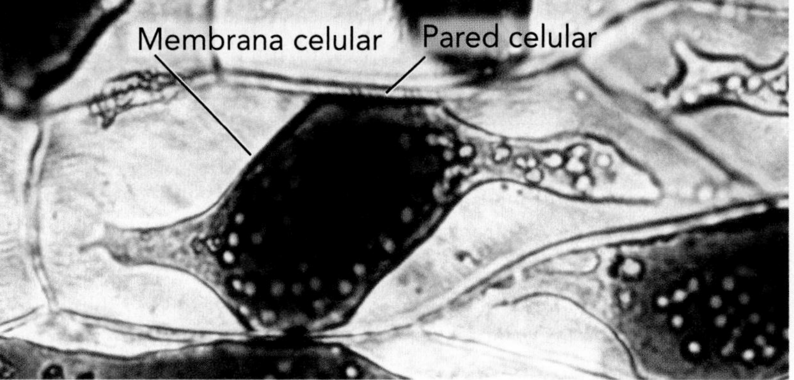

ILUSTRACIÓN 3

Efectos de la ósmosis

Las células se encogen y mueren cuando pierden mucha agua.

Infiere Con un lápiz de color, colorea las células de la foto inferior para mostrar cómo cambiarían si la circulación de agua se revirtiera.

¡aplícalo!

La mayoría de las células son demasiado pequeñas y no se pueden ver sin un microscopio. ¿Cómo se relaciona el tamaño de la célula con el movimiento de los materiales hacia dentro y fuera de la célula? Imagínate que los diagramas de la derecha representan dos células. Una célula es tres veces más ancha que la otra célula. Piensa en cómo esta diferencia podría afectar los procesos de las células.

1 **Infiere** El citoplasma circula dentro de la célula y transporta materiales, así como las corrientes marinas pueden arrastrar una balsa. ¿En qué célula los materiales llegarán más rápido de la membrana celular al centro de la célula? ¿Por qué?

____

____

2 **Predice** Los desechos son tóxicos para las células y deben eliminarse del citoplasma. Predice cómo afecta el tamaño de la célula al proceso de eliminación y la supervivencia de una célula.

____

____

____

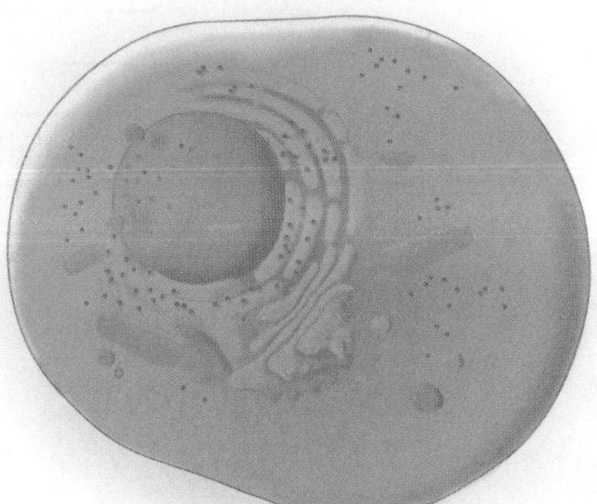

Célula grande

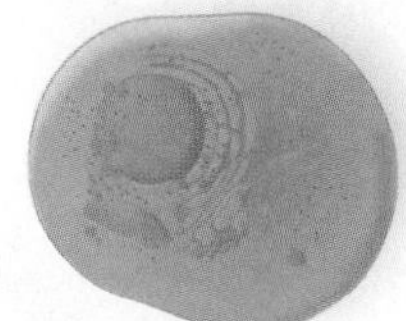

Célula pequeña

Difusión facilitada El oxígeno y el dióxido de carbono se difunden libremente a través de la membrana celular, a diferencia de otras moléculas como el azúcar. Los azúcares no pueden atravesar la membrana de las moléculas de lípidos con tanta facilidad. En un proceso que se denomina difusión facilitada, las proteínas de la membrana celular forman canales a través de los cuales pueden pasar los azúcares. *Facilitar* significa "hacer más fácil". Como muestra la **ilustración 4,** estas proteínas forman un camino para que los azúcares se difundan. Las proteínas funcionan como un tubo de desagüe, que lleva el agua del techo de una casa al suelo. La difusión facilitada no consume energía celular y es otra forma de transporte pasivo.

Transporte activo

Las moléculas de las células a menudo se mueven en la dirección contraria a la que normalmente se moverían con la difusión. Es decir, las moléculas se desplazan de un lugar de *menor* concentración a otro lugar de *mayor* concentración. La energía para hacer esta tarea proviene de la célula, de la misma manera en que tú provees la energía cuando pedaleas cuesta arriba en una bicicleta. El **transporte activo** es el proceso que usa la energía celular para mover materiales a través de la membrana celular.

Al igual que en la difusión facilitada, las proteínas que se encuentran en el interior de la membrana celular cumplen un papel fundamental en el transporte activo. Usando la energía de la célula, las proteínas de transporte "toman" determinadas moléculas y las llevan a través de la membrana. Las sustancias que se transportan hacia dentro y hacia fuera de las células por medio de este proceso son, entre otras, calcio, potasio y sodio.

ILUSTRACIÓN 4

ART IN MOTION Atravesar la membrana celular

Las moléculas entran y salen de una célula por medio del transporte pasivo o activo.

1. **Nombra** Completa los recuadros con las palabras que faltan.
2. DESAFÍO En el diagrama, escribe una "A" donde la concentración de cada sustancia es alta y una "B" donde la concentración es baja.

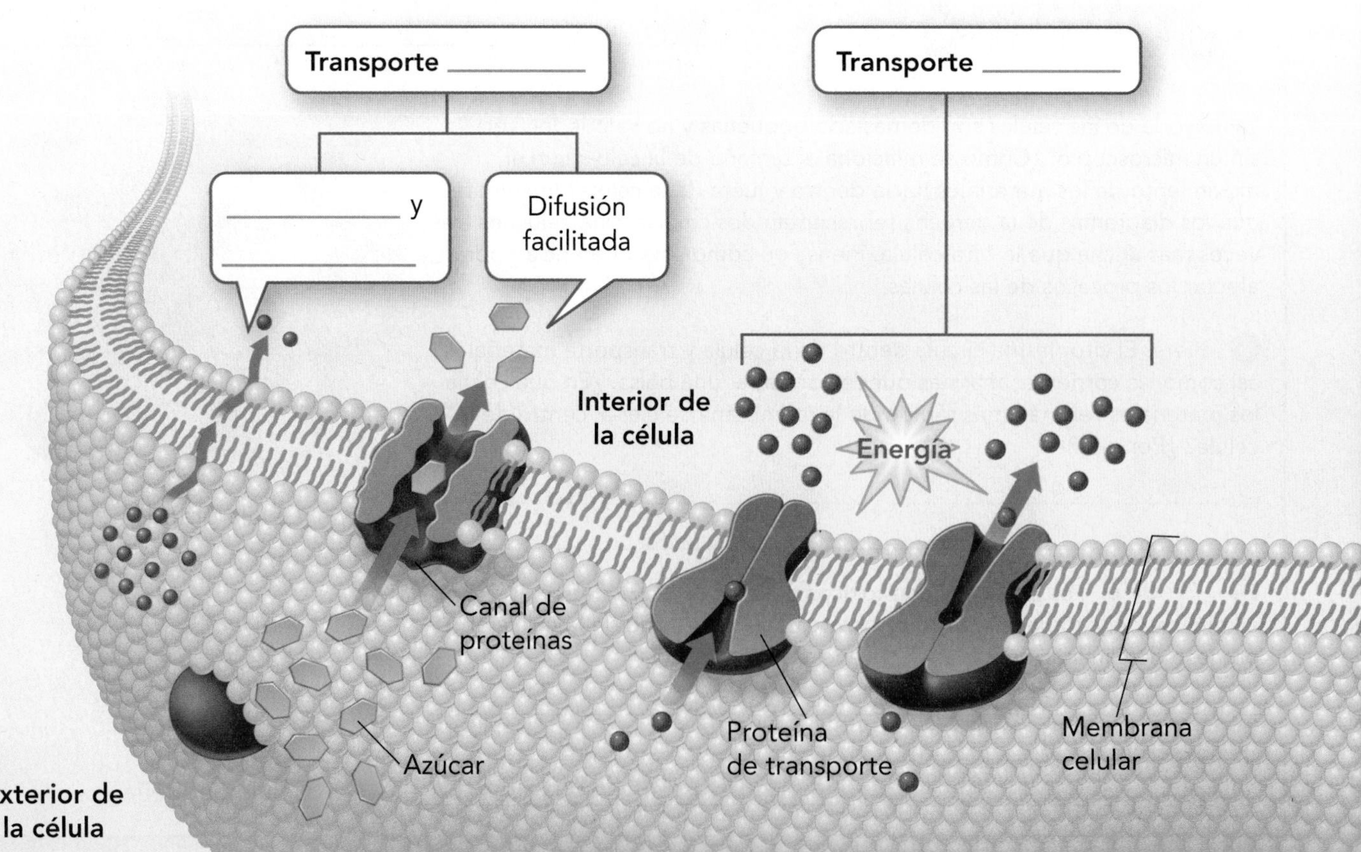

Desplazamiento de partículas grandes Algunos materiales, como las partículas de alimento, son muy grandes y no pueden atravesar la membrana celular. En un proceso denominado **endocitosis,** la membrana celular cambia de forma y envuelve la partícula. Puedes ver este proceso en la **ilustración 5.** Una vez que la membrana celular envuelve a la partícula de alimento, se funde y libera una vacuola dentro de la célula. El proceso opuesto, denominado exocitosis, permite que las partículas grandes puedan salir de la célula. En la **exocitosis,** una vacuola primero se funde con la membrana celular. Luego, la membrana celular forma una abertura hacia el exterior y expulsa el contenido de la vacuola. Los dos procesos, endocitosis y exocitosis, requieren energía celular.

ILUSTRACIÓN 5

Una ameba envuelve alimento

Una ameba unicelular rodea lentamente partículas de alimento.

Observa **Observa estas fotografías. Las fotografías muestran un ejemplo de** (endocitosis/exocitosis).

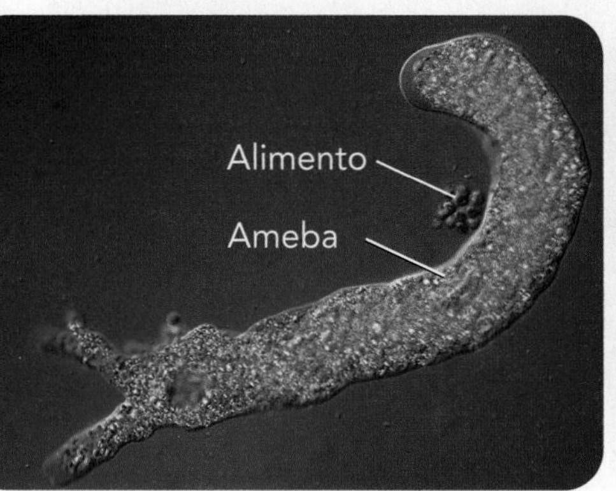

❶ El citoplasma de la ameba se dirige hacia las partículas de alimento.

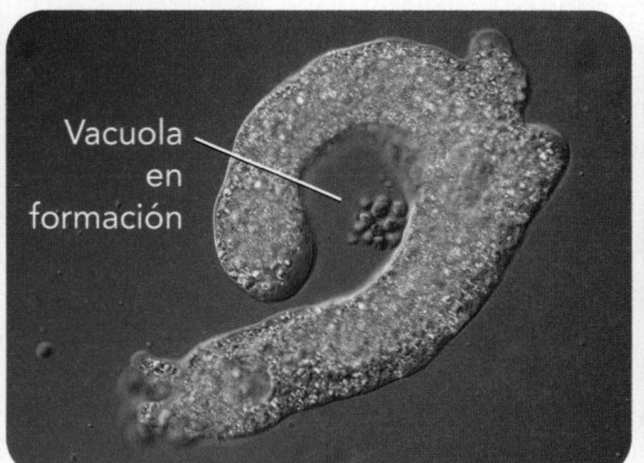

❷ El citoplasma rodea las partículas de alimento mientras la vacuola comienza a formarse.

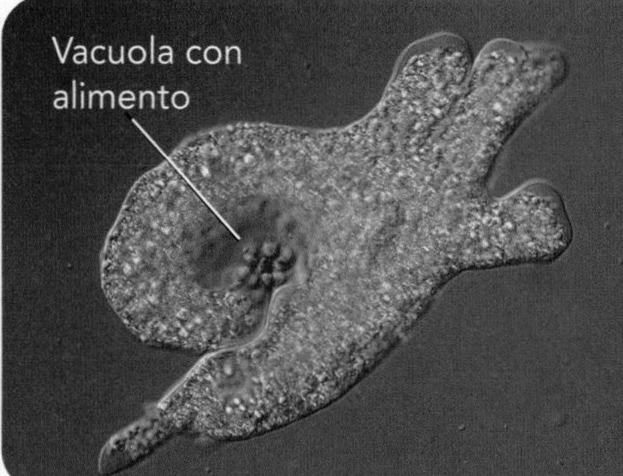

❸ La membrana celular se funde y encierra partículas de alimento en una nueva vacuola.

Haz la Actividad rápida de laboratorio *Los efectos de la concentración en la difusión.*

Evalúa tu comprensión

1a. Repasa Usa la difusión para explicar qué sucede cuando sumerges un terrón de azúcar en agua.

____

____

____

b. Predice Traza una flecha para mostrar la dirección general en que se desplazará el agua como resultado de la ósmosis. (La línea amarilla es la membrana celular).

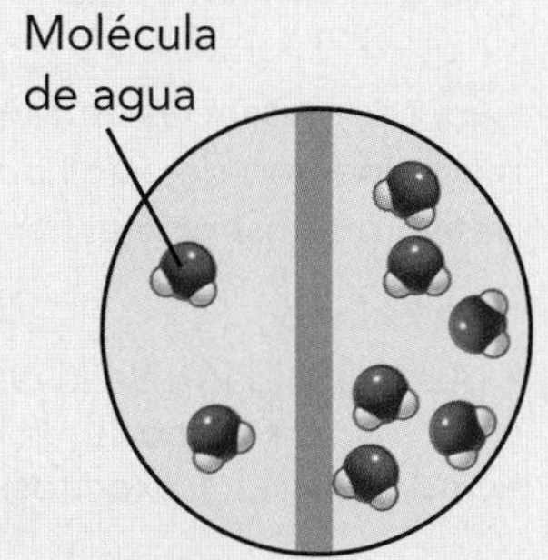

c. Identifica El transporte activo depende de (los azúcares/las proteínas) que transportan las moléculas a través de la membrana celular.

d. Compara y contrasta ¿En qué se diferencia el transporte activo del transporte pasivo?

____

____

____

____

¿comprendiste?

O ¡Comprendí! Ahora sé que la función principal de la membrana celular es ______________________________

____

____

O Necesito más ayuda con ______________________________

Consulta **MY SCIENCE COACH** *en línea para obtener ayuda en inglés sobre este tema.*

CAPÍTULO 1

Guía de estudio

Todos los seres vivos están formados por ___________, que son las unidades más pequeñas de

___________________ y ______________________

LECCIÓN 1 Descubrimiento de las células

La célula es la unidad básica de la estructura y función de los seres vivos.

Todos los seres vivos están formados por células y todas las células se originan a partir de otras células.

Algunos microscopios enfocan la luz a través de lentes para producir una imagen aumentada y otros usan un haz de electrones.

Vocabulario

• célula • microscopio • teoría celular

LECCIÓN 2 Observar las células por dentro

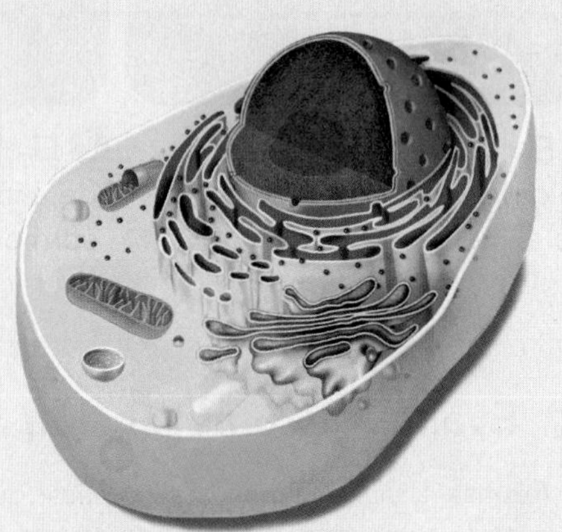

Cada tipo de estructura celular cumple una función diferente dentro de la célula.

En los organismos multicelulares, las células están organizadas en tejidos, órganos y sistemas de órganos.

Vocabulario

• pared celular • membrana celular • núcleo • orgánulo
• ribosoma • citoplasma • mitocondria
• retículo endoplasmático • aparato de Golgi • vacuola
• cloroplasto • lisosoma • multicelular • unicelular
• tejido • órgano • sistema de órganos

LECCIÓN 3 Compuestos químicos en las células

Los elementos son las sustancias más simples. Los compuestos se forman cuando se combinan elementos.

Algunos de los compuestos importantes presentes en los seres vivos son los carbohidratos, los lípidos, las proteínas, los ácidos nucleicos y el agua.

Vocabulario

• elemento • compuesto • carbohidrato
• lípido • proteína • enzima
• ácido nucleico • ADN • doble hélice

LECCIÓN 4 La célula en su medio ambiente

Las sustancias entran y salen de una célula por medio de uno de estos dos procesos: transporte pasivo o transporte activo.

Vocabulario

• permeabilidad selectiva • transporte pasivo
• difusión • ósmosis • transporte activo
• endocitosis • exocitosis

Repaso y evaluación

LECCIÓN 1 Descubrimiento de las células

1. ¿Qué instrumento te ayudaría a observar una célula vegetal?

   a. un filtro
   b. un microscopio
   c. un horno de microondas
   d. un electroimán

2. ______________________ establece que todos los seres vivos están formados por células.

3. **Clasifica** Tus células absorben oxígeno, agua y alimento. Nombra un desecho que eliminan tus células.

4. **Compara y contrasta** ¿En qué se parecen un microscopio óptico y un microscopio electrónico? ¿En qué se diferencian?

5. **Estima** Con un microscopio, puedes observar el organismo unicelular que se muestra abajo. El diámetro del campo visual del microscopio es 0.8 mm. Estima la longitud y el ancho de la célula, y escribe tu respuesta en los espacios en blanco.

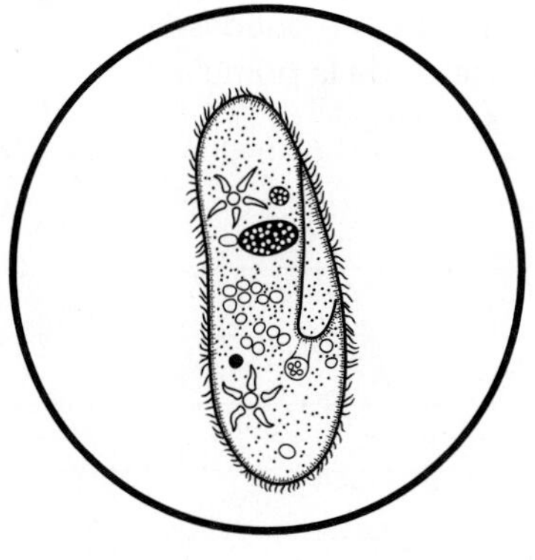

LECCIÓN 2 Observar las células por dentro

6. ¿Qué estructuras celulares están presentes en las células vegetales pero NO en las células animales?

   a. cloroplasto y pared celular
   b. aparato de Golgi y vacuola
   c. mitocondria y ribosoma
   d. retículo endoplasmático y núcleo

7. Las mitocondrias y los cloroplastos son dos tipos de ______________________

8. **Interpreta diagramas** ¿Cuál es la función de la estructura celular color púrpura de la célula de la derecha?

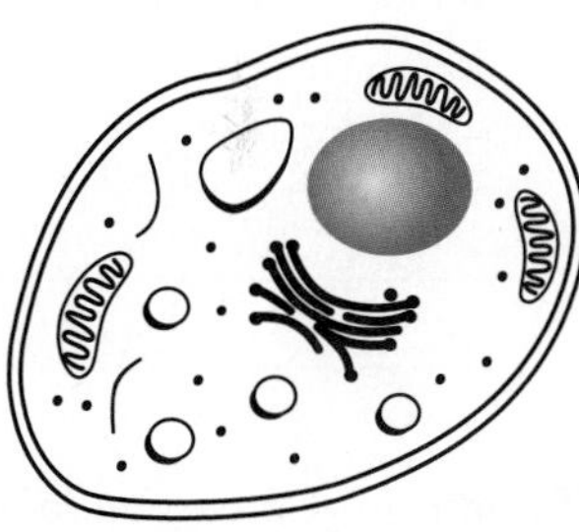

9. **Sigue la secuencia** Ordena estas estructuras del menor al mayor nivel de organización: sistema de órganos, tejido, célula, órgano.

10. **Infiere** Una célula determinada ya no puede empaquetar y liberar materiales fuera de la célula. ¿Qué orgánulo no está funcionando?

11. **Escríbelo** Imagínate que eres guía de turismo. Tú y tu grupo se han empequeñecido y tienen el tamaño de moléculas de agua. ¡Estás listo para comenzar el recorrido a través de una célula! Escribe un texto narrativo acerca de tu recorrido, como si fueras a dárselo a otro guía para que lo use.

CAPÍTULO 1

Repaso y evaluación

LECCIÓN 3 Compuestos químicos en las células

12. El almidón es un ejemplo de

a. lípido. **b.** proteína.

c. ácido nucleico. **d.** carbohidrato.

13. ¿Qué tipo de molécula orgánica se encuentra principalmente en el núcleo de una célula?

____

14. Compara y contrasta ¿Cuál es la diferencia entre un elemento y un compuesto?

____

____

____

____

15. Infiere ¿Cómo puede afectar al cuerpo de una persona la falta de proteínas en su dieta?

____

____

____

16. ¡matemáticas! La gráfica siguiente muestra las cantidades de distintos compuestos que forman una célula animal. ¿Qué porcentaje del peso total de la célula está formado por lípidos?

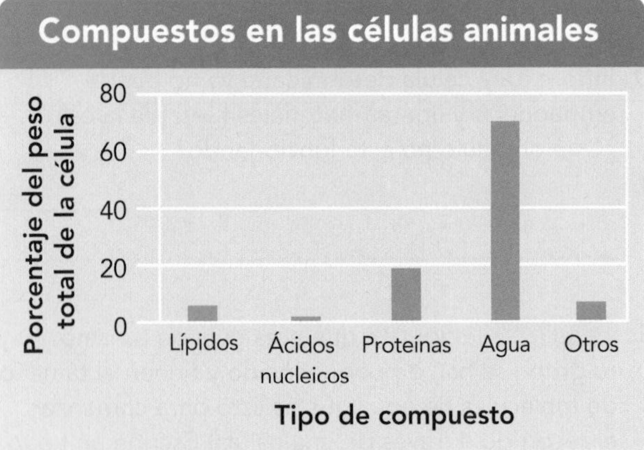

____

LECCIÓN 4 La célula en su medio ambiente

17. El proceso por el cual el agua se desplaza a través de una membrana celular se denomina

a. ósmosis. **b.** exocitosis.

c. resolución. **d.** transporte activo.

18. ______________________ permite el paso de algunas sustancias a través de la membrana celular y no de otras.

19. Compara y contrasta ¿En qué se parecen la difusión facilitada y el transporte activo? ¿En qué se diferencian?

____

____

____

____

____

¿De qué están hechas las células?

20. A la derecha, se puede ver una fotografía de una planta multicelular conocida como prímula. Menciona tres conclusiones que puedas sacar acerca de la prímula como ser vivo.

____

____

____

____

____

____

____

____

Preparación para exámenes estandarizados

Selección múltiple

Encierra en un círculo la letra de la mejor respuesta.

1. ¿Qué proceso de transporte muestra la ilustración?

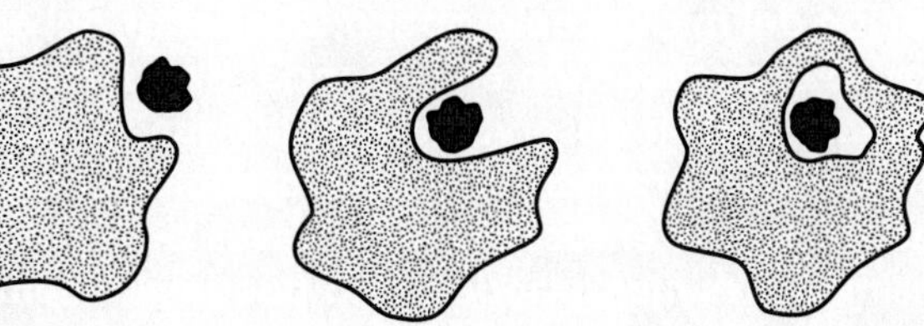

A ósmosis B difusión
C endocitosis D exocitosis

2. ¿Cuál de los tipos siguientes de células tienen pared celular?

A células vegetales B células musculares
C células sanguíneas D células animales

3. Un microscopio compuesto tiene dos lentes. Una lente tiene un aumento de 15× y la otra tiene un aumento de 40×. ¿Cuál es el aumento total?

A 25× B 55×
C 150× D 600×

4. ¿Cuál de las opciones siguientes es un elemento?

A célula B agua
C hidrógeno D almidón

5. La membrana celular está formada mayormente por una capa doble de moléculas denominadas

A lípidos. B proteínas.
C ácidos nucleicos. D carbohidratos.

Respuesta elaborada

Usa el diagrama que sigue y tus conocimientos de las células para responder la pregunta 6 en una hoja aparte.

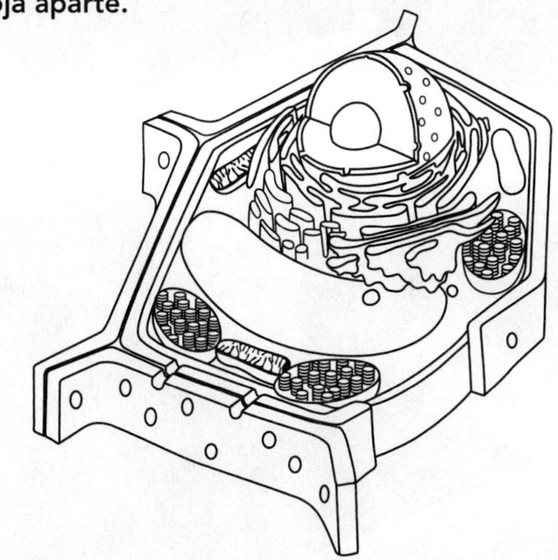

6. Identifica si la ilustración muestra una célula vegetal o una célula animal. Justifica tu respuesta comparando las estructuras de esta célula con las estructuras de las células vegetales y animales.

ojos electrónicos

La invención del microscopio óptico, alrededor del año 1600, causó una revolución en la ciencia. Por primera vez, los científicos podían observar las células que formaban a los seres vivos. Pero incluso los microscopios ópticos más modernos, que enfocan la luz a través de lentes para obtener imágenes más grandes, sólo pueden aumentar la imagen de un objeto unas 1,000 veces.

Desde principios de la década de 1930, nuevos tipos de microscopios han dado lugar a nuevas revoluciones en la ciencia. El microscopio electrónico emplea electrones, en lugar de luz, para obtener imágenes muy detalladas de especímenes. Hoy en día, potentes microscopios pueden aumentar las imágenes hasta 1,000,000 de veces, ¡lo suficiente para que los científicos puedan ver un átomo!

Los científicos usan tres tipos principales de microscopios muy potentes:

▼ Al observar a través de un TEM, se obtiene una imagen muy detallada de las células de una cebolla.

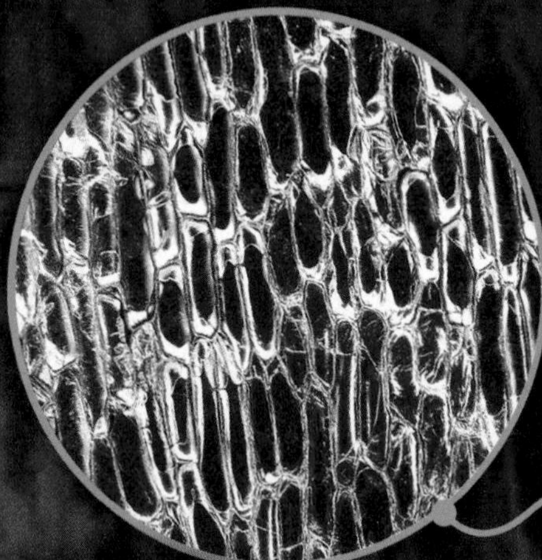

Microscopio electrónico de transmisión (TEM, por sus siglas en inglés) Un TEM enfoca un haz de electrones que pueden atravesar muestras muy delgadas de un espécimen. Son muy útiles para estudiar las estructuras internas de las células.

▼ Muestras de moho del pan observadas con un SEM

Microscopio electrónico de barrido (SEM, por sus siglas en inglés) Un SEM emplea un haz de electrones que permite observar detenidamente la superficie de un espécimen. El haz de electrones estimula los electrones que están en la superficie del objeto. Al estimular los electrones, se puede obtener una imagen tridimensional del espécimen.

Microscopio de efecto túnel (STM, según sus siglas en inglés) Un STM funciona con una sonda cargada eléctricamente que pasa muy cerca de la superficie del espécimen. A medida que pasa sobre el espécimen, la sonda se mueve hacia arriba y hacia abajo para mantener la corriente constante en la sonda. El recorrido de la sonda se graba y se usa para crear una imagen de la superficie del espécimen.

Diséñalo Investiga y busca imágenes tomadas con microscopios electrónicos o de efecto túnel. Crea una presentación de fotografías o de transparencias con asombrosas imágenes microscópicas. ¡Muéstralas a tus compañeros para que adivinen qué objeto es cada uno!

EL PROYECTO GENOGRÁFICO

¿Alguna vez te has preguntado de dónde provenían tus antepasados más lejanos? Durante años, los arqueólogos han trabajado para hallar evidencia de las antiguas migraciones humanas. Los arqueólogos estudian las cosas que las personas dejaron, como puntas de flechas, cuentas y herramientas. Sin embargo, parte de la evidencia más prometedora no se encuentra en los emplazamientos arqueológicos. ¡Se encuentra en las células que forman nuestro cuerpo! El Proyecto Genográfico es un proyecto de investigación en el que se usan muestras de ADN para descubrir la historia de la especie humana.

Los participantes del Proyecto Genográfico reciben un conjunto de artículos con los que se puede proporcionar una muestra de ADN. Para proporcionar la muestra, los participantes usan un hisopo de algodón para juntar células del interior de sus mejillas. Luego la muestra se envía por correo a un laboratorio, donde se analiza el ADN que contienen las células. El ADN de las células se compara con otras muestras de ADN provenientes de todas partes del mundo.

Luego los participantes reciben un informe que describe la historia de sus antepasados más antiguos. El informe contiene un mapa que muestra la ruta que pueden haber seguido esos antepasados en sus migraciones. Los participantes pueden elegir que su información genética se agregue anónimamente a una base de datos para que los investigadores creen un mapa muy detallado de las migraciones humanas antiguas y modernas.

Explóralo ¿Qué se ha descubierto hasta ahora mediante el Proyecto Genográfico? Investiga el proyecto y crea un mapa en el que muestres qué se ha descubierto acerca de las antiguas migraciones humanas.

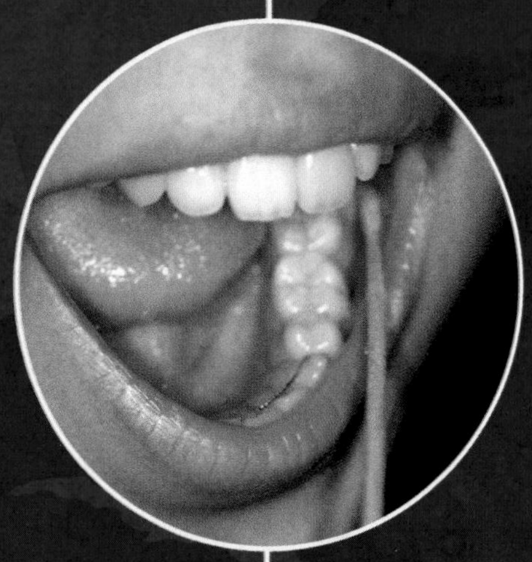

▲ Las personas que quieren colaborar con el Proyecto Genográfico juntan células de sus mejillas.

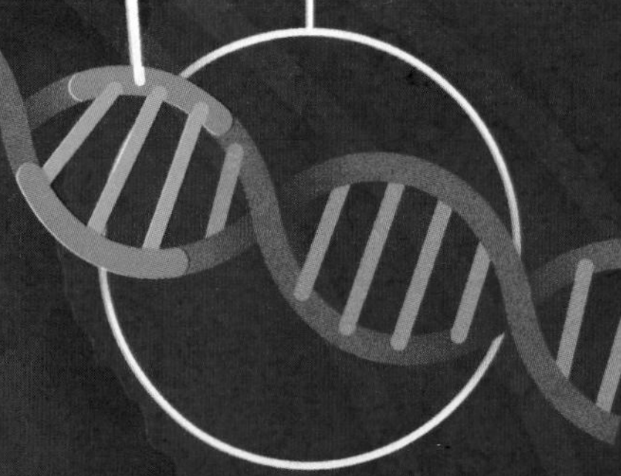

▲ Para estudiar la ascendencia, los científicos determinan qué individuos tienen en común ciertos genes o secuencias de genes específicos denominados marcadores genéticos.

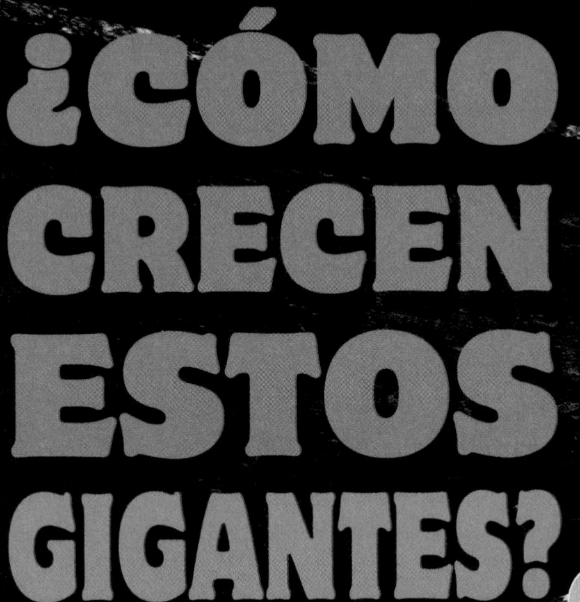

¿CÓMO CRECEN ESTOS GIGANTES?

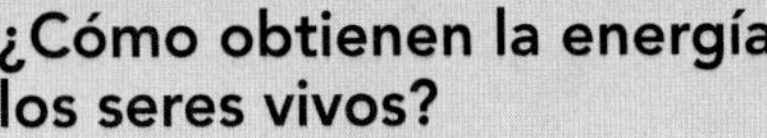

PREGUNTA PRINCIPAL ¿Cómo obtienen la energía los seres vivos?

UNTAMED SCIENCE Mira el video de *Untamed Science* para aprender más sobre los seres vivos y la energía.

Si estás parado en el suelo y miras hacia el cielo, puedes ver los árboles más grandes de la Tierra. Estas secuoyas californianas gigantes pueden llegar a medir hasta 110 metros de altura, ¡casi lo mismo que un edificio de 35 pisos! Para crecer tanto, se necesita la energía y las materias primas de los alimentos. Estos árboles no ingieren alimentos como tú, pero obtienen agua por medio de sus raíces, los gases del aire y mucha luz solar. Desarrolla hipótesis **¿Cómo obtienen estos árboles la energía que necesitan para crecer?**

CAPÍTULO 2

Procesos celulares y energía

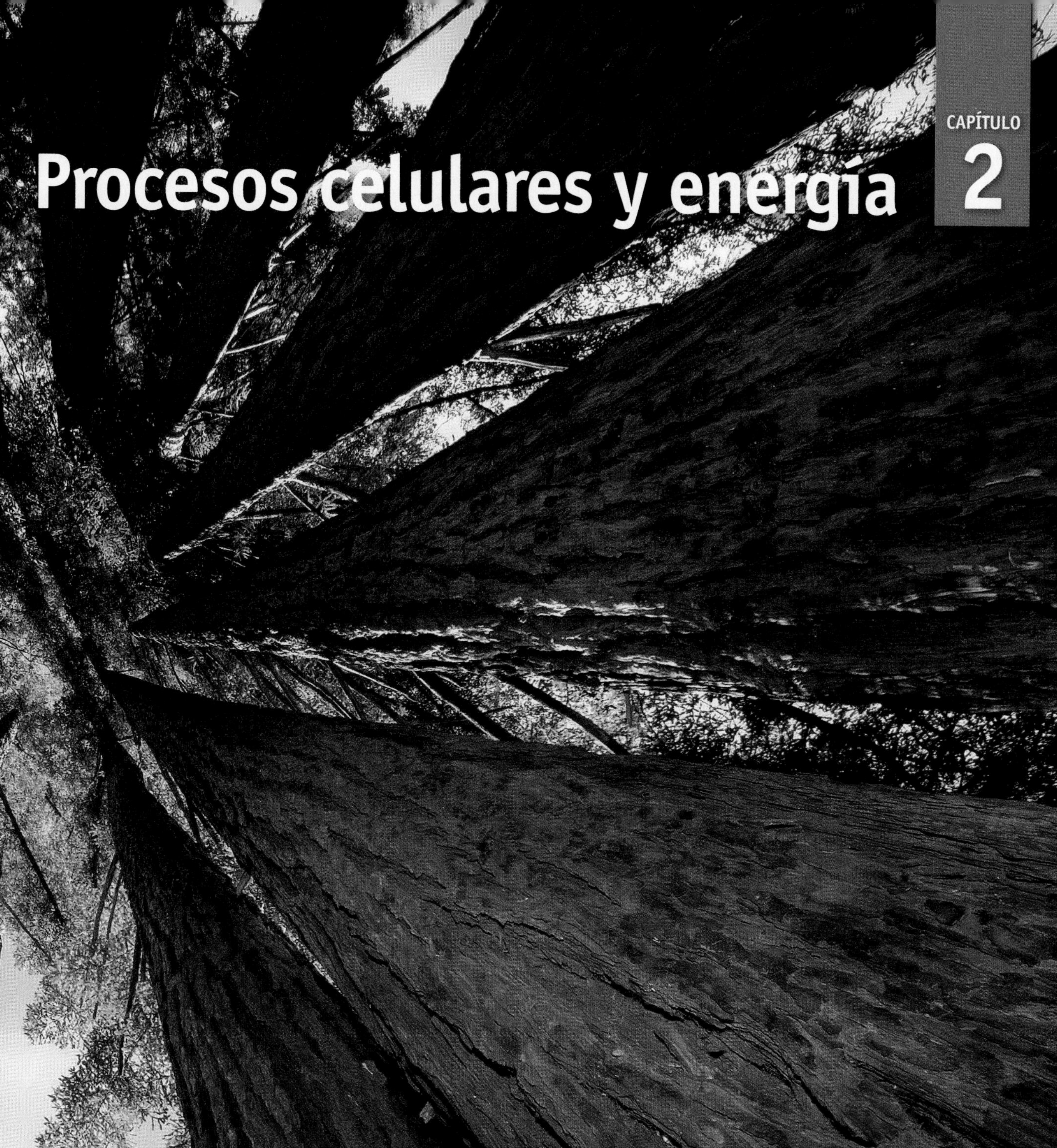

CAPÍTULO

2 Para comenzar

Verifica tu comprensión

1. **Preparación** Lee el párrafo siguiente y luego responde la pregunta.

En la clase de ciencias, observamos células animales y vegetales con un microscopio. Pude ver los **núcleos** de muchas células. En las células vegetales, vimos los **cloroplastos** de color verde. Tanto las células animales como las vegetales tienen **mitocondrias,** pero eran demasiado pequeñas para verlas con el microscopio que teníamos.

El **núcleo** es un orgánulo que funciona como el centro de control de la célula y dirige las actividades celulares.

Los **cloroplastos** son orgánulos que absorben la energía de la luz solar y la usan para producir alimento para la célula.

Las **mitocondrias** son orgánulos que transforman la energía de los alimentos en energía que la célula puede usar para llevar a cabo sus funciones.

- Encierra en un círculo los nombres de los orgánulos que solamente están en las células vegetales. Subraya los orgánulos que están en las células animales y vegetales.
  núcleo mitocondrias cloroplastos

MY READING WEB Si tuviste dificultades para completar el punto anterior, visita ***My Reading Web*** y escribe ***Cell Processes and Energy.***

Destreza de vocabulario

Palabras de origen griego La tabla siguiente contiene partes de palabras que provienen del griego. Aprender las siguientes partes de palabras te ayudará a entender algunas de las palabras de vocabulario de este capítulo.

Partes de palabras de origen griego	Significado	Ejemplo
auto-	propio, por sí mismo	**autótrofo,** (s.) organismo que produce su propio alimento; productor
hetero-	otro, diferente	**heterótrofo,** (s.) organismo que no puede producir su propio alimento; consumidor

2. **Verificación rápida La parte de palabra *-trofo* proviene de una palabra griega que significa "alimentación". Encierra en un círculo *-trofo* en dos lugares de la tabla anterior. ¿Cómo se relaciona la palabra griega con el significado de los dos términos?**

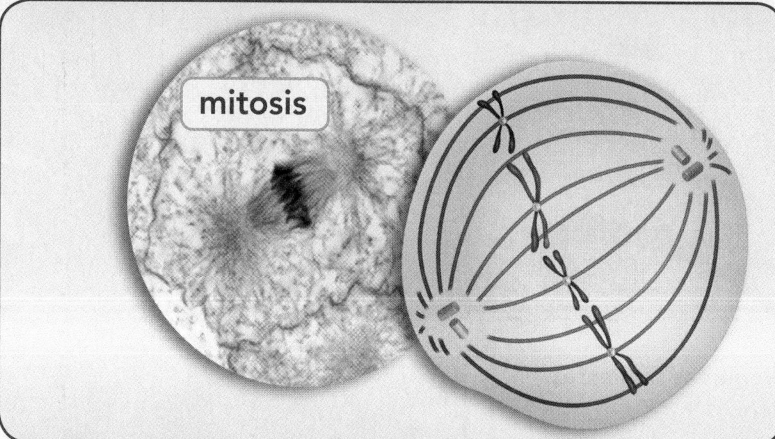

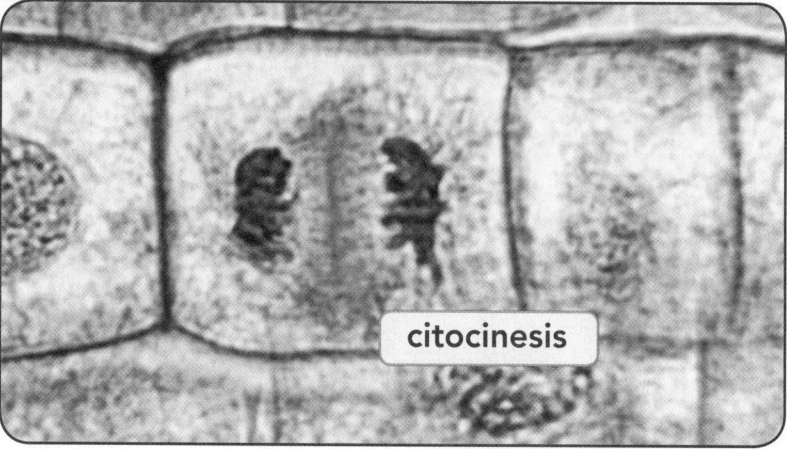

Vistazo al capítulo

LECCIÓN 1

- fotosíntesis
- autótrofo
- heterótrofo
- clorofila

Sigue la secuencia

Clasifica

LECCIÓN 2

- respiración celular
- fermentación

Resume

Controla variables

LECCIÓN 3

- ciclo celular
- interfase
- replicación
- cromosoma
- mitosis
- citocinesis

Pregunta

Interpreta datos

VOCAB FLASH CARDS Para obtener más ayuda con el vocabulario, visita ***Vocab Flash Cards*** y escribe ***Cell Processes and Energy.***

LECCIÓN

1 Fotosíntesis

¿Cómo obtienen energía del sol los seres vivos?

¿Qué sucede durante la fotosíntesis?

mi Diario del planeta

CONCEPTO ERRÓNEO

¿Cuándo la comida no es comida?

Concepto erróneo: Muchos creen que el alimento para plantas que usan en las plantas de su casa es comida para las plantas. Pero no es así.

Las plantas producen su propia comida (azúcares) con el agua, el dióxido de carbono y la luz solar. ¿Entonces qué es esa "comida" que se da a las plantas? Es fertilizante. El fertilizante es una mezcla de minerales, como potasio, calcio y fósforo, que ayuda a que la planta crezca, pero no proporciona energía como lo hace el alimento. Los agricultores ponen fertilizante en la tierra para obtener cosechas de mejor calidad. Las personas en su casa hacen lo mismo para tener plantas más saludables.

Comunica ideas **Escribe tus respuestas a las preguntas siguientes. Luego, comenta la pregunta 2 con un compañero.**

1. ¿Qué es la "comida para plantas"?

2. ¿Por qué crees que la frecuencia con que las personas alimentan las plantas de su casa es mayor que la frecuencia con que los agricultores fertilizan los cultivos de un campo?

PLANET DIARY Consulta ***Planet Diary*** para aprender más en inglés sobre la fotosíntesis.

Zona de laboratorio® Haz la Indagación preliminar *¿De dónde proviene la energía?*

Vocabulario

- fotosíntesis
- autótrofo
- heterótrofo
- clorofila

Destrezas

Lectura: Sigue la secuencia

Indagación: Clasifica

¿Cómo obtienen energía del sol los seres vivos?

En una llanura africana, una manada de cebras pasta tranquilamente. Pero ¡cuidado! Un grupo de leones está a punto de atacar la manada. Los leones cazarán una cebra y se la comerán.

Tanto las cebras como los leones que ves en la **ilustración 1** usan los alimentos que comen para obtener energía. Todos los seres vivos necesitan energía. Todas las células necesitan energía para llevar a cabo sus funciones, como hacer proteínas y transportar sustancias dentro y fuera de las células. Al igual que las materias primas que se usan en una célula, la energía que usan los seres vivos viene del medio ambiente. La carne de cebra les proporciona energía a las células del león. Del mismo modo, la hierba les proporciona energía a las células de la cebra. ¿Pero de dónde viene la energía que está en la hierba? Las plantas y algunos otros organismos, como las algas y algunas bacterias, obtienen la energía de otra manera. Estos organismos usan la energía de la luz solar para producir su propio alimento.

ILUSTRACIÓN 1

Cadena de energía

Todos los seres vivos necesitan energía.

Interpreta fotos En los recuadros, escribe la fuente directa de energía correspondiente a cada organismo. ¿Qué organismo no depende de otro organismo para obtener alimento?

El sol como fuente de energía

El proceso por el cual la célula absorbe energía de la luz solar y la usa para producir alimento se denomina **fotosíntesis.** La palabra *fotosíntesis* está formada por el prefijo de origen griego *foto-*, que significa "luz" y la palabra de origen griego *síntesis*, que significa "algo formado por la mezcla de varios elementos".

Casi todos los seres vivos obtienen energía directa o indirectamente de la energía de la luz solar que se absorbe durante la fotosíntesis. La hierba obtiene la energía directamente de la luz solar porque la hierba produce su propio alimento durante la fotosíntesis. Cuando la cebra come hierba, obtiene la energía solar que está almacenada en la hierba. De la misma manera, el león obtiene la energía que está almacenada en la cebra. La cebra y el león obtienen energía solar de manera indirecta a través de la energía que obtuvo la hierba durante la fotosíntesis.

¡aplícalo!

Una araña atrapa una oruga y se la come. La oruga depende de las hojas de las plantas para alimentarse.

1 **Sigue la secuencia** Crea tu propio diagrama que muestre paso por paso cómo llega la energía solar a la araña.

2 **Clasifica** Rotula los organismos de tu diagrama según sean heterótrofos o autótrofos.

Productores y consumidores

Las plantas producen su propio alimento mediante el proceso de fotosíntesis. Un organismo que produce su propio alimento es un productor o **autótrofo.** Un organismo que no produce su propio alimento, como la cebra y el león, es un consumidor o **heterótrofo.** Muchos heterótrofos obtienen su alimento al comer otros organismos. Algunos heterótrofos, como los hongos, absorben el alimento de otros organismos.

Haz la Actividad rápida de laboratorio *Energía que proviene del sol.*

Evalúa tu comprensión

1a. Identifica Un organismo que produce su propio alimento es un (autótrofo/heterótrofo).

b. Explica ¿Por qué necesitan energía los seres vivos?

____

c. Aplica conceptos Da un ejemplo de cómo la energía solar llega a tus células.

____

____

____

¿comprendiste?

○ **¡Comprendí!** Ahora sé que los seres vivos obtienen la energía directamente del sol por medio de la ______________ o de manera indirecta al ______________

○ Necesito más ayuda con ______________

Consulta **MY SCIENCE COACH** *en línea para obtener ayuda en inglés sobre este tema.*

¿Qué sucede durante la fotosíntesis?

Acabas de leer que las plantas producen su propio alimento. Pero ¿cómo lo hacen? **Durante la fotosíntesis, las plantas y algunos otros organismos absorben energía solar y la usan para transformar el dióxido de carbono y el agua en azúcares y oxígeno.** Se puede pensar en la fotosíntesis como un proceso de dos etapas. Primero, las plantas absorben la energía solar. Luego, las plantas producen azúcares.

Etapa 1: Absorber energía solar La primera etapa de la fotosíntesis consiste en la absorción de la energía de la luz solar. En las plantas, este proceso tiene lugar principalmente en las hojas. Recuerda que los cloroplastos son orgánulos verdes que están dentro de las células vegetales. El color verde proviene de los pigmentos, compuestos químicos que absorben luz. El pigmento de los cloroplastos más importante en la fotosíntesis es la **clorofila.**

La clorofila funciona de manera parecida a las celdas solares de las calculadoras solares. Las celdas solares absorben energía luminosa y la transforman en una forma de energía que hace funcionar la calculadora. De la misma manera, la clorofila absorbe energía luminosa y la transforma en una forma de energía que se usa en la segunda etapa de la fotosíntesis.

Durante la etapa 1, las moléculas de agua de los cloroplastos se separan en hidrógeno y oxígeno, como se muestra en la **ilustración 2.** El oxígeno se elimina como un desecho. El hidrógeno se usa en la etapa 2.

Vocabulario Palabras de origen griego La palabra *cloro* proviene del griego y significa "verde claro". Encierra en un círculo dos palabras del texto que tengan *cloro* como parte de la palabra. ¿Qué palabra significa "compuesto verde que absorbe luz"?

- ○ Cloroplasto
- ○ Clorofila

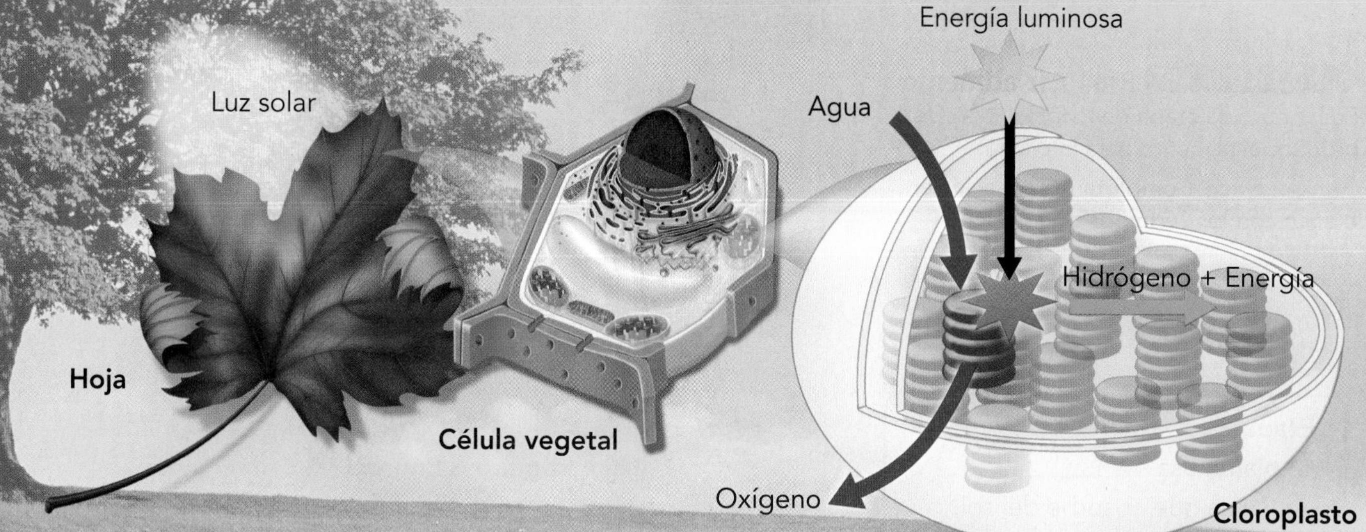

ILUSTRACIÓN 2

VIRTUAL LAB **La primera etapa de la fotosíntesis**

Puede decirse que la primera etapa de la fotosíntesis pone en marcha el "motor energético" del mundo de los seres vivos.

Haz generalizaciones ¿Qué crees que significa esa oración?

____

____

Etapa 2: Usar la energía para producir alimento

En la segunda etapa de la fotosíntesis, las células producen azúcares. Como ves en la **ilustración 3,** las células usan el hidrógeno (H) que se separó de las moléculas de agua en la etapa 1 y el dióxido de carbono (CO_2) que obtienen del aire. El dióxido de carbono entra en la planta a través de pequeños orificios en la superficie inferior de la hoja y llega a los cloroplastos.

Gracias a la energía absorbida en la etapa 1, el hidrógeno y el dióxido de carbono sufren una serie de reacciones que resultan en la producción de azúcares. Un azúcar importante que se produce es la glucosa. Tiene la fórmula química $C_6H_{12}O_6$. Quizá sepas que los azúcares son un tipo de carbohidrato. Las células usan la energía de la glucosa para realizar funciones celulares vitales.

El otro resultado de la fotosíntesis es el gas oxígeno (O_2). Recuerda que el oxígeno se forma durante la primera etapa cuando las moléculas de agua se separan. El gas oxígeno sale de la hoja a través de los orificios de la superficie inferior de la hoja. Casi todo el oxígeno de la atmósfera terrestre lo producen los seres vivos mediante el proceso de fotosíntesis.

Sigue la secuencia Completa el diagrama de flujo para mostrar el proceso de fotosíntesis.

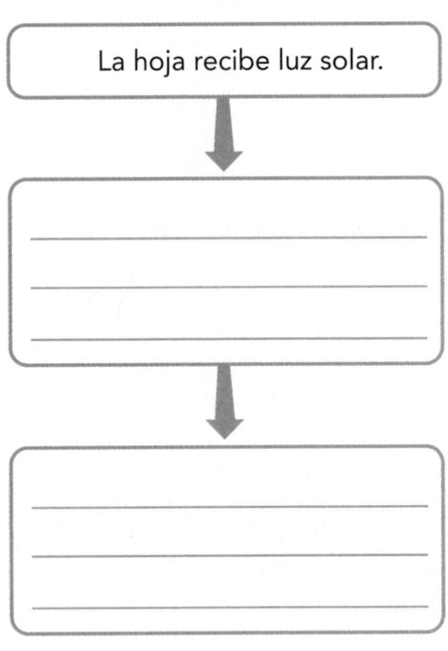

ILUSTRACIÓN 3

INTERACTIVE ART Producir alimento

En la segunda etapa de la fotosíntesis se produce el alimento para la planta.

Identifica Completa los espacios en blanco con los términos que faltan.

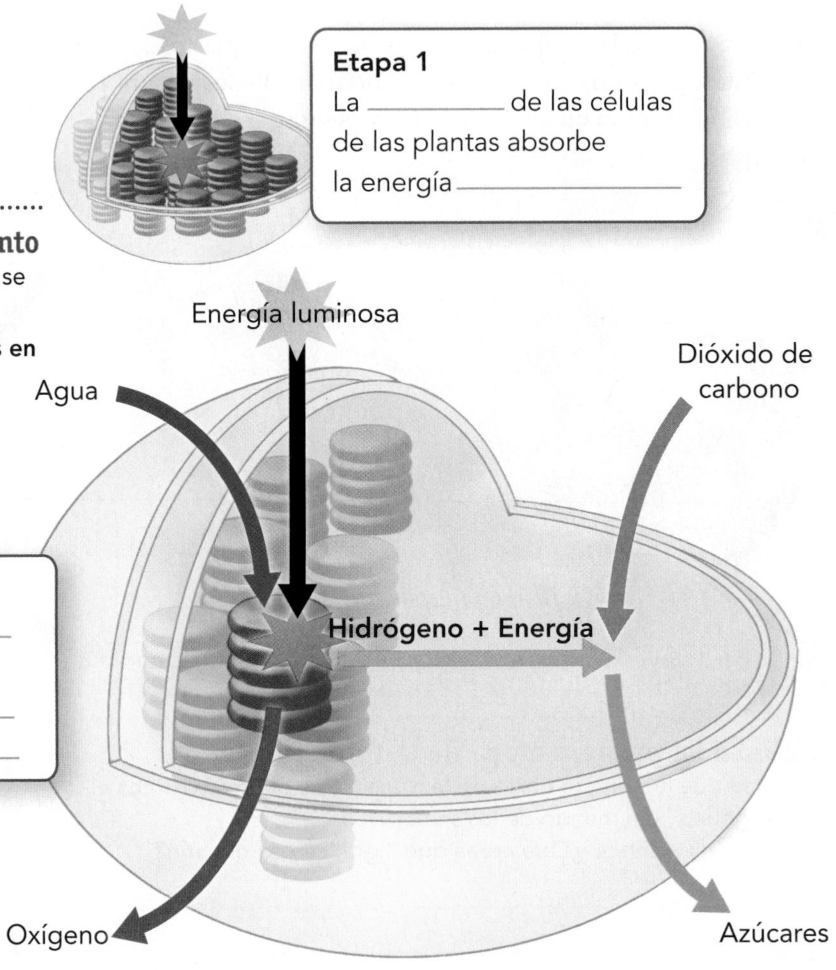

Etapa 1
La ________ de las células de las plantas absorbe la energía ________

Energía luminosa

Agua

Dióxido de carbono

Hidrógeno + Energía

Etapa 2
La planta usa ________ luminosa que absorbe del sol, hidrógeno y ________ para producir ________

Oxígeno

Azúcares

La ecuación de la fotosíntesis

Las fases de la fotosíntesis que tienen como consecuencia la producción de glucosa se pueden resumir con la ecuación química siguiente:

$$\text{energía luminosa} + \underset{\text{dióxido de carbono}}{6\,CO_2} + \underset{\text{agua}}{6\,H_2O} \longrightarrow \underset{\text{glucosa}}{C_6H_{12}O_6} + \underset{\text{oxígeno}}{6\,O_2}$$

Observa que en el lado izquierdo de la ecuación hay seis moléculas de dióxido de carbono y seis moléculas de agua. Estos compuestos son materias primas. En el lado derecho hay una molécula de glucosa y seis moléculas de oxígeno. Estos compuestos son productos. La flecha, que significa "resulta", va de las materias primas a los productos. La energía no es una materia prima, pero está en el lado izquierdo de la ecuación para mostrar que se usa en la reacción.

¿Qué sucede con los azúcares que se producen en la fotosíntesis? Las células vegetales usan una parte de los azúcares como alimento. Las células descomponen esas moléculas en un proceso que libera energía. Esta energía puede usarse para que la planta lleve a cabo sus funciones, como crecer y producir semillas. Algunas moléculas de azúcar se usan para hacer otros compuestos, como la celulosa de las paredes celulares. Otras moléculas de azúcar se pueden almacenar en las células de la planta para usarlas más adelante. Cuando comes alimentos vegetales, como papas o zanahorias, estás comiendo la energía almacenada de la planta.

ILUSTRACIÓN 4

Del sol para ti

La raíz de la zanahoria almacena el alimento producido en las células de las hojas de la zanahoria.

Explica ¿Cómo permiten las zanahorias que la energía solar llegue a ti?

____

____

____

____

Zona de laboratorio Haz la Actividad rápida de laboratorio *Observar los pigmentos.*

Evalúa tu comprensión

2a. Nombra Encierra en un círculo dos productos de la fotosíntesis. glucosa/dióxido de carbono/oxígeno/clorofila

b. Interpreta diagramas Observa la **ilustración 3** de la izquierda. ¿De dónde proviene el hidrógeno que se usa en la etapa 2 de la fotosíntesis?

____

____

c. DESAFÍO ¿Crees que las plantas producen más oxígeno en un día soleado o en un día nublado? Explica tu respuesta.

____

____

____

____

¿comprendiste?

O ¡Comprendí! Ahora sé que durante la fotosíntesis ______________________________

____

O Necesito más ayuda con ______________________________

Consulta **my science coach** *en línea para obtener ayuda en inglés sobre este tema.*

LECCIÓN 2

Respiración celular

¿Qué sucede durante la respiración celular?

¿Qué sucede durante la fermentación?

mi Diario del planeta

DATOS CURIOSOS

Al extremo

Tal vez no lo sepas, pero hay organismos que viven en las rocas que están en las profundidades de la Tierra. Otros organismos pasan el tiempo en lagos de aguas muy calientes, como el Grand Prismatic Spring del Parque Nacional Yellowstone, que se muestra en esta página. ¡El agua de este lago puede alcanzar los 86 °C! Incluso hay organismos que habitan en desechos nucleares. Todos estos organismos son extremófilos, organismos que se desarrollan en hábitats extremos. Estas formas de vida obtienen energía de maneras extrañas. Algunos organismos producen alimento a partir de minerales oceánicos. ¡Otros descomponen los compuestos de las rocas radiactivas!

Plantea preguntas Escribe una pregunta sobre algo más que te gustaría saber acerca de los extremófilos.

____

____

____

____

PLANET DIARY Consulta *Planet Diary* para aprender más en inglés sobre los extremófilos.

Zona de laboratorio® Haz la Indagación preliminar *Respiración celular.*

¿Qué sucede durante la respiración celular?

Has estado caminando con un amigo toda la mañana. Buscan una roca plana para sentarse, y así poder comer el almuerzo que trajeron. Todavía les queda por recorrer la parte más empinada del camino. ¡Necesitarán mucha energía para llegar a la cima de la montaña! Obtendrán esa energía de la comida.

Vocabulario
- respiración celular
- fermentación

Destrezas
- Lectura: Resume
- Indagación: Controla variables

¿Qué es la respiración celular?

Después de comer, tu cuerpo descompone los alimentos y libera los azúcares de la comida. El azúcar más común de los alimentos es la glucosa ($C_6H_{12}O_6$). La **respiración celular** es el proceso por el cual las células obtienen energía de la glucosa.  **Durante la respiración celular, las células descomponen la glucosa y otras moléculas de los alimentos en presencia de oxígeno, lo cual libera energía.** Los seres vivos necesitan una provisión constante de energía. Las células de los seres vivos realizan continuamente la respiración celular.

Almacenar y liberar energía Imagínate que tienes dinero en una cuenta de ahorros. Si quieres comprar algo, retiras algo de dinero. Tu cuerpo almacena y usa energía de una manera similar, como muestra la **ilustración 1.** Cuando comes, haces un depósito en la cuenta de ahorros de tu cuerpo al almacenar glucosa. Cuando las células necesitan energía, la "retiran" al descomponer la glucosa mediante la respiración celular.

Respiración Seguramente conoces el significado habitual de la palabra *respiración*. Se refiere a la respiración pulmonar, y significa mover aire hacia dentro y fuera de tus pulmones. Al respirar, llevas oxígeno a los pulmones, que luego las células transportan para realizar la respiración celular. Cuando respiras, también eliminas de tu cuerpo los productos de desecho de la respiración celular.

ILUSTRACIÓN 1

Obtener energía

Tu cuerpo funciona con la energía que obtiene de los alimentos.

Completa las tareas.

1. **Infiere** Colorea las tres escalas de energía para mostrar cómo cambia la energía de la excursionista.
2. DESAFÍO ¿Cómo crees que cambia el ritmo de la respiración de la excursionista a medida que sube la montaña?

Resume Completa el mapa de conceptos siguiente sobre la respiración celular.

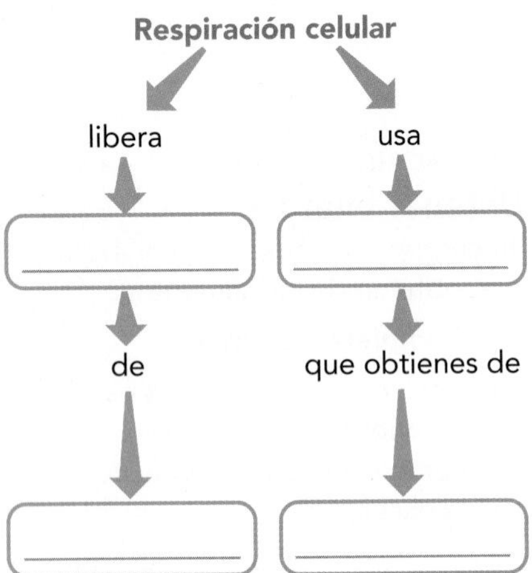

Las dos etapas de la respiración celular

Al igual que la fotosíntesis, la respiración celular es un proceso de dos etapas. Observa la **ilustración 2.** La primera etapa se desarrolla en el citoplasma de la célula. Allí, las moléculas de glucosa se descomponen en moléculas más pequeñas. El oxígeno no forma parte de esta etapa, y sólo se libera una cantidad pequeña de energía.

La segunda etapa se desarrolla en las mitocondrias. Allí, las pequeñas moléculas se vuelven todavía más pequeñas. Este cambio requiere oxígeno y libera una gran cantidad de energía que la célula puede usar para todas sus actividades. ¡No por nada se dice que las mitocondrias son las "centrales eléctricas" de la célula!

La ecuación de la respiración celular

Aunque la respiración se produce en una serie de pasos complejos, el proceso general puede resumirse en la ecuación siguiente:

$$\underset{\text{glucosa}}{C_6H_{12}O_6} + \underset{\text{oxígeno}}{6\,O_2} \longrightarrow \underset{\text{dióxido de carbono}}{6\,CO_2} + \underset{\text{agua}}{6\,H_2O} + \text{energía}$$

Observa que las materias primas para la respiración celular son la glucosa y el oxígeno. Los animales obtienen la glucosa de los alimentos que consumen. Las plantas y otros organismos que realizan la fotosíntesis pueden producir su propia glucosa. El oxígeno que se necesita para la respiración celular está en el aire o en el agua que rodea al organismo.

ILUSTRACIÓN 2

INTERACTIVE ART **Liberar energía**

La respiración celular se realiza en dos etapas.

Identifica Completa los términos que faltan en los espacios en blanco.

Etapa 1 En el citoplasma, ________________ se descompone en moléculas más pequeñas y libera una pequeña cantidad de ________________

Etapa 2 En ________________ , las moléculas más pequeñas reaccionan y producen ________________ , agua y grandes cantidades de ________________

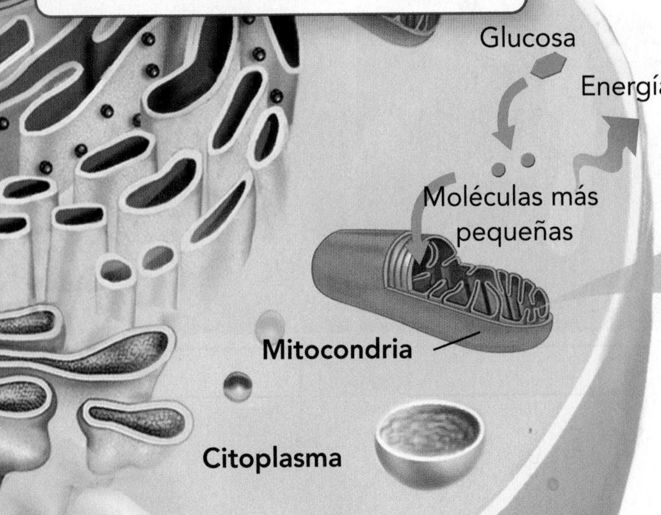

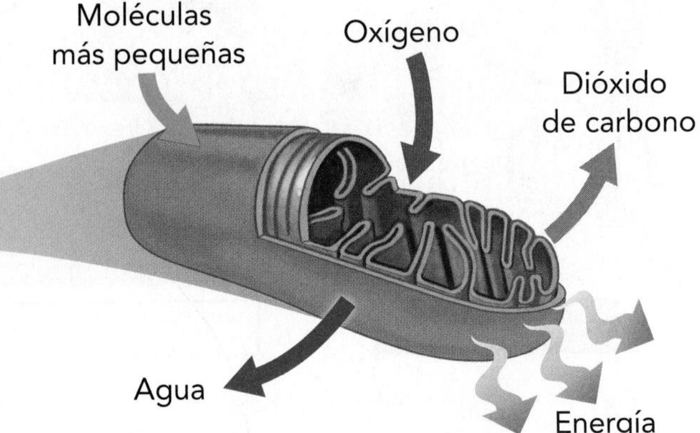

Comparación de dos procesos energéticos

Si crees que la ecuación de la respiración celular es la opuesta a la de la fotosíntesis, ¡estás en lo cierto! La fotosíntesis y la respiración celular pueden considerarse procesos opuestos. Juntas, forman un ciclo que mantiene el nivel de oxígeno y de dióxido de carbono bastante constante en la atmósfera terrestre. Como puedes ver en la **ilustración 3**, el ciclo se repite en los seres vivos una y otra vez. La energía liberada en la respiración celular se usa o se pierde en forma de calor.

ILUSTRACIÓN 3

Procesos opuestos

Los productores realizan la fotosíntesis, pero tanto los productores como los consumidores realizan la respiración celular.

Nombra Completa los espacios en blanco con los términos del banco de palabras. Puedes usar las palabras más de una vez.

Banco de palabras	
Oxígeno	Energía
Dióxido de carbono	Glucosa
Agua	

Zona de laboratorio® Haz la Investigación de laboratorio *Exhalar dióxido de carbono.*

Evalúa tu comprensión

1a. Interpreta diagramas Observa la **ilustración 2** de la página anterior. ¿En qué beneficia a la célula la etapa 2 de la respiración celular?

____

____

____

b. Relaciona causa y efecto ¿Por qué la respiración celular libera dióxido de carbono en la atmósfera, pero la fotosíntesis no?

____

____

____

¿comprendiste?

○ **¡Comprendí!** Ahora sé que durante la respiración celular, las células ______________________________

____

○ Necesito más ayuda con ______________________________

Consulta **my science coach** *en línea para obtener ayuda en inglés sobre este tema.*

¿Qué sucede durante la fermentación?

Algunos organismos pueden vivir con o sin oxígeno. Si no hay suficiente oxígeno para realizar la respiración celular, esos organismos llevan a cabo otro proceso. La **fermentación** es un proceso de liberación de energía que no requiere oxígeno. **Durante la fermentación, las células liberan energía de los alimentos sin usar oxígeno.** Una desventaja de la fermentación es que libera mucha menos energía que la respiración celular.

Fermentación alcohólica ¿Sabías que cuando comes una rebanada de pan, estás comiendo el producto de una fermentación? La fermentación alcohólica se produce en la levadura y otros organismos unicelulares. Este tipo de fermentación produce alcohol, dióxido de carbono y una pequeña cantidad de energía. Estos productos son importantes para los panaderos y fabricantes de cerveza. El dióxido de carbono producido por la levadura crea burbujas de gas en la masa del pan, lo que causa que crezca. El dióxido de carbono también es la causa de que las bebidas alcohólicas como la cerveza y el vino espumoso tengan burbujas.

Fermentación ácido-láctica Piensa en alguna vez en que corriste lo más rápido que podías durante mucho tiempo. Los músculos de las piernas hacían fuerza contra el suelo, y tú respirabas rápido. Pero, aunque respirabas muy rápido, las células de tus músculos usaban el oxígeno más rápido de lo que podía reponerse. Como tus células no tenían oxígeno suficiente, se produjo la fermentación. Las células de los músculos obtuvieron energía, pero lo hicieron descomponiendo glucosa sin usar oxígeno. Un producto de este tipo de fermentación es un compuesto conocido como ácido láctico. Cuando se acumula el ácido láctico, te duelen los músculos. Los músculos se debilitan y arden. Más tarde, cuando tus células obtienen más oxígeno, el ácido láctico se descompone, y el dolor desaparece.

¡aplícalo!

Un bollo de masa de pan mezclada con levadura se deja en un recipiente a temperatura ambiente. A medida que pasa el tiempo, el tamaño de la masa aumenta.

1. **Compara y contrasta** ¿Qué diferencia hay entre la fermentación que produce el aumento de tamaño en la masa y la fermentación que ocurre en los músculos?

2. **Controla variables** ¿Cómo demostrarías que la levadura provocó que la masa creciera?

EXPLORA LA PREGUNTA PRINCIPAL

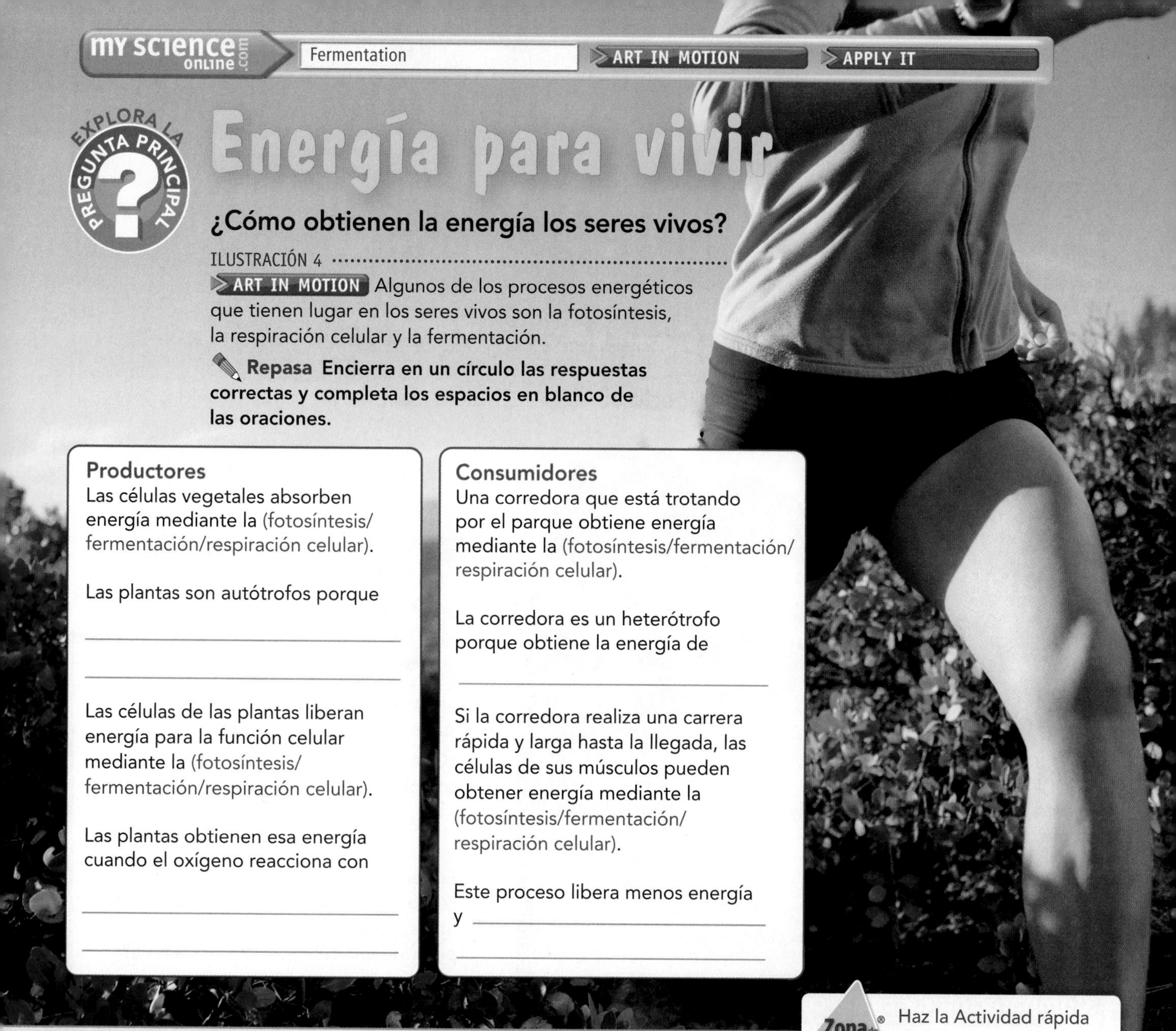

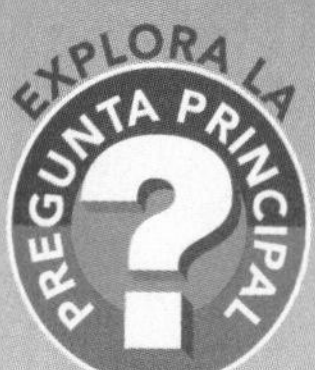

Energía para vivir

¿Cómo obtienen la energía los seres vivos?

ILUSTRACIÓN 4

ART IN MOTION Algunos de los procesos energéticos que tienen lugar en los seres vivos son la fotosíntesis, la respiración celular y la fermentación.

Repasa Encierra en un círculo las respuestas correctas y completa los espacios en blanco de las oraciones.

Productores

Las células vegetales absorben energía mediante la (fotosíntesis/fermentación/respiración celular).

Las plantas son autótrofos porque

____

____

Las células de las plantas liberan energía para la función celular mediante la (fotosíntesis/fermentación/respiración celular).

Las plantas obtienen esa energía cuando el oxígeno reacciona con

____

____

Consumidores

Una corredora que está trotando por el parque obtiene energía mediante la (fotosíntesis/fermentación/respiración celular).

La corredora es un heterótrofo porque obtiene la energía de

____

Si la corredora realiza una carrera rápida y larga hasta la llegada, las células de sus músculos pueden obtener energía mediante la (fotosíntesis/fermentación/respiración celular).

Este proceso libera menos energía y ______________________________

____

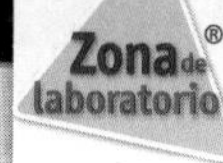

Zona de laboratorio® Haz la Actividad rápida de laboratorio *Observar la fermentación.*

Evalúa tu comprensión

2a. Desarrolla hipótesis Cuando termina una carrera, ¿por qué crees que los corredores continúan respirando rápida y profundamente por unos minutos?

____

____

b. RESPONDE LA PREGUNTA PRINCIPAL ¿Cómo obtienen la energía los seres vivos?

____

____

____

____

____

____

¿comprendiste?

O **¡Comprendí!** Ahora sé que la fermentación es una manera en que las células ______________________________

____

____

____

O Necesito más ayuda con ______________________________

____

____

Consulta my science COACH *en línea para obtener ayuda en inglés sobre este tema.*

LECCIÓN

3 División celular

¿Cuáles son las funciones de la división celular?

¿Qué sucede durante el ciclo celular?

mi DiaRio DeL pLaneta ESTADÍSTICAS CIENTÍFICAS

Ciclos largos y cortos

¿Cuánto tiempo crees que le lleva a la célula crecer y reproducirse, es decir, completar un ciclo celular? La respuesta depende del tipo de célula y de organismo. Algunas células, como las del huevo de una rana que se muestran en la ilustración, se dividen cada 30 minutos, ¡pero otras tardan un año! En la tabla siguiente se compara la duración de diferentes ciclos celulares.

Comparación de ciclos celulares

Células de huevo de rana	Células de levadura	Células de alas de la mosca de la fruta	Células de hígado humano
30 minutos	90 minutos	9–10 horas	Más de 1 año

Interpreta datos Usa la tabla para responder las preguntas siguientes.

1. ¿Qué tipo de célula es la más rápida en completar un ciclo celular?

2. En cada ciclo celular, se forman dos células a partir de una sola célula. En tres horas, ¿cuántas células se formarán a partir de una célula de huevo de rana?

PLANET DIARY Consulta *Planet Diary* para aprender más en inglés sobre la división celular.

Haz la Indagación preliminar *¿Qué hacen las células de la levadura?*

¿Cuáles son las funciones de la división celular?

¿Cómo se convierten en ranas grandes los huevos de rana? La división celular permite que el organismo crezca. Una célula se divide en dos, dos en cuatro y así sucesivamente, hasta formar un organismo multicelular.

¿Cómo se cura un hueso roto? La división celular produce células óseas nuevas y sanas, que reemplazan las células dañadas. De la misma manera, la división celular puede reemplazar las células viejas y las que murieron por alguna enfermedad.

Vocabulario

- ciclo celular • interfase
- replicación • cromosoma
- mitosis • citocinesis

Destrezas

- Lectura: Pregunta
- Indagación: Interpreta datos

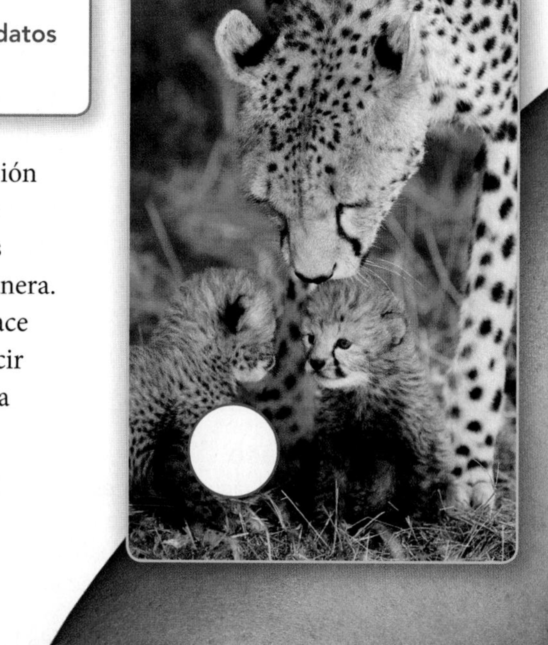

El crecimiento y la reparación son dos de las funciones de la división celular. Una tercera función es la reproducción. Algunos organismos se reproducen simplemente por medio de la división celular. Muchos organismos unicelulares, como las amebas, se reproducen de esta manera. Otros organismos se pueden reproducir cuando la división celular hace que crezcan nuevas estructuras. Por ejemplo, un cactus puede producir nuevos brotes y raíces. Estas estructuras luego se pueden separar de la planta madre y convertirse en una nueva planta.

Muchos organismos se reproducen cuando se combinan células especializadas de dos progenitores y se forma una nueva célula. Esta célula sufre varias divisiones y crece y se desarrolla hasta formar un organismo nuevo.

La división celular tiene más de una función en los seres vivos, como muestra la **ilustración 1. La división celular permite que los organismos crezcan, reparen las estructuras dañadas y se reproduzcan.**

ILUSTRACIÓN 1 

División celular

Cada fotografía representa al menos una función de la división celular.

Responde estas preguntas.

1. **Identifica** Rotula las fotos según ilustren
(A) el crecimiento,
(B) la reparación o
(C) la reproducción.
2. DESAFÍO ¿Qué fotografía(s) representa(n) más de una función y cuáles son esas funciones?

___

___

Zona de laboratorio® Haz la Actividad rápida de laboratorio *Observar la mitosis.*

Evalúa tu comprensión

¿comprendiste?

- O **¡Comprendí!** Ahora sé que las funciones de la división celular son ___
- O Necesito más ayuda con ___

Consulta my science coach *en línea para obtener ayuda en inglés sobre este tema.*

¿Qué sucede durante el ciclo celular?

La secuencia normal de crecimiento y división que atraviesa una célula se denomina **ciclo celular.** **Durante el ciclo celular, una célula crece, se prepara para dividirse y se divide en dos nuevas células, denominadas "células hijas".** Cada célula hija comienza nuevamente el ciclo celular. El ciclo celular consiste en tres etapas principales: interfase, mitosis y citocinesis.

Etapa 1: Interfase

La primera etapa del ciclo celular es la **interfase.** Esta etapa es el período anterior a la división celular. Durante la interfase, la célula crece, hace una copia de su ADN y se prepara para dividirse en dos células.

Crecimiento Durante la primera parte de la interfase, la célula crece hasta alcanzar su tamaño máximo y produce los orgánulos que necesita. Por ejemplo, las células vegetales producen más cloroplastos. Y todas las células producen más ribosomas y mitocondrias. Las células también producen más enzimas, sustancias que aceleran las reacciones químicas en los seres vivos.

Copiar el ADN Luego, las células hacen una copia exacta del ADN del núcleo, en un proceso denominado **replicación.** Tal vez ya sepas que el ADN contiene toda la información que necesita una célula para desempeñar sus funciones. Dentro del núcleo, el ADN y las proteínas forman estructuras filamentosas denominadas **cromosomas.** Al final de la replicación, la célula contiene dos conjuntos idénticos de cromosomas.

Prepararse para la división Una vez que se replicó el ADN, comienza la preparación para la división celular. La célula produce estructuras que la ayudarán a dividirse en dos células nuevas. En las células animales, pero no en las vegetales, se duplica un par de centríolos. Puedes ver los centríolos de la célula en la **ilustración 2.** Al final de la interfase, la célula está lista para dividirse.

ILUSTRACIÓN 2

Interfase: Prepararse para dividirse

Los cambios que ocurren durante la interfase preparan a la célula para la mitosis.

Haz una lista Haz una lista de los sucesos que ocurren durante la interfase.

¡aplícalo!

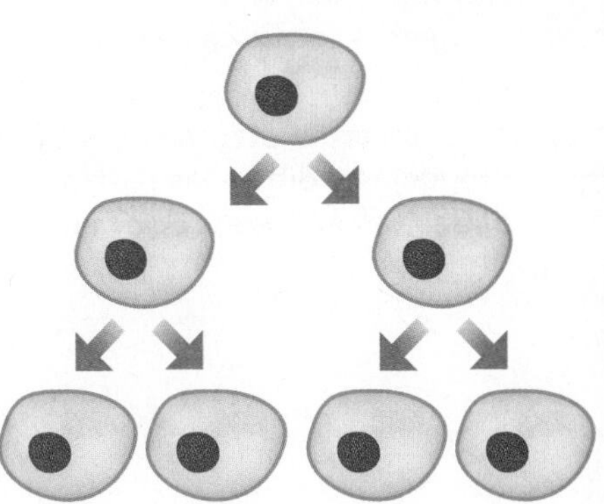

Cuando una célula se divide por la mitad durante la división celular, el resultado es un par de células nuevas. Cada una de esas dos células se puede dividir en dos células más, y así sucesivamente.

1 Calcula ¿Cuántas divisiones celulares se necesitarían para producir al menos 1,000 células a partir de una célula?

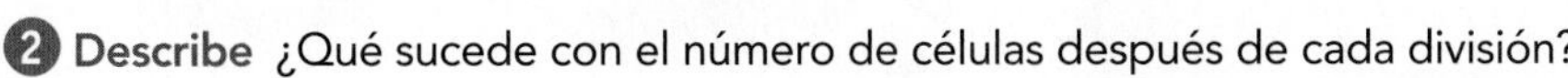

2 Describe ¿Qué sucede con el número de células después de cada división?

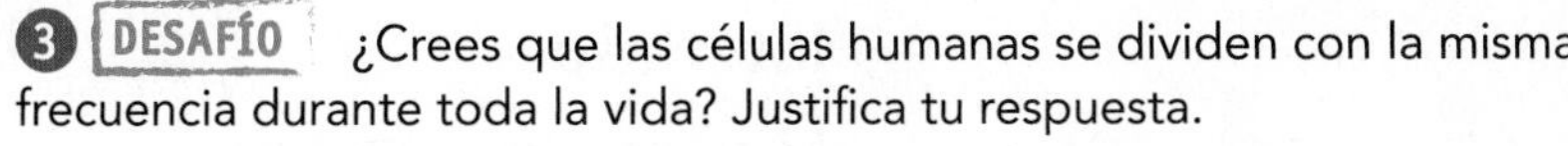

3 DESAFÍO ¿Crees que las células humanas se dividen con la misma frecuencia durante toda la vida? Justifica tu respuesta.

Etapa 2: Mitosis

Una vez finalizada la interfase, comienza la segunda etapa del ciclo celular. Durante la **mitosis** se divide el núcleo de la célula en dos núcleos nuevos y el conjunto del ADN se reparte a cada célula hija.

Los científicos dividen la mitosis en cuatro partes o fases: profase, metafase, anafase y telofase. Durante la profase, los cromosomas se condensan en formas que se pueden ver con un microscopio. En la **ilustración 3** puedes ver que un cromosoma consiste en dos partes con forma de bastón, denominadas cromátidas. Cada cromátida es una copia exacta de la otra, y su ADN es idéntico. Una estructura denominada centrómero mantiene las cromátidas juntas hasta que se separan más tarde en la mitosis. Una copia de cada cromátida irá a cada célula hija durante la fase final de la mitosis. Cuando las cromátidas se separan, se vuelven a llamar cromosomas, y cada célula tiene una copia completa de ADN. En la **ilustración 4** de la página siguiente, se resumen los sucesos que tienen lugar durante la mitosis.

ILUSTRACIÓN 3

Mitosis: Profase

La mitosis comienza con la profase, en la cual la célula sufre nuevos cambios.

Compara y contrasta ¿En qué se diferencian la profase y la interfase?

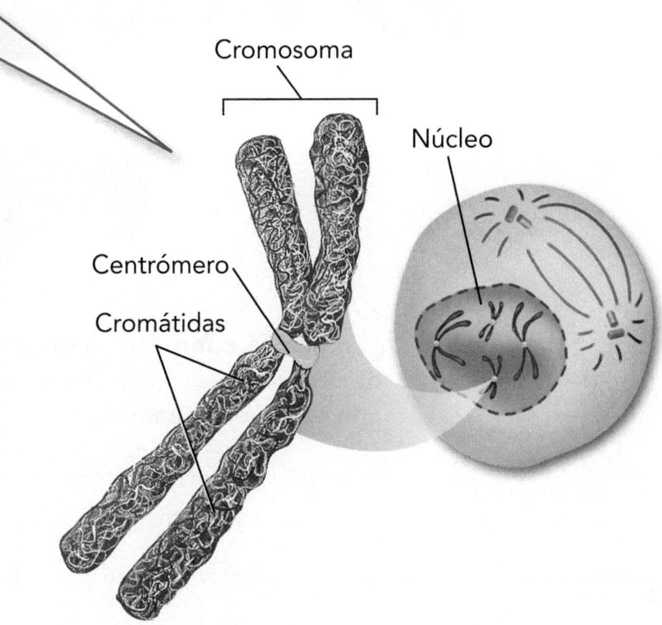

ILUSTRACIÓN 4

INTERACTIVE ART **El ciclo celular**

Las células atraviesan una secuencia ordenada de sucesos a medida que crecen y se dividen. En las fotografías se ven células de un pez corégono en desarrollo.

Interpreta diagramas **Responde las preguntas y dibuja las partes de las etapas que faltan en los espacios en blanco.**

Pares de centríolos

1 Interfase

Se copian dos estructuras cilíndricas denominadas centríolos. **Identifica otros dos cambios que se producen durante la interfase.**

____

____

3 Citocinesis

La citocinesis comienza durante la mitosis. A medida que la citocinesis continúa, las células se dividen y forman dos células hijas. Cada célula hija recibe un conjunto idéntico de cromosomas y alrededor de la mitad de los orgánulos de la célula madre.

Dibuja esta célula hija.

Telofase

¿En qué se diferencia el diagrama de una célula en la telofase del de una célula en la anafase?

____

____

____

____

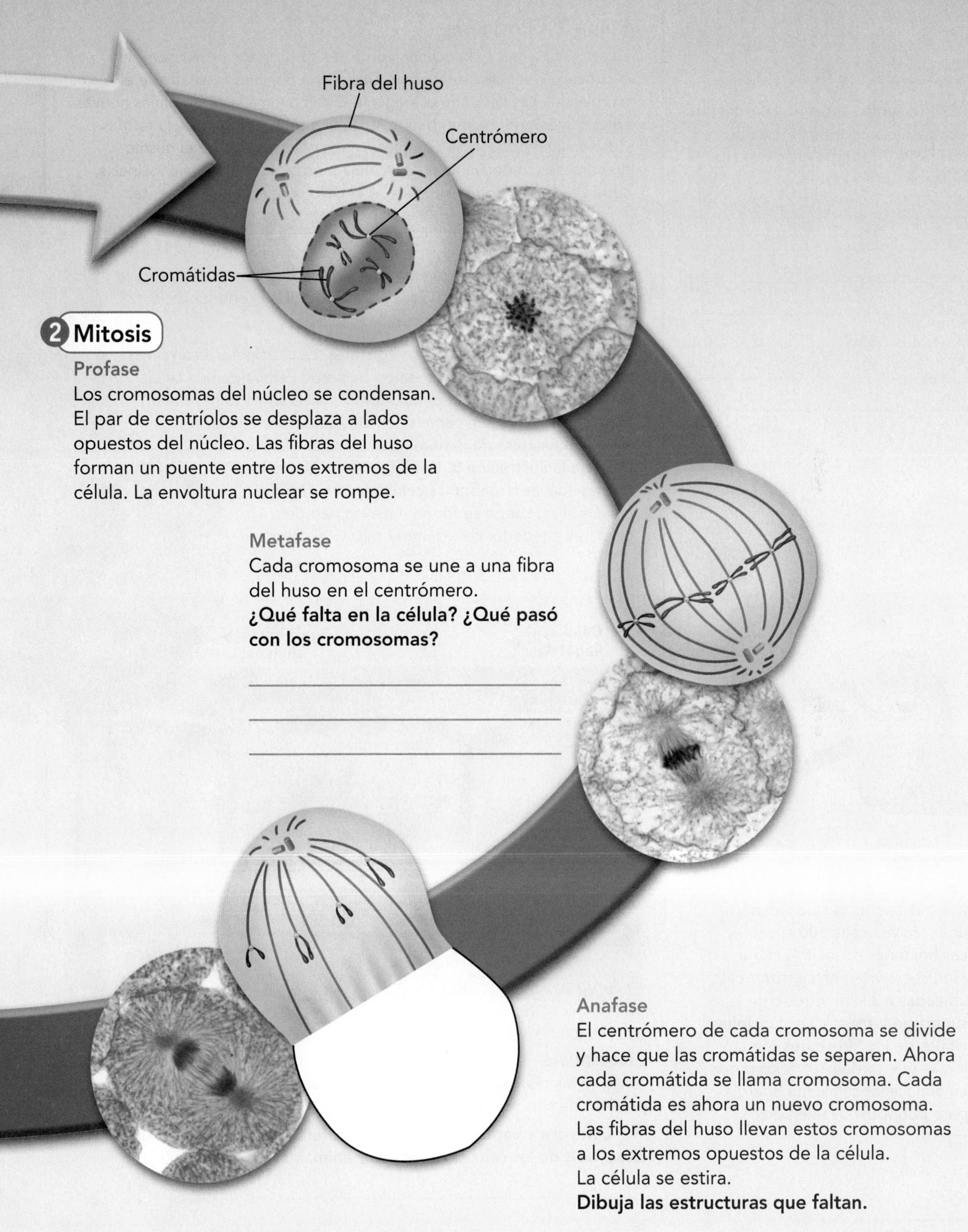

2 Mitosis

Profase

Los cromosomas del núcleo se condensan. El par de centríolos se desplaza a lados opuestos del núcleo. Las fibras del huso forman un puente entre los extremos de la célula. La envoltura nuclear se rompe.

Metafase

Cada cromosoma se une a una fibra del huso en el centrómero.

¿Qué falta en la célula? ¿Qué pasó con los cromosomas?

____

____

____

Anafase

El centrómero de cada cromosoma se divide y hace que las cromátidas se separen. Ahora cada cromátida se llama cromosoma. Cada cromátida es ahora un nuevo cromosoma. Las fibras del huso llevan estos cromosomas a los extremos opuestos de la célula. La célula se estira.

Dibuja las estructuras que faltan.

Pregunta Antes de leer detalles acerca de la citocinesis, escribe una pregunta sobre algo que te gustaría aprender.

Etapa 3: Citocinesis

La etapa final del ciclo celular, conocida como **citocinesis,** completa el proceso de la división celular. Durante la citocinesis, se divide el citoplasma. Las estructuras luego se distribuyen a las dos células nuevas. La citocinesis normalmente comienza al mismo tiempo que la telofase. Cuando la citocinesis se completa, cada célula hija tiene el mismo número de cromosomas que la célula madre. Al final de la citocinesis, cada célula entra en la interfase, y el ciclo comienza nuevamente.

La citocinesis en las células animales Durante la citocinesis de las células animales, la membrana celular se comprime cerca del medio de la célula, como se muestra en la imagen. El citoplasma se estrangula hasta formar dos células. Cada célula hija recibe alrededor de la mitad de los orgánulos de la célula madre.

La citocinesis en las células vegetales La citocinesis es un poco diferente en las células vegetales. La pared celular de una célula vegetal, al ser rígida, no puede comprimirse como lo hace una membrana celular. En cambio, en el medio de la célula se forma una estructura denominada placa celular, como muestra la **ilustración 5.** La placa celular comienza a formar nuevas membranas celulares entre las dos células hijas. Luego se forman nuevas paredes celulares alrededor de las membranas celulares.

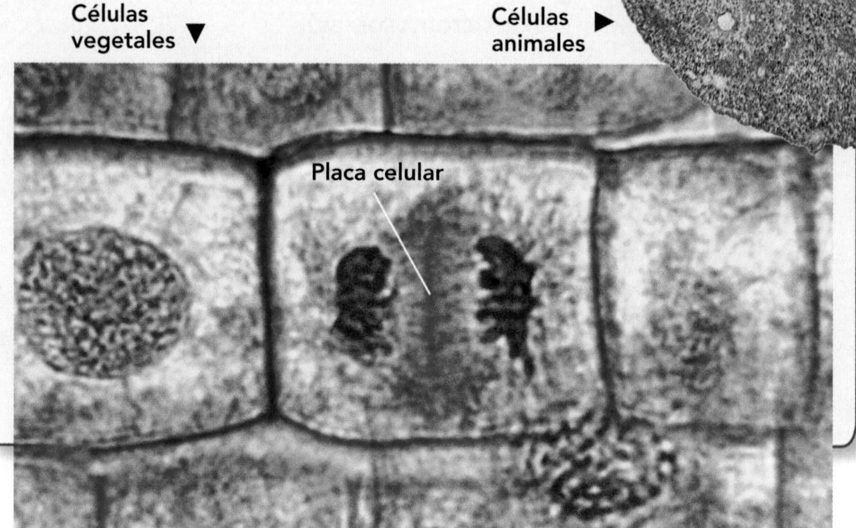

ILUSTRACIÓN 5

Citocinesis

Tanto en las plantas como en los animales se realiza el proceso de citocinesis.

Compara y contrasta ¿En qué se diferencia la citocinesis de las células vegetales y animales?

¿sabías que...?

¡Ciertas bacterias se dividen una sola vez cada 100 años! Las bacterias conocidas como *Firmicutes* viven en ciertas rocas ubicadas a 3 kilómetros bajo la superficie terrestre. Las funciones vitales de los *Firmicutes* son tan lentas que tardan 100 años o más en almacenar suficiente energía para poder dividirse en dos.

¡Usa las matemáticas! Analiza datos

Cuánto dura el ciclo de la célula de un hígado

¿Cuánto tarda una célula en completar un ciclo celular? Depende de la célula. Las células del hígado humano en general se reproducen menos de una vez por año. En otros momentos, pueden completar un ciclo celular en aproximadamente 22 horas, como muestra la gráfica circular. Observa la gráfica y responde las preguntas siguientes.

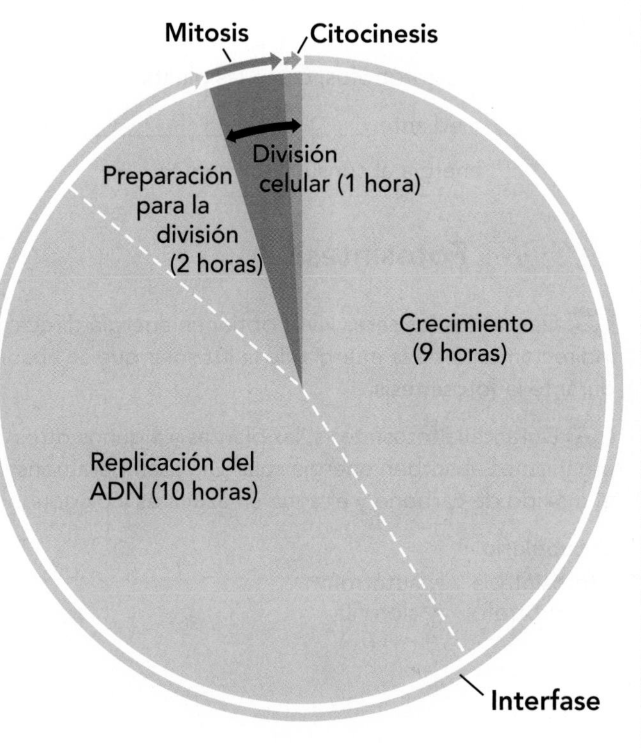

1 **Lee gráficas** ¿Qué representan las tres flechas curvas que están fuera del círculo?

2 **Lee gráficas** ¿En qué etapa del ciclo celular está la parte de la gráfica que representa el crecimiento?

3 **Interpreta datos** ¿Qué porcentaje del ciclo celular corresponde a la replicación del ADN?

4 **Interpreta datos** ¿Qué etapa del ciclo celular tarda menos tiempo? ¿Cómo lo sabes?

Zona de laboratorio® Haz la Actividad rápida de laboratorio *Hacer un modelo de la mitosis.*

Evalúa tu comprensión

1a. Haz una lista ¿Cuáles son las tres etapas del ciclo celular?

b. Sigue la secuencia Ordena correctamente los términos siguientes: mitosis, anafase, citocinesis, interfase, telofase, metafase, profase.

c. Predice ¿Qué crees que sucedería si las células de ADN no se replicaran correctamente?

¿comprendiste?

O **¡Comprendí!** Ahora sé que durante el ciclo celular

O Necesito más ayuda con

Consulta **MY SCIENCE COACH** *en línea para obtener ayuda en inglés sobre este tema.*

CAPÍTULO 2

Guía de estudio

Los autótrofos, como las plantas, absorben energía solar y producen su propio alimento mediante ____________________, mientras que ____________________ obtienen energía al consumir alimentos.

LECCIÓN 1 Fotosíntesis

Casi todos los seres vivos obtienen energía directa o indirectamente de la energía de la luz solar que se absorbe durante la fotosíntesis.

Durante la fotosíntesis, las plantas y algunos otros organismos absorben energía solar y la usan para transformar el dióxido de carbono y el agua en azúcares y oxígeno.

Vocabulario

- fotosíntesis
- autótrofo
- heterótrofo
- clorofila

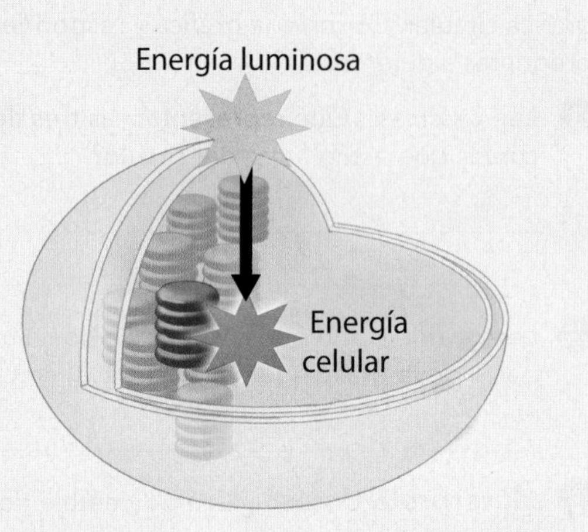

LECCIÓN 2 Respiración celular

Durante la respiración celular, las células descomponen la glucosa y otras moléculas de los alimentos en presencia de oxígeno, lo cual libera energía.

Durante la fermentación, las células liberan energía de los alimentos sin usar oxígeno.

Vocabulario

- respiración celular
- fermentación

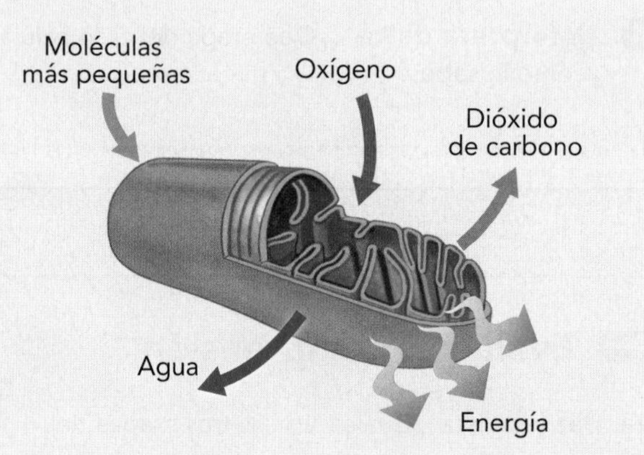

LECCIÓN 3 División celular

La división celular permite que los organismos crezcan, reparen las estructuras dañadas y se reproduzcan.

Durante el ciclo celular, una célula crece, se prepara para dividirse y se divide en dos nuevas células, denominadas "células hijas".

Vocabulario

- ciclo celular
- interfase
- replicación
- cromosoma
- mitosis
- citocinesis

Repaso y evaluación

LECCIÓN 1 Fotosíntesis

1. ¿Cuáles de estos organismos son autótrofos?

   a. hongos **b.** conejos

   c. seres humanos **d.** robles

2. Las plantas son verdes a causa de ______________________, el principal pigmento fotosintético de los cloroplastos.

3. **Interpreta diagramas** Completa los rótulos que faltan en el diagrama siguiente.

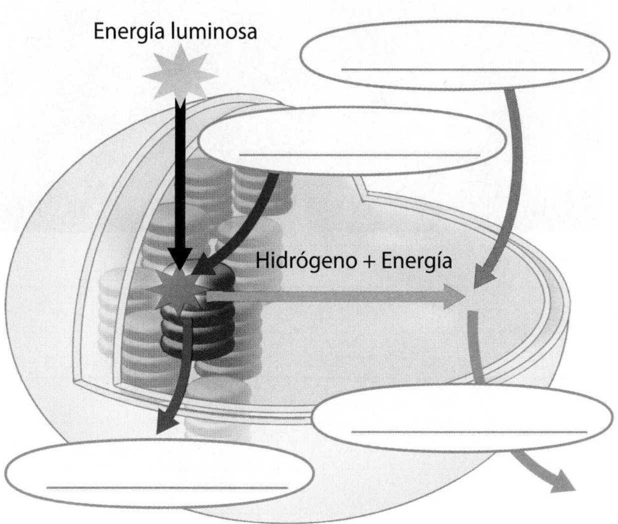

4. **Predice** Imagínate que un volcán lanzó tanta ceniza en el aire que bloqueó gran parte de la luz solar. ¿Cómo podría afectar esto a la capacidad de los animales de obtener energía para vivir?

5. **Escríbelo** ¿Cómo obtienes energía? Describe el recorrido de la energía desde el Sol hasta ti. Usa al menos dos términos del vocabulario que aprendiste en esta lección.

LECCIÓN 2 Respiración celular

6. ¿En qué orgánulo se lleva a cabo la respiración celular?

   a. núcleo **b.** cloroplasto

   c. clorofila **d.** mitocondria

7. ______________________ es un proceso por el cual las células liberan energía sin usar oxígeno.

8. Menciona un alimento común que se produce gracias a la fermentación.

9. **Explica** Escribe una ecuación con palabras para describir la respiración celular.

10. **Resume** En una o dos oraciones, resume qué sucede durante cada una de las dos etapas de la respiración celular.

11. **Aplica conceptos** ¿Cómo se relaciona la respiración pulmonar con la respiración celular?

Repaso y evaluación

LECCIÓN 3 División celular

12. ¿Durante qué fase del ciclo celular se realiza la replicación de ADN?

a. mitosis
b. división
c. interfase
d. citocinesis

13. Durante ______________________, el núcleo de una célula se divide en dos nuevos núcleos.

14. Haz generalizaciones ¿Por qué la división celular es una función necesaria de los seres vivos?

____

____

____

15. Relaciona causa y efecto ¿Por qué la replicación es un paso necesario en la división celular?

____

____

____

16. Sigue la secuencia Completa el diagrama siguiente con las descripciones de cada parte del ciclo celular.

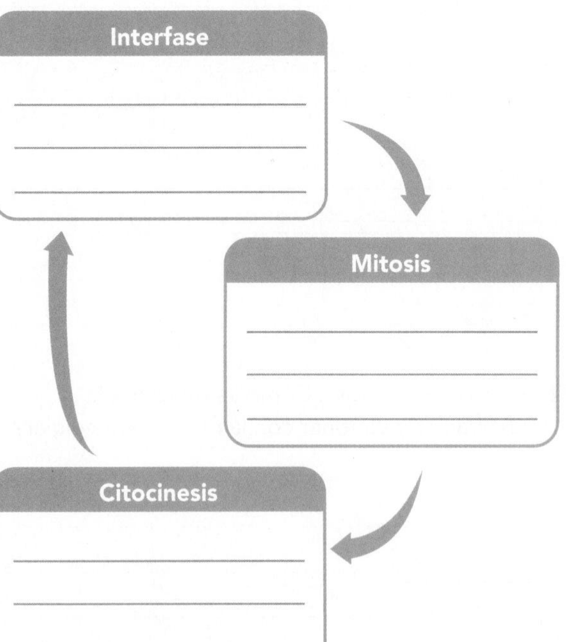

¿Cómo obtienen la energía los seres vivos?

17. Todos los seres vivos necesitan energía. Usa los términos *autótrofo* y *heterótrofo* para describir cómo cada organismo de la ilustración siguiente obtiene energía.

____

____

____

____

____

____

____

____

____

____

____

____

Preparación para exámenes estandarizados

Selección múltiple

Encierra en un círculo la letra de la mejor respuesta.

1. Elige el nombre y el proceso celular que corresponde al orgánulo que se muestra abajo.

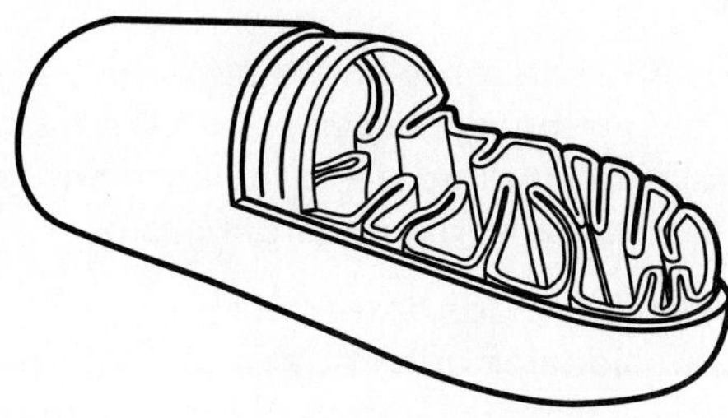

A cloroplasto; respiración celular
B mitocondria; respiración celular
C cloroplasto; fotosíntesis
D mitocondria; fotosíntesis

2. ¿Cuál es el resultado de la división celular?

A una célula hija con el doble de ADN de la célula madre
B dos células hijas con el doble de ADN de la célula madre
C una célula hija con la mitad de ADN de la célula madre
D dos células hijas con el mismo ADN de la célula madre

3. ¿Cuál es la fuente de energía que se usa en la fotosíntesis?

A glucosa
B luz solar
C clorofila
D ADN

4. ¿Cuál es una de las diferencias principales entre la fermentación y la respiración celular?

A La fermentación no requiere oxígeno, pero la respiración celular sí.
B La fermentación no libera energía, pero la respiración celular sí.
C La fermentación no se lleva a cabo en los animales, pero la respiración celular sí.
D La fermentación no depende del sol, pero la respiración celular sí.

5. ¿Qué enunciado se aplica mejor a los cromosomas?

A Llevan a cabo la respiración.
B Están formados principalmente por clorofila.
C Su estructura es visible sólo durante la interfase.
D Se vuelven visibles durante la etapa de la mitosis del ciclo celular.

Respuesta elaborada

Copia la tabla siguiente en una hoja aparte. Usa tu tabla para responder la pregunta 6.

	Fotosíntesis	Respiración celular
Materias primas	Agua y dióxido de carbono	a. ________ ________
Productos	b. ________ ________	c. ________ ________
¿Libera energía?	d. ________	e. ________

6. Completa la tabla para comparar y contrastar la fotosíntesis con la respiración celular.

Entrenadores deportivos

Investígalo Investiga acerca de un entrenador y crea un perfil de esa persona. Describe dónde trabaja, por qué eligió esa profesión y si los entrenadores hacen investigaciones. Luego, identifica un lugar de tu comunidad donde un entrenador podría ayudar a otras personas.

Los entrenadores de los gimnasios ayudan a las personas a hacer ejercicio para que mejoren su salud. Pero los entrenadores no pasan todo el día en el gimnasio.

En realidad, los entrenadores son profesionales que entienden las maneras en que trabajan juntos el sistema muscular y otros sistemas del cuerpo. Muchos entrenadores que trabajan con deportistas de primer nivel estudian biología, anatomía y fisiología, o educación física en la universidad. A menudo, ellos mismos son deportistas y pueden adquirir experiencia como entrenadores en un gimnasio.

Un entrenador debe aplicar los descubrimientos científicos en el entrenamiento de los deportistas. Por ejemplo, ¿alguna vez sentiste como si los músculos te quemaran después hacer ejercicio? Las personas creen que esa sensación es causada por la producción de ácido láctico en los músculos. Pero según los científicos, las células usan el ácido láctico para producir energía cuando las reservas de glucosa son bajas. El entrenador puede sugerir al deportista que haga entrenamiento de resistencia. El entrenamiento de resistencia ayuda a entrenar los músculos para quemar ácido láctico de una manera mejor, lo que mejora a la vez el desempeño del deportista.

Los entrenadores trabajan en un campo fascinante que cambia todo el tiempo. A medida que los científicos aprenden más acerca de la biología del cuerpo humano, los entrenadores van aplicando esos nuevos conocimientos. Los entrenadores ayudan a los deportistas a llevar el desempeño del ser humano cada vez más lejos.

POR QUÉ LOS CORAZONES no padecen cáncer

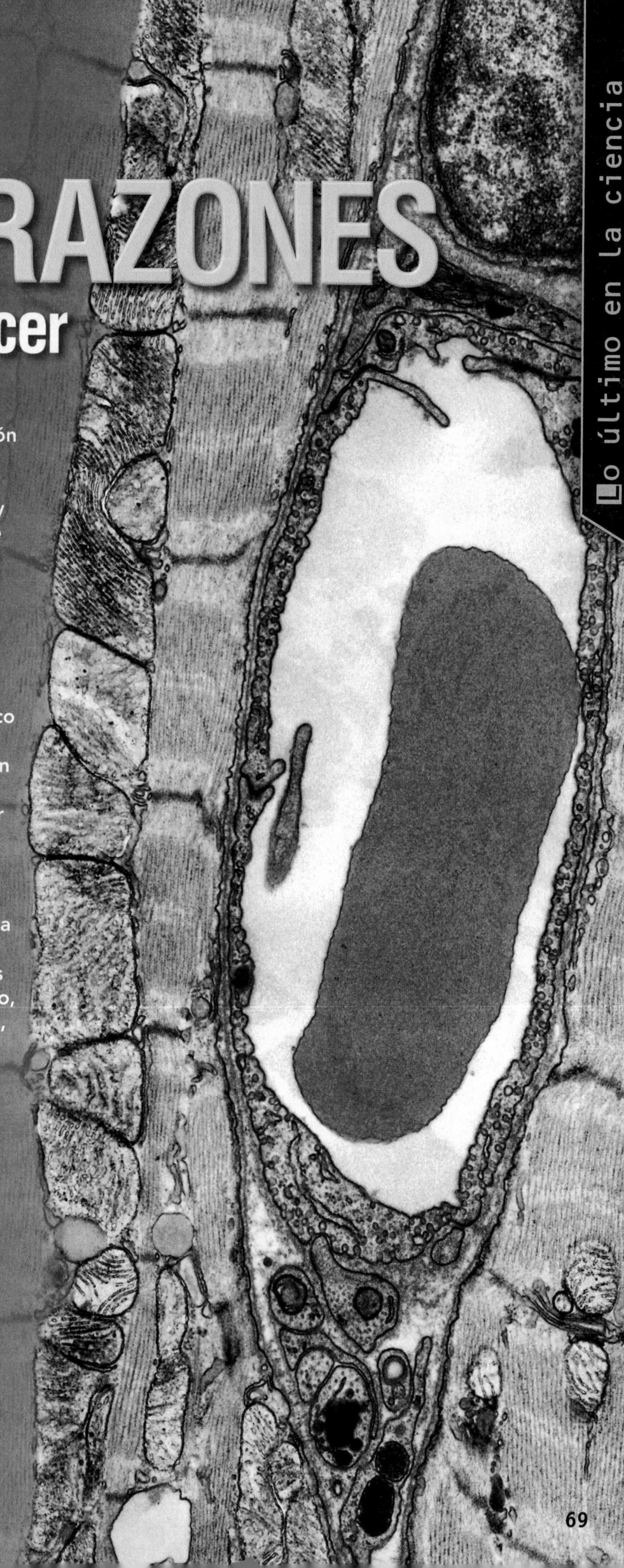

Probablemente has oído hablar de muchos males del corazón, desde ataques al corazón hasta corazones rotos. ¿Pero alguna vez has oído hablar de cáncer de corazón? El cáncer de corazón ocurre muy raramente, y los tumores en general no crecen igual que la mayor parte de los tumores cancerosos. Entonces, ¿por qué el corazón no suele desarrollar cáncer? Tal vez encontremos la respuesta en la división celular.

En cada momento de la vida, las células del cuerpo se están dividiendo. Durante la división celular, se copia el material genético de la célula y se forman células nuevas. Sin embargo, durante la división celular pueden ocurrir errores en la copia de los genes. Algunas veces, esos errores pueden derivar en ciertas formas de cáncer.

En un corazón saludable, la división celular es bastante más lenta cuando una persona llega a la adultez. La división celular es lenta y poco común en el corazón de un adulto porque las células del corazón están activas durante cada minuto de la vida. Por lo tanto, las células cardiacas no mutan muy seguido, por lo que el riesgo de una mutación que cause cáncer es muy bajo.

Preséntalo Halla más información acerca de formas poco frecuentes de cáncer. Luego, crea una presentación multimedia que describa por qué esos tipos de cáncer son poco comunes. Asegúrate de citar las fuentes de información.

En esta imagen en colores de un microscopio electrónico de transmisión (TEM, por sus siglas en inglés), se muestran las células musculares de un corazón saludable. Las células de tu corazón rara vez descansan lo suficiente para que ocurra la división celular.

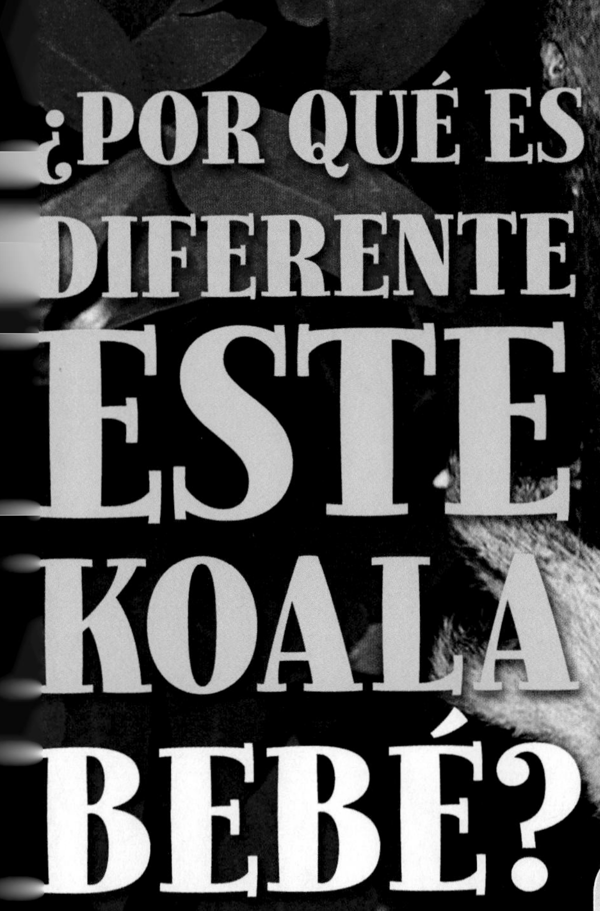

¿POR QUÉ ES DIFERENTE ESTE KOALA BEBÉ?

PREGUNTA PRINCIPAL ¿Por qué los seres vivos no siempre se parecen a sus progenitores?

Aunque esta cría de koala tiene dos orejas peludas, una nariz larga y la forma del cuerpo parecida a la de su mamá, te das cuenta de que es diferente de ella. Tal vez esperes que la cría sea exactamente igual a sus padres, pero piensa en lo variada que puede ser una camada de gatitos o perritos. Este pequeño koala es albino, es decir, le falta la coloración normal en los ojos, el pelaje y la piel.

Observa **Describe en qué se diferencian la cría de koala y su mamá.**

____

____

____

____

UNTAMED SCIENCE Mira el video de ***Untamed Science*** para aprender más sobre la herencia.

Genética: La ciencia de la herencia

CAPÍTULO 3

CAPÍTULO

3 Para comenzar

Verifica tu comprensión

1. Preparación Lee el párrafo siguiente y luego responde la pregunta.

La gata de Kent acaba de tener seis gatitos. Son todos distintos unos de otros ¡y también son distintos de sus padres! Kent sabe que cada gatito es único porque los gatos se reproducen mediante **reproducción sexual** y no por **reproducción asexual.** En poco tiempo, los gatitos crecerán y crecerán, a medida que sus células se vayan dividiendo mediante **mitosis.**

La reproducción sexual involucra dos reproductores que combinan su material genético para producir un nuevo organismo que es distinto a los dos progenitores.

La reproducción asexual consta de un solo reproductor y produce individuos que son idénticos al reproductor.

Durante la **mitosis,** se divide el núcleo de la célula en dos núcleos nuevos y el conjunto de ADN se reparte entre cada célula hija.

- ¿Por qué son idénticas las dos células hijas que se forman mediante la mitosis y la división de la célula?

____

MY READING WEB Si tuviste dificultades para responder la pregunta anterior, visita ***My Reading Web*** y escribe ***Genetics: The Science of Heredity.***

Destreza de vocabulario

Sufijos Un sufijo es la parte que se agrega al final de una palabra para cambiar el significado de esa palabra. Por ejemplo, el sufijo *-ción* significa "acción y efecto". Si agregas el sufijo *-ción* al verbo fertilizar, obtienes el sustantivo fertilización. Fertilización significa "acción y efecto de fertilizar". En la tabla siguiente encontrarás otros sufijos muy comunes y sus significados.

Sufijo	Significado	Ejemplo
-ivo(a)	capacidad de realizar una acción	alelo recesivo: (s.) alelo que no se manifiesta cuando un alelo dominante está presente
-ncia, -anza; -nte	acción y efecto, condición; que realiza una acción o la recibe	codominancia: (s.) Ocurre cuando ambos alelos se manifiestan de igual manera.

2. Verificación rápida Completa el espacio en blanco con el sufijo correcto.

- Un alelo domina __________ puede ocultar un alelo recesivo.

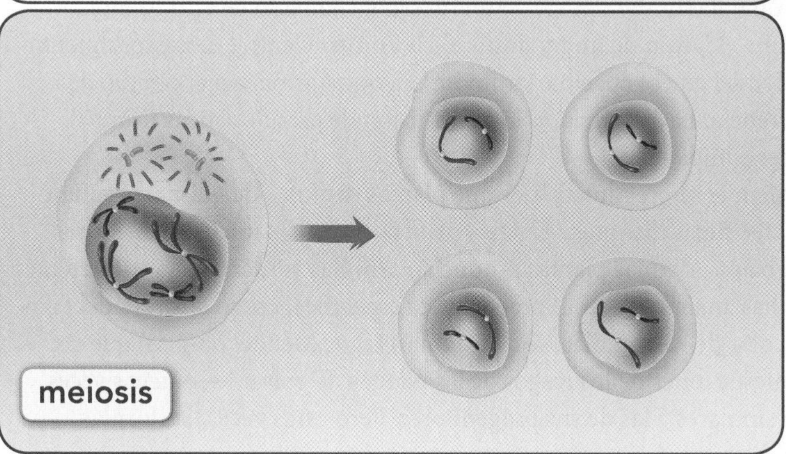

Vistazo al capítulo

LECCIÓN 1

- herencia
- rasgo
- genética
- fertilización
- raza pura
- gen
- alelo
- alelo dominante
- alelo recesivo
- híbrido

Identifica la evidencia de apoyo
Predice

LECCIÓN 2

- probabilidad
- cuadrado de Punnett
- fenotipo
- genotipo
- homocigoto
- heterocigoto

Identifica la idea principal
Saca conclusiones

LECCIÓN 3

- dominancia incompleta
- codominancia
- alelos múltiples
- herencia poligénica

Compara y contrasta
Interpreta datos

LECCIÓN 4

- meiosis

Relaciona causa y efecto
Diseña experimentos

VOCAB FLASH CARDS Para obtener más ayuda con el vocabulario, visita ***Vocab Flash Cards*** y escribe ***Genetics: The Science of Heredity.***

LECCIÓN 1

¿Qué es la herencia?

¿Qué observó Mendel?

¿Cómo afectan los alelos a la herencia?

mi Diario del planeta

El casi olvidado

Cuando los científicos hacen grandes descubrimientos, a veces reciben elogios por su trabajo, a veces críticas y otras veces, caen en el olvido. Gregor Mendel estuvo a punto de ser olvidado. Pasó ocho años estudiando plantas de guisantes y descubrió patrones en la manera en que se transmiten características de una generación a la siguiente. Durante casi 40 años, el trabajo de Mendel no se tuvo en cuenta. Cuando finalmente fue redescubierto, reveló la clave para comprender la herencia.

BIOGRAFÍA

Comunica ideas **Comenta la pregunta siguiente con un compañero. Luego, escribe tu respuesta.**

¿Alguna vez redescubriste algo tuyo que habías olvidado? ¿Cuál fue tu reacción?

____

____

____

PLANET DIARY Consulta ***Planet Diary*** para aprender más en inglés sobre la herencia.

Haz la Indagación preliminar *¿Cómo es el padre?*

¿Qué observó Mendel?

A mediados del siglo XIX, un sacerdote llamado Gregor Mendel cuidaba el jardín de un monasterio en Europa Central. Los experimentos de Mendel en ese apacible jardín un día transformarían el estudio de la herencia. La **herencia** es la transmisión de características físicas de padres a hijos.

Mendel se preguntaba por qué plantas distintas de guisantes tenían características distintas. Algunas plantas eran altas mientras que otras eran bajas. Algunas plantas producían semillas verdes, pero otras tenían semillas amarillas. Cada característica específica, como la altura del tallo o el color de las semillas, se denomina **rasgo.** Mendel observó que las manifestaciones de los rasgos de las plantas de guisantes muchas veces eran similares a las de sus progenitores. Pero otras veces, las formas eran distintas.

Vocabulario

- herencia • rasgo • genética • fertilización
- raza pura • gen • alelo • alelo dominante
- alelo recesivo • híbrido

Destrezas

- Lectura: Identifica la evidencia de apoyo
- Indagación: Predice

Los experimentos de Mendel Mendel hizo experimentos con miles de plantas de guisantes. Hoy en día, sus descubrimientos son la base de la **genética,** la ciencia que estudia la herencia. La **ilustración 1** muestra las partes de la flor de una planta de guisantes. El pistilo produce células sexuales femeninas, u óvulos. Los estambres producen polen, que contiene células sexuales masculinas, o espermatozoides. Un nuevo organismo empieza a formarse cuando las células de un óvulo y un espermatozoide se unen en el proceso de **fertilización.** Antes de que pueda ocurrir la fertilización, el polen debe llegar al pistilo de una flor del guisante. Ese proceso se llama polinización.

Las plantas de guisantes suelen autopolinizarse. En la autopolinización, el polen de una flor cae en el pistilo de la misma flor. Mendel desarrolló un método para lograr una polinización cruzada, es decir, "cruzó" plantas de guisantes. La **ilustración 1** muestra ese método.

Mendel decidió cruzar plantas que tenían manifestaciones diferentes de algunos rasgos; por ejemplo, plantas altas y plantas bajas. Para empezar, tomó plantas de raza pura. Un organismo de **raza pura** es descendiente de varias generaciones de organismos que tienen la misma manifestación de un rasgo. Por ejemplo, las plantas de guisantes altas de raza pura siempre descienden de plantas altas.

ILUSTRACIÓN 1

Cruce de plantas de guisantes

Mendel descubrió una manera de hacer polinización cruzada con plantas de guisantes.

Usa el diagrama para responder las preguntas sobre el procedimiento de Mendel.

1. **Observa** ¿En qué se diferencian la flor A y la flor B?

   ______

2. **Infiere** Describe cómo realizó Mendel la polinización cruzada de las plantas de guisantes.

   ______

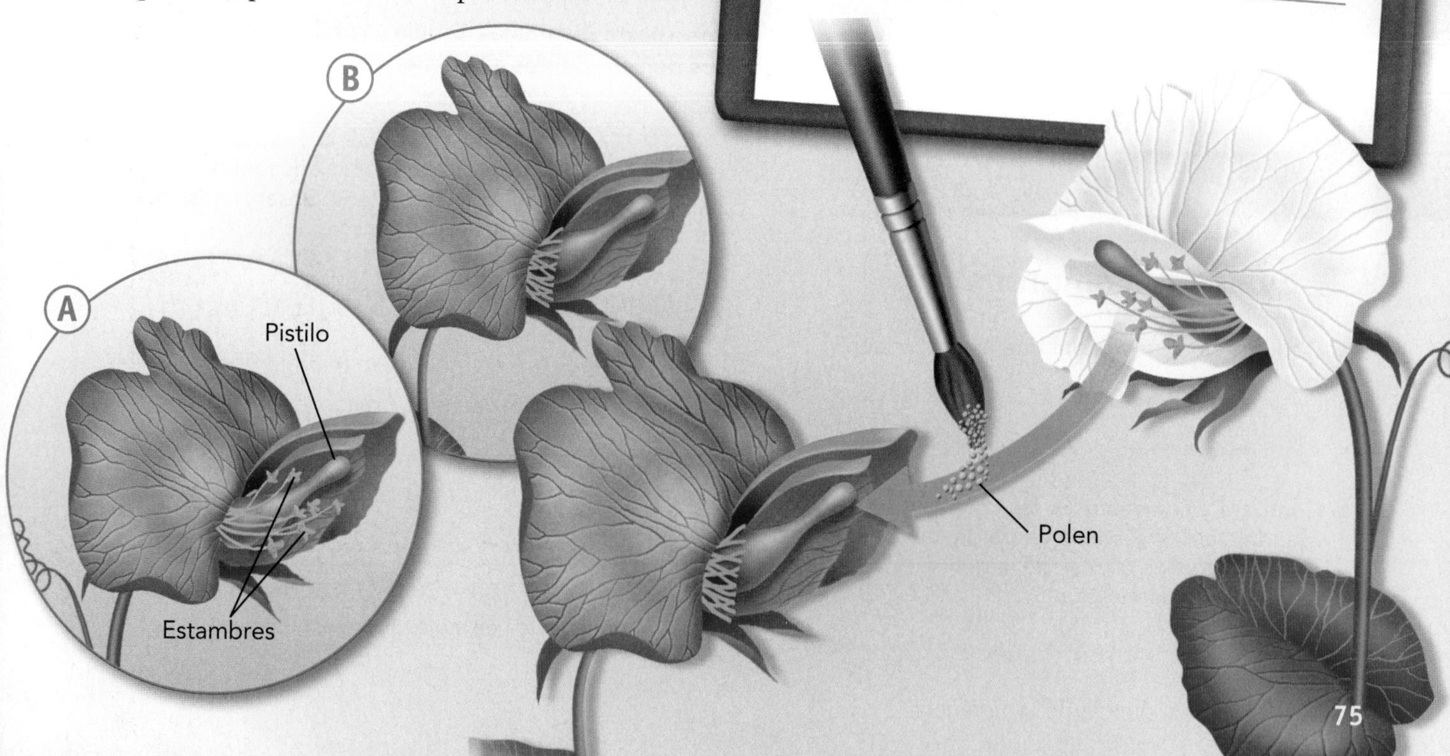

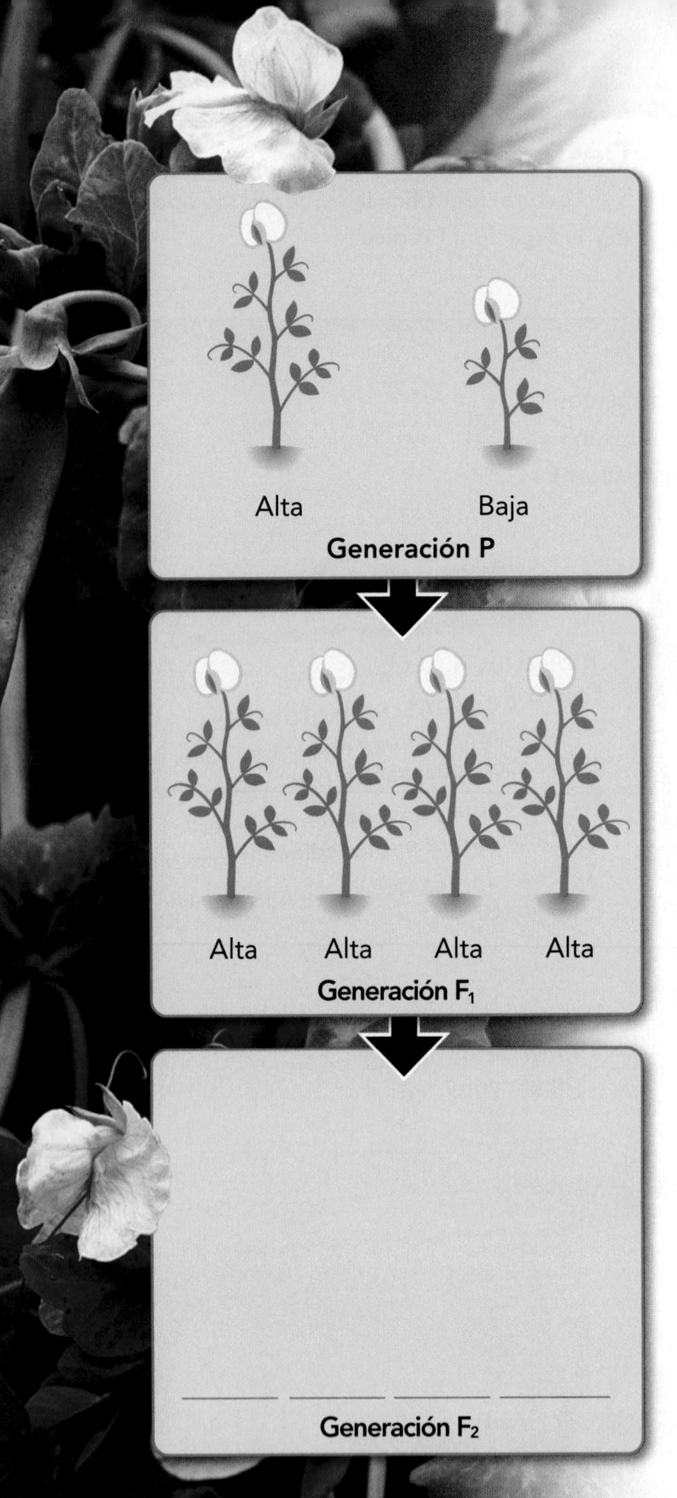

Los brotes F_1 y F_2 Mendel cruzó plantas altas de raza pura con plantas bajas de raza pura. En la actualidad, los científicos llaman a esas plantas la generación parental, o P. Su descendencia se denomina primera generación filial, o generación F_1. La palabra *filial* viene de *filia* y de *filius*, que significan "hija" e "hijo" en latín.

Observa la **ilustración 2** y verás la sorpresa con la que se encontró Mendel en la generación F_1. Todas las plantas de esa generación eran altas. Aparentemente, ¡el rasgo de la altura baja había desaparecido!

Cuando esas plantas terminaron de crecer, Mendel dejó que se autopolinizaran. La generación F_2 (segunda generación filial) lo sorprendió aun más. Mendel contó las plantas de la generación F_2. Alrededor de tres cuartas partes eran altas, y una cuarta parte de ellas eran bajas.

Experimentos con otros rasgos Mendel repitió sus experimentos para estudiar otros rasgos de la planta de guisantes, como el color y la forma de la semilla. **En todos los cruces, Mendel descubrió que una sola forma del rasgo se manifestaba en la generación F_1. Sin embargo, en la generación F_2, la manifestación "perdida" del rasgo siempre reaparecía en aproximadamente una cuarta parte de las plantas.**

ILUSTRACIÓN 2

Resultados de un cruce

Mendel descubrió que, cuando cruzaba las plantas, algunas manifestaciones de un rasgo quedaban ocultas en una generación, pero reaparecían en la siguiente.

Interpreta diagramas Dibuja y rotula los brotes pertenecientes a la generación F_2.

Haz la actividad rápida de laboratorio *Observar pistilos y estambres.*

Evalúa tu comprensión

1a. Define ¿Qué sucede durante la fertilización?

____

____

b. Compara y contrasta En los cruces que hizo Mendel para observar la altura del tallo, ¿en qué se diferenciaron las plantas de la generación F_2 de las plantas de la generación F_1?

____

¿comprendiste?

O **¡Comprendí!** Ahora sé que Mendel descubrió que una manifestación de un rasgo ______________________________

____

O Necesito más ayuda con ______________________________

Consulta MY SCIENCE COACH *en línea para obtener ayuda en inglés sobre este tema.*

¿Cómo afectan los alelos a la herencia?

Mendel llegó a varias conclusiones a partir de los resultados de sus experimentos: hizo el razonamiento de que los factores individuales, o conjuntos de "información" genética, deben ser los que controlan la herencia de los rasgos en las plantas de guisantes. Los factores que controlan cada rasgo vienen en pares. El progenitor femenino contribuye con un factor, y el progenitor masculino contribuye con el otro factor. Por último, un factor de cada par puede ocultar al otro factor. El factor que determinaba que las plantas fuesen altas, por ejemplo, ocultaba al factor que las podía hacer bajas.

Genes y alelos Hoy, los científicos usan la palabra **gen** para describir los factores que controlan un rasgo. Los **alelos** son diferentes formas de un gen. El gen que controla la altura del tallo en las plantas de guisantes tiene un alelo para tallos altos y otro alelo para tallos bajos. Cada planta hereda dos alelos, uno del óvulo y otro del espermatozoide. Una planta puede heredar dos alelos para tallos altos, dos alelos para tallos bajos, o uno de cada uno.

Los rasgos de un organismo están controlados por los alelos que hereda de sus progenitores. Algunos alelos son dominantes, mientras que otros son recesivos. Un **alelo dominante** es un alelo cuyo rasgo siempre se manifiesta en el organismo cuando el alelo está presente. Un **alelo recesivo,** en cambio, no se manifiesta cuando el alelo dominante está presente. La **ilustración 3** muestra los alelos dominantes y recesivos de los rasgos estudiados en los cruces de Mendel.

ILUSTRACIÓN 3

Los alelos de las plantas de guisantes

Mendel estudió la herencia de siete rasgos diferentes de las plantas de guisantes.

Usa la tabla para responder las preguntas.

1. **Saca conclusiones** Encierra en un círculo la ilustración de cada forma dominante del rasgo en la generación P.
2. **Predice** ¿En qué condiciones reaparecería la forma recesiva de uno de esos rasgos?

____

Herencia de las plantas de guisantes estudiadas por Mendel

	Forma de la semilla	Color de la semilla	Forma de la vaina	Color de la vaina	Color de la flor	Posición de la flor	Altura del tallo
P	Rugosa X Redondeada	Amarilla X Verde	Comprimida X Inflada	Verde X Amarilla	Púrpura X Blanca	En la punta del tallo X A los lados del tallo	Alto X Bajo
F_1	Redondeada	Amarilla	Inflada	Verde	Púrpura	A los lados del tallo	Alto

ILUSTRACIÓN 4

VIRTUAL LAB Alelos dominantes y recesivos
Los símbolos sirven como abreviaturas para identificar alelos.

Completa las filas del diagrama.

1. **Identifica** Completa los símbolos y las descripciones de los alelos que faltan.
2. **Resume** Consulta el banco de palabras para completar los enunciados. (Los términos se usan más de una vez).
3. **Relaciona causa y efecto** Dibuja las dos formas que podría tener la generación F_2.

Los alelos en los cruces de Mendel En los cruces que realizó Mendel para estudiar la altura de los tallos, las plantas de raza pura de la generación P tenían dos alelos para tallo alto. Las plantas bajas de raza pura tenían dos alelos para tallo bajo. Pero cada planta F_1 heredó un alelo para tallo alto y un alelo para tallo bajo. Las plantas F_1 se denominan híbridos. Un **híbrido** es un organismo que tiene dos alelos distintos para un rasgo. Todas las plantas F_1 son altas porque en ellas el alelo dominante para tallo alto oculta el alelo recesivo para tallo bajo.

Los símbolos de los alelos Los genetistas, que son los científicos que estudian la genética, suelen usar letras para representar los alelos. El alelo dominante se simboliza con una letra mayúscula. El alelo recesivo se simboliza con la misma letra, pero minúscula. Por ejemplo, *A* representa el alelo para tallo alto y *a* representa el alelo para tallo bajo. Cuando una planta tiene dos alelos dominantes para tallo alto, los alelos se escriben *AA*. Cuando una planta tiene dos alelos recesivos para tallo bajo, los alelos se escriben *aa*. Esas plantas son las de la generación P de la **ilustración 4**. Piensa en los símbolos que podrían usarse para las plantas F_1 que heredan un alelo para tallo alto y un alelo para tallo bajo.

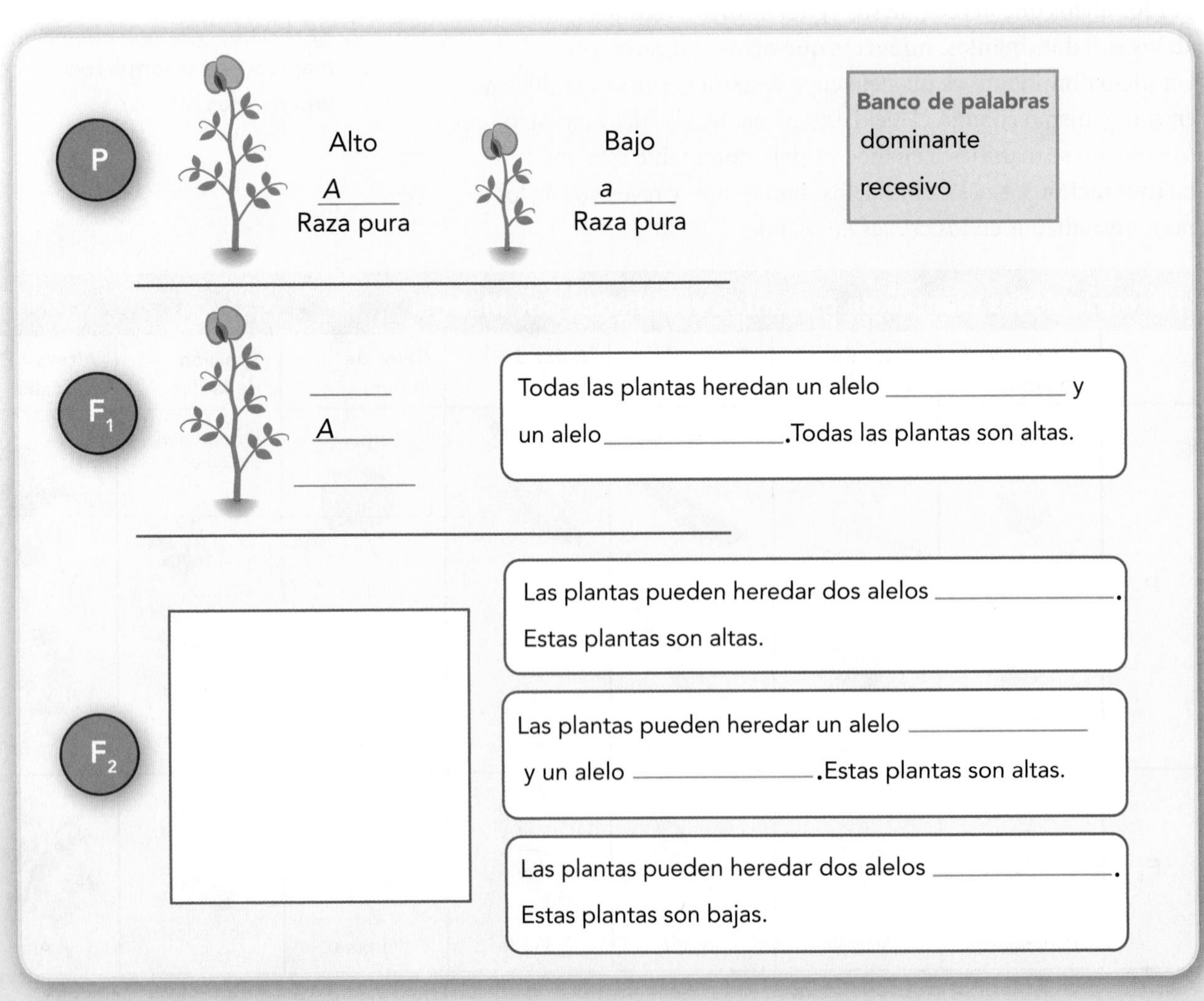

¡aplícalo!

En la mosca de la fruta, las alas largas son dominantes sobre las alas cortas. Un científico cruzó una mosca de la fruta de raza pura que tenía alas largas con una mosca de la fruta de raza pura que tenía alas cortas.

1 Si *L* representa alas largas, escribe los símbolos de los alelos de cada progenitor.

____

2 **Predice** ¿Cómo serán las alas de la descendencia de la generación F_1?

____

3 **Predice** Si el científico cruzara un híbrido F_1 macho con un híbrido F_1 hembra, ¿cómo sería la descendencia probablemente?

____

La importancia del aporte de Mendel

El descubrimiento de los genes y los alelos de Mendel terminó por cambiar las ideas de los científicos sobre la herencia. Antes de Mendel, se pensaba que los rasgos de un organismo individual eran simplemente una mezcla de las características de los padres. Mendel demostró que los rasgos de los hijos están determinados por alelos individuales y separados, heredados de cada progenitor. Lamentablemente, el valor del descubrimiento de Mendel no se conoció mientras él vivía. Pero cuando los científicos de comienzos del siglo XX redescubrieron el trabajo de Mendel, enseguida se dieron cuenta de su importancia. Gracias a su trabajo, Mendel es conocido como el padre de la genética.

Identifica la evidencia de apoyo ¿Qué evidencia le indicó a Mendel que los rasgos están determinados por alelos separados?

____

Zona de laboratorio® Haz la Actividad rápida de laboratorio *Inferir la generación parental.*

Evalúa tu comprensión

2a. Relaciona causa y efecto ¿Por qué es alta una planta de guisantes híbrida en lo que hace a la altura del tallo?

____

b. DESAFÍO ¿Puede una planta de guisantes baja ser un híbrido en lo que hace a la altura del tallo? ¿Por qué?

____

¿comprendiste?

○ **¡Comprendí!** Ahora sé que los rasgos de un organismo están controlados por _______________

○ Necesito más ayuda con _______________

Consulta MY SCIENCE COACH *en línea para obtener ayuda en inglés sobre este tema.*

LECCIÓN 2

Probabilidad y herencia

¿Cuál es la relación entre la probabilidad y la herencia?

¿Qué son los fenotipos y los genotipos?

mi DIARIO DEL PLANETA

EXCURSIÓN

¿Hay una tormenta en camino?

¿Alguna vez has visto cómo se forma un huracán? Los meteorólogos del Centro Nacional de Huracanes (NHC, por sus siglas en inglés) de Miami, la Florida, sí lo han visto. Del 15 de mayo al 30 de noviembre, el área de operaciones del NHC se llena de meteorólogos de la mañana a la noche. Los meteorólogos estudian datos proporcionados por aviones, boyas en el mar y satélites para desarrollar modelos para computadora. Esos modelos pueden predecir el recorrido probable de una tormenta. Si la probabilidad de que una tormenta siga un recorrido determinado es alta, el NHC emite un alerta que permite salvar vidas y reducir los daños.

Comunica ideas **Responde la pregunta siguiente. Luego, comenta tu respuesta con un compañero.**

Los meteorólogos locales a menudo hablan del porcentaje de probabilidades de que llueva. ¿Qué crees que quieren decir?

PLANET DIARY Consulta *Planet Diary* para aprender más en inglés sobre la probabilidad y el clima.

Zona de laboratorio® Haz la Indagación preliminar *¿Qué probabilidades hay?*

¿Cuál es la relación entre la probabilidad y la herencia?

Antes de que empiece un partido de fútbol americano, el árbitro lanza una moneda delante de los capitanes de los dos equipos. El equipo que gana elige si quiere patear o recibir la pelota. Cuando el árbitro lanza la moneda, el capitán del equipo visitante dice "cara". ¿Cuál es la probabilidad de que el equipo visitante acierte? Para responder esa pregunta, necesitas entender los principios de la probabilidad.

Vocabulario

- probabilidad
- cuadrado de Punnett
- fenotipo
- genotipo
- homocigoto
- heterocigoto

Destrezas

Lectura: Identifica la idea principal

Indagación: Saca conclusiones

¿Qué es la probabilidad? Cuando lanzas una moneda, ésta puede caer de dos maneras: cara o cruz. La **probabilidad** es el número que describe qué tan probable es que ocurra un suceso. En términos matemáticos, se dice que la probabilidad de que una moneda lanzada al aire caiga en cara es 1 en 2. También hay una probabilidad de 1 en 2 de que caiga en cruz. Una probabilidad de 1 en 2 se expresa con una fracción $\frac{1}{2}$ o como 50 por ciento.

Las leyes de la probabilidad predicen qué es más *probable* que ocurra, no qué va a ocurrir *seguro*. Si lanzas una moneda 20 veces, tal vez esperes que caiga 10 veces en cara y 10 veces en cruz. Pero quizá caiga 11 veces en cara y 9 en cruz, u 8 veces en cara y 12 en cruz. Cuantos más lanzamientos hagas, más cercanos estarán tus resultados a los resultados predichos por la probabilidad.

¿Crees que el resultado de un lanzamiento afecta el resultado del siguiente? Para nada. Imagínate que lanzas una moneda cinco veces y las cinco veces cae en cara. ¿Cuál es la probabilidad de que caiga en cara en el próximo lanzamiento? Si tu respuesta es que la probabilidad aún es 1 en 2, o el 50 por ciento, has acertado. El resultado de los cinco primeros lanzamientos no afecta el resultado del sexto.

¡Usa las matemáticas!

Porcentaje

Una de las maneras de expresar la probabilidad es el porcentaje. El porcentaje es un número que se compara con el 100. Por ejemplo, el 50 por ciento, o 50%, significa 50 de 100. Imagínate que quieres calcular porcentajes con los resultados de una serie de tiros libres de básquetbol, en la cual 3 de cada 5 veces la pelota entra en la canasta.

PASO 1 Escribe la comparación en forma de fracción.

$$3 \text{ de cada } 5 = \frac{3}{5}$$

PASO 2 Calcula el valor numérico de la fracción.

$$3 \div 5 = 0.6$$

PASO 3 Multiplica ese número por 100%.

$$0.6 \times 100\% = 60\%$$

¡Practica!

1. **Calcula** Imagínate que en 5 de cada 25 tiros libres, la pelota entra en la canasta. Escribe el resultado en forma de fracción.

2. **Calcula** Expresa la respuesta de la pregunta 1 en forma de porcentaje.

La probabilidad y la genética

¿Cuál es la relación entre probabilidad y genética? Vuelve a pensar en los experimentos de Mendel. Recuerda que se preocupaba por contar todos los descendientes de cada cruce. Cuando cruzaba dos plantas que eran híbridas en cuanto a la altura del tallo (*Aa*), alrededor de tres cuartos de las plantas F_1 tenían tallo alto. Alrededor de un cuarto tenían tallo bajo.

Cada vez que Mendel repetía el cruce, observaba los mismos resultados. Mendel se dio cuenta de que los principios de la probabilidad se aplicaban a su trabajo: descubrió que la probabilidad de que un cruce de híbridos produjera una planta alta era de 3 en 4. La probabilidad de producir una planta baja era de 1 en 4. Mendel fue el primer científico en darse cuenta de que se pueden usar los principios de la probabilidad para predecir el resultado de los cruces genéticos.

El cuadrado de Punnett

El cuadrado de Punnett es útil para ver cómo se aplican las leyes de la probabilidad en la genética. Un **cuadrado de Punnett** es una tabla con todas las combinaciones posibles de los alelos en un cruce genético. Los genetistas usan cuadrados de Punnett para determinar la probabilidad de un resultado dado. **En un cruce genético, la combinación de alelos que los progenitores pueden transmitir a sus hijos depende de la probabilidad.**

La **ilustración 1** muestra cómo hacer un cuadrado de Punnett. Es un cruce entre dos plantas de guisantes híbridas de semillas redondeadas (*Rr*). El alelo de las semillas redondeadas (*R*) es dominante sobre el de las semillas rugosas (*r*). Cada progenitor puede pasarle a su descendencia un alelo o el otro. Los recuadros del cuadrado de Punnett muestran las combinaciones de alelos que pueden heredar los descendientes.

ILUSTRACIÓN 1

INTERACTIVE ART Cómo hacer un cuadrado de Punnett

El cuadrado de Punnett sirve para hallar las probabilidades de un cruce genético.

Sigue los pasos de la ilustración para completar el cuadrado de Punnett.

1. **Predice** ¿Cuál es la probabilidad de que nazca una planta que tenga semillas rugosas?

   ____

2. **Interpreta tablas** ¿Cuál es la probabilidad de que nazca una planta que tenga semillas redondeadas? Explica tu respuesta.

   ____

   ____

   ____

1 Para comenzar, dibuja un cuadrado y divídelo en cuatro cuadrados más pequeños.

2 Los alelos del progenitor masculino se escriben fuera del cuadrado y en la parte superior. Completa los alelos del progenitor femenino del lado izquierdo del cuadrado.

___	R	r
___		
___		

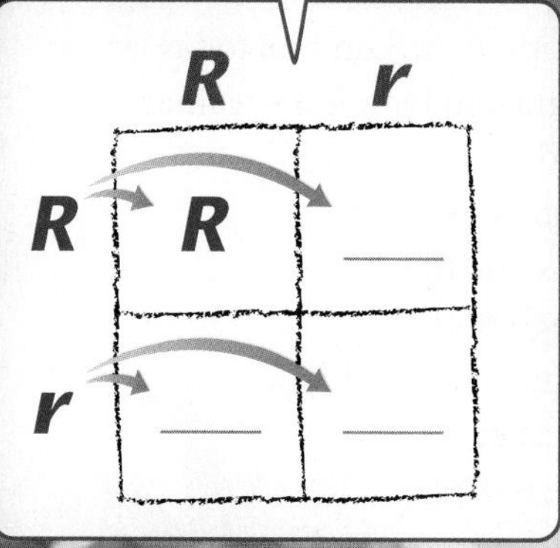

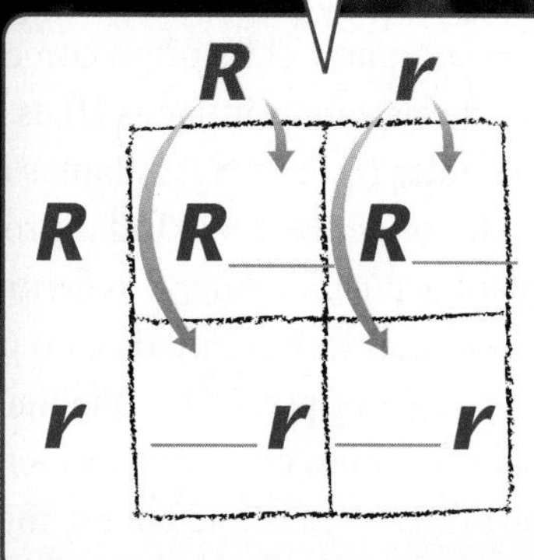

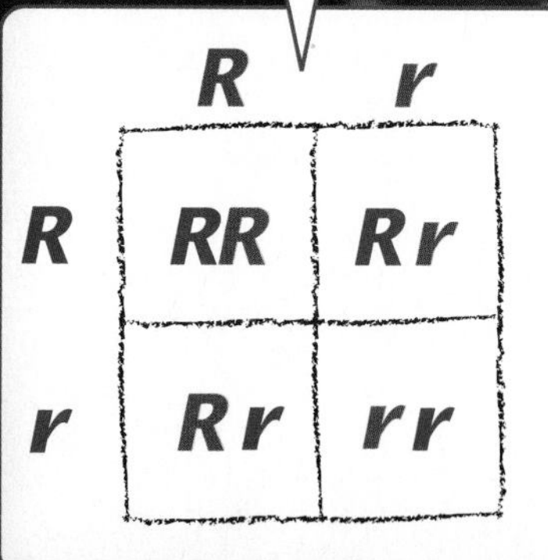

La relación entre el cuadrado de Punnett y Mendel Mendel no sabía nada sobre los alelos. Pero en un cuadrado de Punnett se puede ver por qué obtuvo los resultados que observó en las generaciones F_2. Las plantas con alelos *RR* tendrían semillas redondeadas. También las tendrían las plantas con alelos *Rr*. Sólo las plantas con alelos *rr* tendrían semillas rugosas.

Identifica la idea principal Describe con tus propias palabras qué se puede mostrar con un cuadrado de Punnett acerca de las combinaciones de alelos.

____

____

____

____

____

Haz la Actividad rápida de laboratorio *Cruces de monedas.*

Evalúa tu comprensión

1a. Repasa ¿Qué es la probabilidad?

____

____

b. Aplica conceptos ¿Cuál es la probabilidad de que un cruce entre una planta de guisantes híbrida de semillas redondeadas y una de semillas rugosas produzca una planta de semillas redondeadas? (Dibuja un cuadrado de Punnett en una hoja aparte para hallar la respuesta).

____

¿comprendiste?

O **¡Comprendí!** Ahora sé que la combinación de los alelos que los padres pueden transmitir a los hijos _______________

____

O Necesito más ayuda con _______________

Consulta **MY SCIENCE COACH** *en línea para obtener ayuda en inglés sobre este tema.*

¿Qué son los fenotipos y los genotipos?

Dos términos usados por los genetistas son **fenotipo** y **genotipo.** **El fenotipo de un organismo es su apariencia física, o rasgos visibles. El genotipo de un organismo es su composición genética, o alelos.** En otras palabras, el genotipo es la combinación de alelos de un organismo. El fenotipo es el aspecto de un rasgo, o su manifestación.

Para comparar el fenotipo con el genotipo, observa la **ilustración 2.** El alelo de las vainas infladas (*I*) es dominante sobre el alelo de las vainas comprimidas (*i*). Todas las plantas con al menos un alelo *I* tienen el mismo fenotipo. Es decir, todas producen vainas infladas. Sin embargo, esas plantas pueden tener dos genotipos diferentes: *II* o *Ii*. Si mirases las plantas con vainas infladas, no podrías notar la diferencia entre las que tienen genotipo *II* y las que tienen genotipo *Ii*. En cambio, todas las plantas con vainas comprimidas tendrían el mismo fenotipo —vainas comprimidas— y también el mismo genotipo: *ii*.

Los genetistas usan otros dos términos para describir el genotipo de un organismo. Los organismos que tienen dos alelos idénticos para un rasgo son **homocigotos** para ese rasgo. Una planta de vaina inflada que tiene los alelos *II*, y una planta de vaina comprimida con alelos *ii* son homocigotas. Un organismo que tiene dos alelos diferentes para un rasgo es **heterocigoto** para ese rasgo. Una planta de vaina inflada con los alelos *Ii* es heterocigota. Recuerda que Mendel usó la palabra *híbrido* para describir las plantas de guisantes heterocigotas.

Vocabulario Sufijos El sufijo *-ista* se usa para formar nombres de oficios o profesiones. Encierra en un círculo el sufijo del término *genetista* en el párrafo de la derecha. Este término describe a alguien que

____

____

____

ILUSTRACIÓN 2

Describir la herencia

El fenotipo de un organismo es su apariencia física. El genotipo es su composición genética.

Responde estas preguntas basándote en lo que leíste.

1. **Clasifica** Completa la tabla con la información que falta.
2. **Interpreta tablas** ¿Cuántos genotipos hay para el fenotipo de vaina inflada?

____

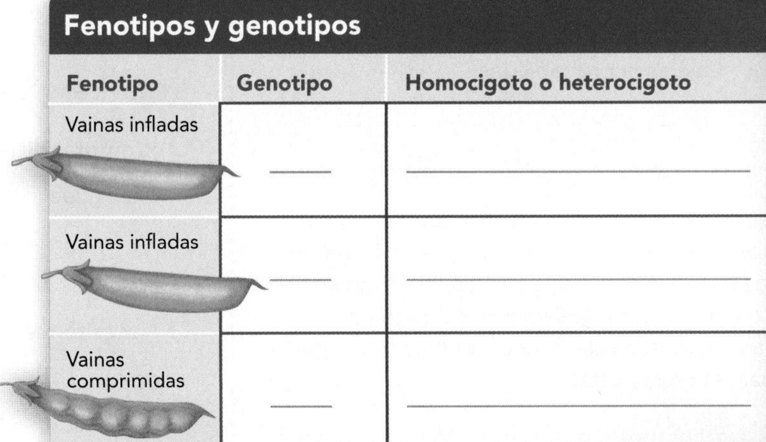

Fenotipos y genotipos

Fenotipo	Genotipo	Homocigoto o heterocigoto
Vainas infladas	____	____________
Vainas infladas	____	____________
Vainas comprimidas	____	____________

¡aplícalo!

Los principios de la herencia de Mendel se aplican a muchos otros organismos. Por ejemplo, entre los cobayos, el pelaje negro *(N)* es dominante sobre el pelaje blanco (*n*). Imagínate que una pareja de cobayos tienen varias camadas de crías a lo largo de su vida. En la gráfica se muestran los fenotipos de las crías. Escribe un título para la gráfica.

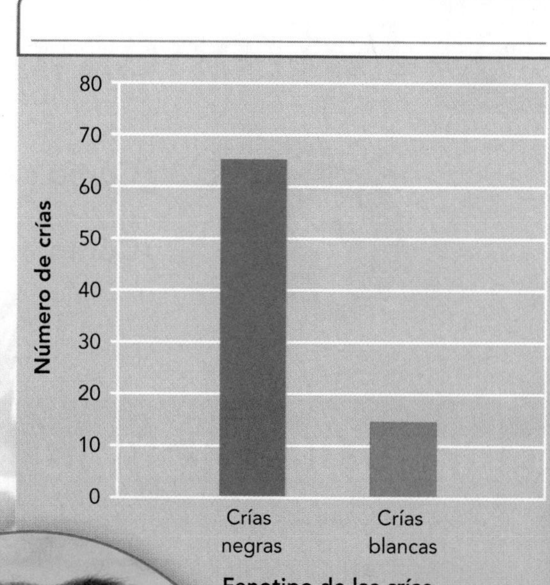

1 Lee gráficas ¿Cuántas crías negras nacieron? ¿Cuántas crías blancas nacieron?

2 Infiere ¿Cuáles son los genotipos posibles de las crías?

3 Saca conclusiones ¿Qué conclusión puedes sacar acerca de los genotipos de los cobayos progenitores? Explica tu respuesta.

Zona de laboratorio Haz la Actividad rápida de laboratorio *¡Toma la decisión correcta!*

Evalúa tu comprensión

2a. Relaciona causa y efecto Explica por qué dos organismos pueden tener el mismo fenotipo y genotipos diferentes al mismo tiempo.

b. DESAFÍO Durante toda su vida, dos cobayos tuvieron 40 crías negras y 40 crías blancas. En una hoja aparte, dibuja un cuadrado de Punnett para hallar los probables genotipos de los padres.

¿comprendiste?

○ **¡Comprendí!** Ahora sé que fenotipo y genotipo son términos que describen

○ Necesito más ayuda con

Consulta **my science coach** *en línea para obtener ayuda en inglés sobre este tema.*

LECCIÓN 3

Patrones de herencia

¿Cómo se heredan la mayoría de los rasgos?

¿Cómo interactúan los genes y el medio ambiente?

mi DIARIO DEL PLANETA

DESCUBRIMIENTO

Frío, con probabilidad de machos

¿Será macho o hembra? Para una tortuga de orejas rojas, ¡la respuesta podría depender de la temperatura! Estas tortugas viven en las aguas dulces, calmas y templadas del sudeste de los Estados Unidos. Para estas tortugas y para algunos otros reptiles, la temperatura del ambiente determina el sexo de las crías. A 26 °C, sólo nacen machos de los huevos de la tortuga de orejas rojas. Pero a 31 °C, las crías serán todas hembras. Sólo cuando la temperatura es de alrededor de 29 °C hay un 50% de probabilidades de que nazcan tortugas de uno u otro sexo.

Predice Comenta la pregunta siguiente con un compañero. Luego, escribe tu respuesta.

¿Qué crees que podría suceder con una población de tortugas de orejas rojas en un lugar donde la temperatura siempre ronda los 26 °C?

PLANET DIARY Consulta ***Planet Diary*** para aprender más en inglés sobre patrones de herencia.

Zona de laboratorio® Haz la Indagación preliminar *Observar rasgos.*

¿Cómo se heredan la mayoría de los rasgos?

Los rasgos que estudió Mendel están controlados por genes que pueden tener sólo dos alelos. Estos alelos son dominantes o recesivos. El color de las flores de las plantas de guisantes es púrpura o blanco. Los guisantes son amarillos o verdes. ¿Te imaginas si todos los rasgos fueran así? ¿Si las personas fueran sólo altas o bajas y los gatos fueran negros o amarillos?

Se puede aprender genética estudiando los rasgos determinados por dos alelos. Pero observa la variedad de seres vivos que te rodea. Podrás imaginar que la mayoría de los rasgos no se heredan según un patrón tan simple. **La mayoría de los rasgos provienen de complejos patrones de herencia.** Esta lección describe cuatro patrones de herencia complejos.

Vocabulario
- dominancia incompleta
- codominancia • alelos múltiples
- herencia poligénica

Destrezas
- Lectura: Compara y contrasta
- Indagación: Interpreta datos

Dominancia incompleta

Algunos rasgos son el resultado de un patrón de herencia denominado dominancia incompleta. La **dominancia incompleta** se produce cuando un alelo es dominante sólo en parte. Por ejemplo, observa la **ilustración 1**. Las flores de la ilustración se llaman boca de dragón. Un cruce entre una planta de flores rojas y una de flores blancas produce una descendencia de flores rosadas.

Las bocas de dragón con alelos *RR* producen mucho color rojo en sus flores. Es de esperar que las flores sean rojas. Una planta con dos alelos blancos (*BB*) no produce color rojo; sus flores son blancas. Los dos tipos de alelos están escritos en mayúsculas porque ninguno es completamente dominante. Si una planta tiene alelos *RB*, sólo produce el color suficiente para que las flores sean un poco rojas. Por lo tanto, quedan rosadas.

Codominancia

Los pollos de la **ilustración 1** muestran un patrón de herencia diferente. La **codominancia** se produce cuando ambos alelos de un gen se manifiestan de igual manera. En las aves de la ilustración, ni las plumas negras ni las plumas blancas son dominantes. Todas las crías de una gallina negra y un gallo blanco tienen tanto plumas negras como plumas blancas.

Aquí, P^N representa el alelo de las plumas negras. P^B representa el alelo de las plumas blancas. La letra *P* nos indica que el rasgo son las plumas. Los superíndices *N* para negro y *B* para blanco nos indican el color.

ILUSTRACIÓN 1

Otros patrones de herencia

Muchos cruces no siguen los patrones que descubrió Mendel.

Aplica conceptos Completa los pares de alelos que faltan.

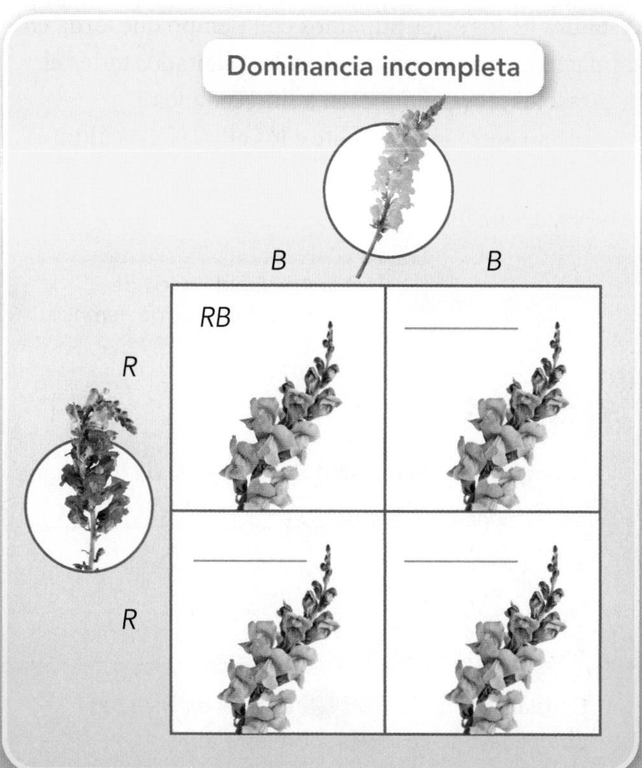

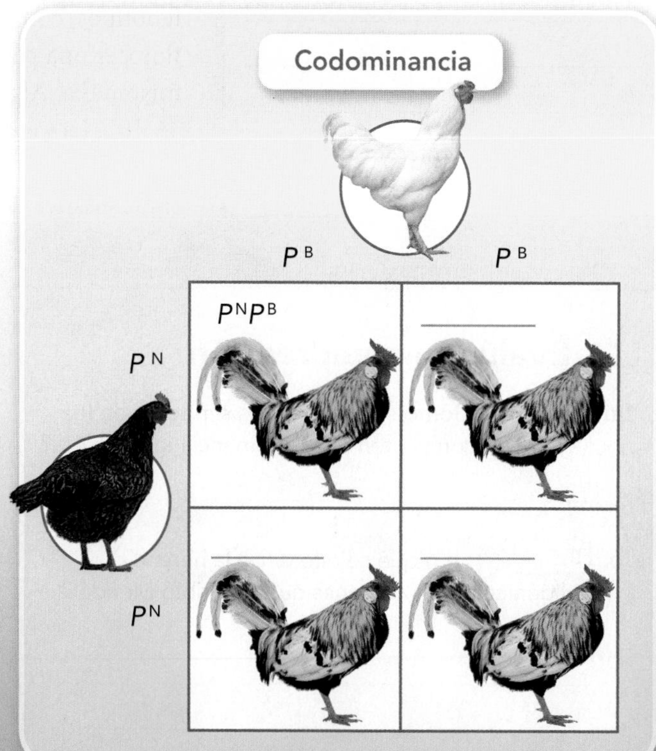

¡aplícalo!

Un insecto imaginario denominado alitóptero tiene tres alelos para el color de las alas. *R* (rojo), *Z* (azul) y *A* (amarillo).

1 Haz una lista Si un organismo puede heredar sólo dos alelos por gen, ¿cuáles son los seis pares de alelos posibles para el color de alas de los alitópteros? Se da una respuesta como ejemplo.

RZ, ______

______

2 Interpreta datos Imagínate que los tres alelos son codominantes. ¿Qué color de ala produciría cada par de alelos? Una respuesta está dada como ejemplo.

RZ: púrpura

______

______

______

______

______

Alelos múltiples Algunos genes tienen **alelos múltiples,** lo que significa que tres o más alelos posibles de un gen determinan un rasgo. Recuerda que un organismo puede heredar sólo dos alelos por gen, uno de cada progenitor. Incluso si hay cuatro, cinco o más alelos posibles, un individuo puede tener nada más que dos. Pero pueden producirse más genotipos con alelos múltiples que con dos alelos solamente. Por ejemplo, cuatro alelos controlan el color del pelaje de algunos conejos. Según cuáles sean los dos alelos que hereda el conejo, el color de su pelaje puede ser desde marrón grisáceo hasta completamente blanco.

Herencia poligénica Cada rasgo que estudió Mendel estaba controlado por un solo gen. La **herencia poligénica** ocurre cuando más de un gen determina un rasgo. Los alelos de los distintos genes trabajan juntos para producir esos rasgos.

La herencia poligénica da como resultado una gran variedad de fenotipos, como la estatura de los seres humanos o el tiempo que tarda en florecer una planta. Imagínate un campo de girasoles plantados todos el mismo día. Algunos girasoles tal vez empiecen a florecer a los 45 días. La mayoría florecerá aproximadamente a los 60 días. Los últimos podrían florecer después de los 75 días. El tiempo de floración es una característica de los rasgos poligénicos.

Zona de laboratorio® Haz la Actividad rápida de laboratorio *Patrones de herencia.*

Evalúa tu comprensión

1a. Describe ¿Cómo se escriben los símbolos de los alelos que comparten una dominancia incompleta?

______

b. DESAFÍO ¿En qué se diferencia la herencia poligénica de los patrones que describió Mendel?

______

______

¿comprendiste?

O ¡Comprendí! Ahora sé que la mayoría de los rasgos se producen mediante ______

______

______

O Necesito más ayuda con ______

Consulta MY SCIENCE COACH *en línea para obtener ayuda en inglés sobre este tema.*

¿Cómo interactúan los genes y el medio ambiente?

Cuando naciste, no sabías andar en patineta, pero quizás ahora ya sepas. Muchos rasgos se aprenden, o adquieren. A diferencia de los rasgos heredados, los rasgos adquiridos no están en los genes ni se transmiten a la descendencia. Aunque los genes determinan los rasgos heredados, los factores del medio ambiente también los afectan. Los fenotipos que observamos en un organismo son el resultado tanto de los genes como de las interacciones del organismo con el medio ambiente.

Rasgos heredados y adquiridos Los seres humanos nacemos con rasgos heredados, como las cuerdas vocales y la lengua, que nos permiten hablar. Pero los humanos no nacemos hablando español, mandarín o inglés. El idioma que habla una persona es un rasgo adquirido. ¿Tienes un callo en el dedo de tanto escribir con lápiz? Ése es un rasgo adquirido. Las destrezas que aprendes y los cambios físicos que experimentas, como los callos y los cortes de pelo, son rasgos adquiridos. Trata de distinguir los rasgos heredados de los adquiridos en la **ilustración 2**.

ILUSTRACIÓN 2

¿Heredado o adquirido?

¿Cuáles de los siguientes rasgos son transmitidos por los genes y cuáles no?

Clasifica Identifica cada rasgo como heredado o adquirido.

Los genes y el medio ambiente Vuelve a pensar en los girasoles. Los genes controlan el momento de floración. Pero la luz solar, la temperatura, los nutrientes del suelo y el agua también afectan el período de floración. **Los factores ambientales pueden afectar la manera en que se manifiestan los genes.** De modo similar, en tu medio ambiente hay factores que pueden afectar tus genes. Por ejemplo, quizá hayas heredado la habilidad para tocar un instrumento musical. Pero si no tienes oportunidad de aprender, quizá nunca desarrolles esa destreza.

Algunos factores ambientales pueden cambiar los genes de un organismo. Por ejemplo, el humo del tabaco y otros contaminantes pueden afectar los genes de las células y producir cáncer de pulmón u otros tipos de cáncer. Pero otros cambios genéticos ocurren por azar.

Los cambios en las células del cuerpo no se transmiten a la descendencia. Sólo los cambios en las células sexuales, óvulos y espermatozoides se transmiten a los descendientes. No todos los cambios genéticos tienen efectos negativos. El cambio genético en las células sexuales es una fuente importante de la diversidad en las formas de vida.

Compara y contrasta
Subraya las dos oraciones que indiquen en qué se diferencian los cambios genéticos de las células del cuerpo de los cambios genéticos de las células de óvulos y espermatozoides.

Patrones de herencia

¿Por qué los seres vivos no siempre se parecen a sus progenitores?

ILUSTRACIÓN 3

INTERACTIVE ART Los rasgos que vemos en los organismos son el resultado de los genes y sus interacciones con el medio ambiente.

Resume **Completa los espacios en blanco con los términos del banco de palabras.**

Banco de palabras

Dominancia incompleta	Rasgos dominantes y recesivos
Factores ambientales	Herencia poligénica
Alelos múltiples	Codominancia
Rasgos adquiridos	

____

____

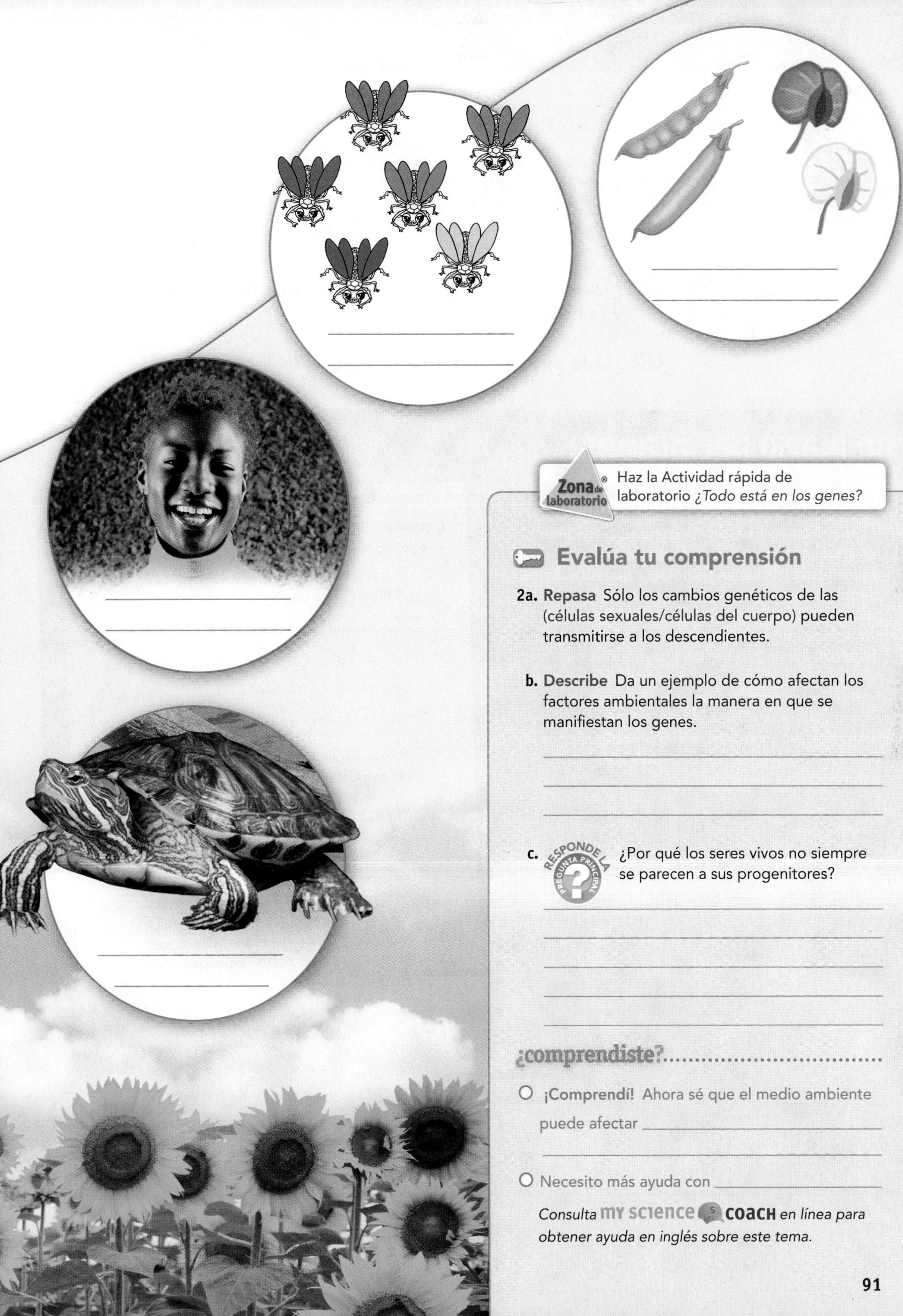

Zona de laboratorio® Haz la Actividad rápida de laboratorio *¿Todo está en los genes?*

Evalúa tu comprensión

2a. Repasa Sólo los cambios genéticos de las (células sexuales/células del cuerpo) pueden transmitirse a los descendientes.

b. Describe Da un ejemplo de cómo afectan los factores ambientales la manera en que se manifiestan los genes.

c. RESPONDE LA PREGUNTA PRINCIPAL ¿Por qué los seres vivos no siempre se parecen a sus progenitores?

¿comprendiste?

○ **¡Comprendí!** Ahora sé que el medio ambiente puede afectar ____________

○ Necesito más ayuda con ____________

Consulta MY SCIENCE COACH *en línea para obtener ayuda en inglés sobre este tema.*

LECCIÓN 4

Los cromosomas y la herencia

¿Qué relación hay entre los cromosomas, los genes y la herencia?

¿Qué sucede durante la meiosis?

mi DiaRio DeL pLaneTa

PROFESIÓN

Detectives de cromosomas

Hallar las respuestas de cómo se relacionan los cromosomas con las enfermedades es tarea de los especialistas en tecnología genética. Estos científicos analizan los cromosomas de las células para localizar información genética que puede ser la causa de enfermedades u otros problemas de salud. En su trabajo, los especialistas en tecnología genética usan microscopios, imágenes fotográficas computarizadas y destrezas de laboratorio. Son quienes hacen informes con los datos que luego se usan en las investigaciones y en los tratamientos de pacientes con enfermedades genéticas.

Comunica ideas **Responde estas preguntas. Luego, comenta la pregunta 2 con un compañero.**

1. ¿Te gustaría ser especialista en tecnología genética? ¿Por qué?

____

2. Si fueras especialista en tecnología genética, ¿qué te gustaría investigar?

____

PLANET DIARY Consulta ***Planet Diary*** para aprender más en inglés sobre los especialistas en tecnología genética.

Zona de laboratorio® Haz la Indagación preliminar *Cromosomas: ¿cuál es cuál?*

Vocabulario
- meiosis

Destrezas
- Lectura: Relaciona causa y efecto
- Indagación: Diseña experimentos

¿Qué relación hay entre los cromosomas, los genes y la herencia?

El trabajo de Mendel demostró que los genes existen. (Recuerda que Mendel los denominó "factores"). Pero en los comienzos del siglo XX, los científicos no sabían qué estructuras celulares contenían genes. La búsqueda de la respuesta fue como un cuento de misterio. El título del cuento podría ser "La pista de las células del saltamontes".

A comienzos de la década de 1900, Walter Sutton, un genetista estadounidense, estudió las células de los saltamontes. Quería saber cómo se formaban las células sexuales (espermatozoides y óvulos). Sutton se concentró en cómo se movían los cromosomas en las células durante la formación de los espermatozoides y de los óvulos. Formuló la hipótesis de que los cromosomas eran la clave para saber por qué los descendientes tienen rasgos similares a los de sus progenitores.

¿sabías que...?

El organismo con mayor número de cromosomas que se conoce es una planta de la familia de los helechos. Su nombre científico es Ophioglossum reticulatum ¡y tiene más de 1,200 cromosomas!

¡aplícalo!

Diseña experimentos Los diferentes tipos de organismos tienen distintos números de cromosomas, y algunos organismos son más fáciles de estudiar que otros. Imagínate que eres un científico que se dedica al estudio de los cromosomas y debes elegir un organismo de los que puedes ver abajo para hacer tu trabajo. ¿Cuál elegirías y por qué?

____

____

____

____

____

Los cromosomas y la herencia

Los cromosomas y la herencia Sutton necesitaba evidencia para respaldar su hipótesis. Observa la **ilustración 1** y trata de ver cómo encontró esa evidencia en las células de los saltamontes. Para su sorpresa, Sutton descubrió que las células sexuales de los saltamontes tienen exactamente la mitad de los cromosomas encontrados en las células del cuerpo de los saltamontes.

Pares de cromosomas Sutton observó lo que sucedía cuando se unían un espermatozoide y un óvulo. El óvulo fertilizado que se formaba tenía 24 cromosomas. Tenía el mismo número de cromosomas que cada progenitor. Esos 24 cromosomas formaban 12 pares. Un cromosoma de cada par provenía del progenitor masculino. El otro cromosoma provenía del progenitor femenino.

ILUSTRACIÓN 1

En parejas

Sutton estudió las células de los saltamontes con un microscopio. Llegó a la conclusión de que los genes están en los cromosomas.

Relaciona el texto y los elementos visuales
Responde las preguntas en los espacios que siguen.

1 Célula del cuerpo

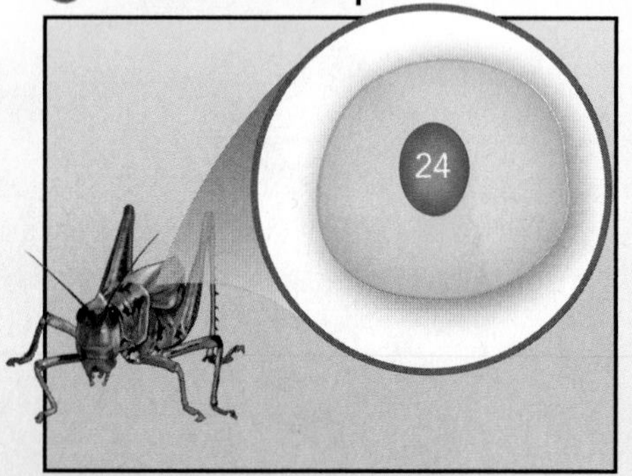

Cada célula del cuerpo de un saltamontes tiene 24 cromosomas.

2 Células sexuales

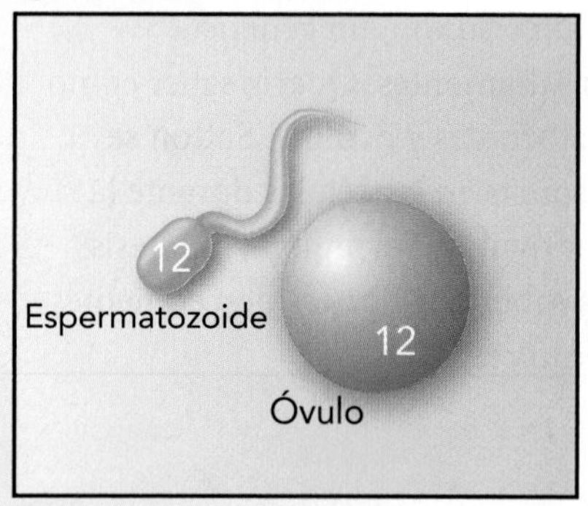

Sutton descubrió que cada célula sexual de saltamontes tiene 12 cromosomas.

1. ¿Qué relación hay entre el número de cromosomas de las células sexuales de los saltamontes y el número de células de su cuerpo?

____
____
____
____

3 Fertilización

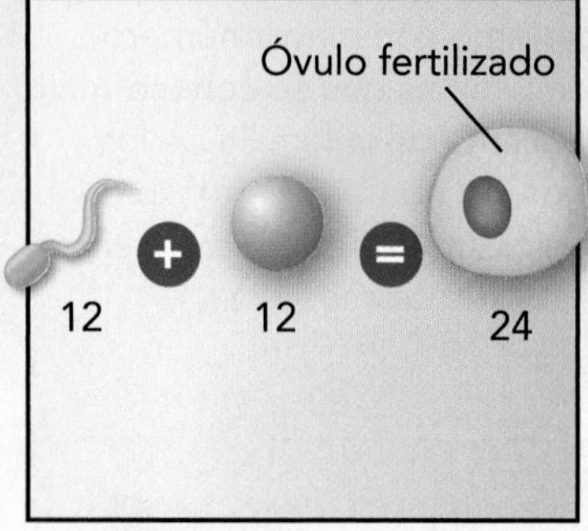

El óvulo fertilizado tiene 24 cromosomas.

4 Descendencia de los saltamontes

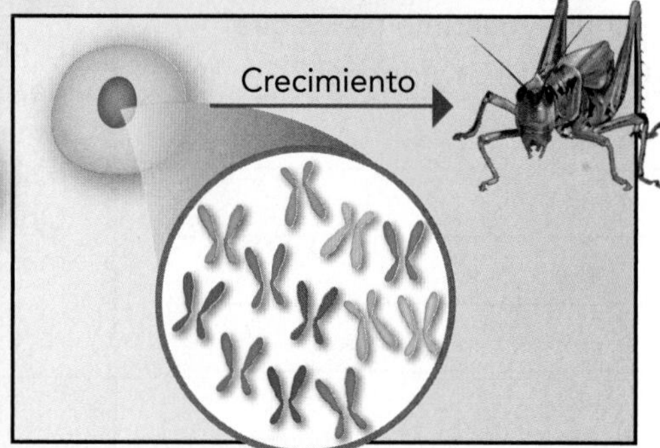

Los 24 cromosomas forman 12 pares.

2. ¿En qué se parece la herencia de los cromosomas con lo que ya sabes de los alelos?

____
____
____
____

Los genes presentes en los cromosomas Recuerda que los alelos son diferentes formas de un gen. Gracias al trabajo de Mendel, Sutton sabía que los alelos se presentan en pares en un organismo. Un alelo proviene del progenitor femenino y el otro, del progenitor masculino. Sutton se dio cuenta de que los pares de alelos van en pares de cromosomas. Su idea se conoce ahora como la teoría cromosómica de la herencia. **Según la teoría cromosómica de la herencia, los genes se transmiten de los progenitores a su descendencia mediante los cromosomas.**

El orden de los genes Las células del cuerpo humano contienen 46 cromosomas que forman 23 pares. Los cromosomas están formados por muchos genes unidos como las cuentas de un collar. Aunque tienes sólo 23 pares de cromosomas, cada célula de tu cuerpo contiene entre 20,000 y 25,000 genes. Cada gen controla un rasgo.

La **ilustración 2** muestra un par de cromosomas de un organismo. Uno de los cromosomas proviene del progenitor femenino y el otro, del progenitor masculino. Observa que cada cromosoma tiene los mismos genes. Los genes se ordenan de la misma manera en ambos cromosomas. Sin embargo, los alelos de algunos de los genes no son idénticos. Por ejemplo, un cromosoma tiene el alelo *A*, y el otro cromosoma tiene el alelo *a*. Como puedes ver, este organismo es heterocigoto para algunos rasgos y es homocigoto para otros.

Relaciona causa y efecto Imagínate que el gen A del cromosoma de la izquierda estuviera dañado y ya no funcionara. ¿Qué forma del rasgo se manifestaría? ¿Por qué?

____

____

____

ILUSTRACIÓN 2

Un par de cromosomas

En un par de cromosomas puede haber alelos diferentes para algunos genes y los mismos alelos para otros.

Interpreta diagramas Para cada par de alelos, indica si el organismo es homocigoto o heterocigoto. Las dos primeras respuestas están dadas como ejemplos.

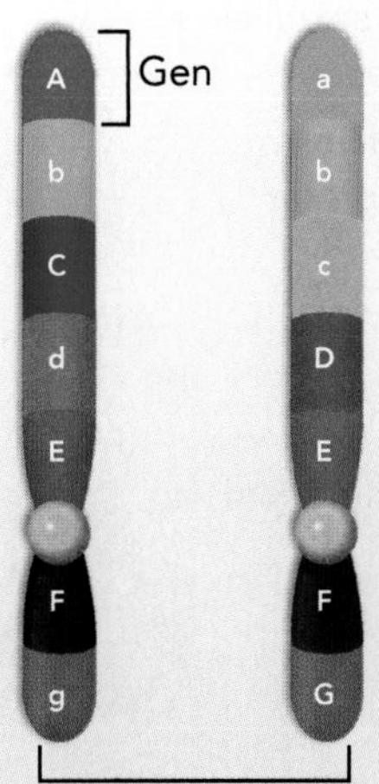

Heterocigoto

Homocigoto

____

____

____

____

____

Haz la Actividad rápida de laboratorio *Los cromosomas y la herencia.*

Evalúa tu comprensión

1a. Describe Cuando se unen dos células sexuales de saltamontes, el número de cromosomas de la célula nueva es (la mitad/el doble) del número de las células sexuales.

b. Resume Describe el orden de los genes en un par de cromosomas.

____

____

c. Relaciona la evidencia con la explicación ¿Cómo avalan las observaciones de Sutton la teoría cromosómica de la herencia?

____

____

____

____

¿comprendiste?

○ **¡Comprendí!** Ahora sé que los genes se transmiten de los progenitores a su descendencia ______________________________

○ Necesito más ayuda con ______________________________

Consulta **MY SCIENCE COACH** *en línea para obtener ayuda en inglés sobre este tema.*

¿Qué sucede durante la meiosis?

¿Cómo terminan las células sexuales con la mitad del número de cromosomas que las células del cuerpo? La respuesta a esta pregunta es una forma de división celular denominada meiosis. La **meiosis** es el proceso por el cual el número de cromosomas se reduce a la mitad durante la formación de las células sexuales. Puedes seguir los sucesos de la meiosis en la **ilustración 3**. Allí, la célula madre tiene cuatro cromosomas ordenados en dos pares. **Durante la meiosis, los pares de cromosomas se dividen en dos células. Las células sexuales que se forman más adelante tienen sólo la mitad de los cromosomas que las demás células del organismo.**

ILUSTRACIÓN 3

ART IN MOTION **Meiosis**

Durante la meiosis, una célula produce células sexuales que tienen la mitad del número de cromosomas.

Interpreta diagramas Completa los espacios que siguen con los términos que faltan para completar el diagrama.

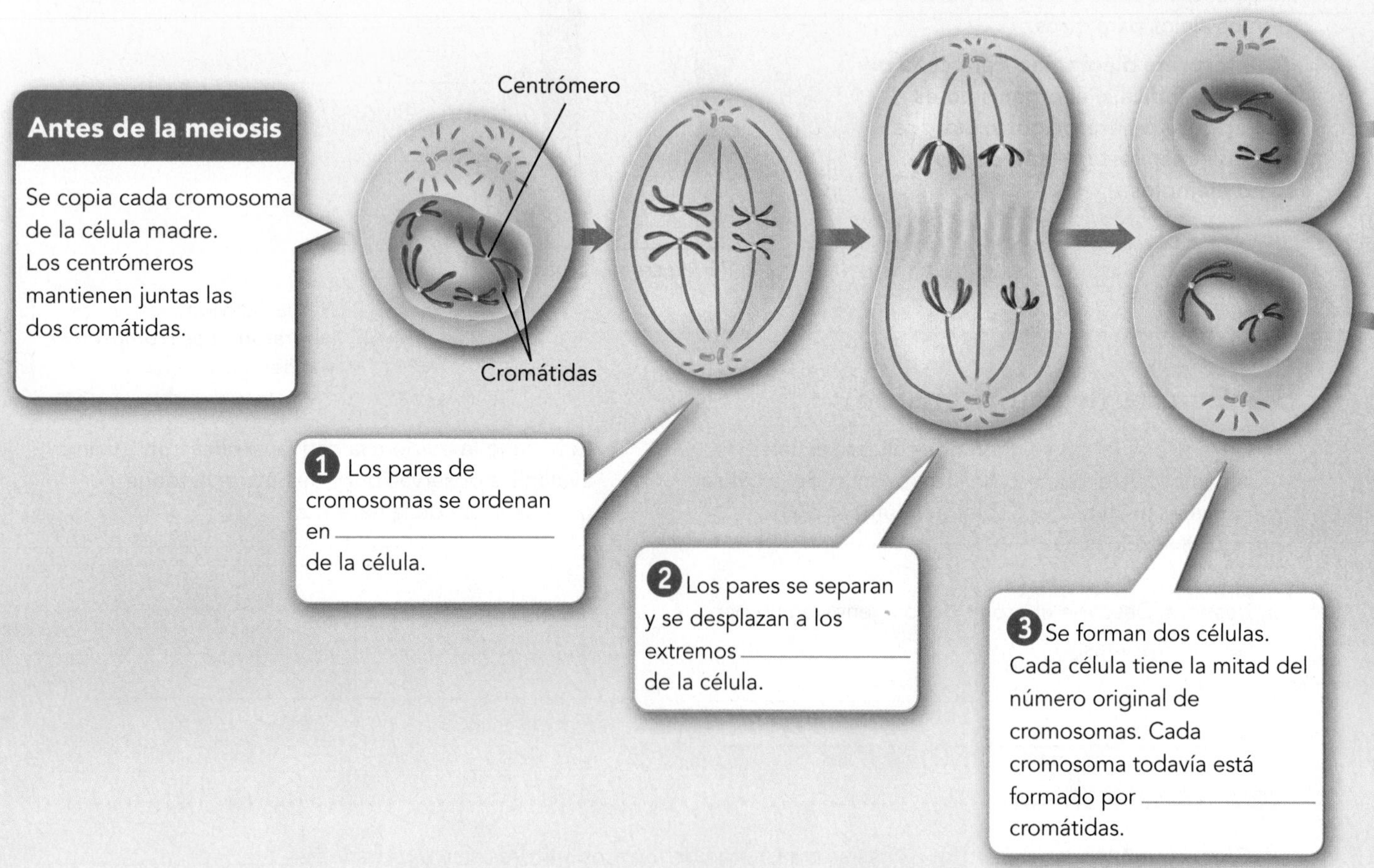

Durante la meiosis, una célula se divide en dos células. Luego, cada una de esas células se vuelve a dividir, y así se forma un total de cuatro células. Los cromosomas se duplican sólo antes de la primera división celular.

Cada una de las cuatro células sexuales que puedes ver abajo recibe dos cromosomas, uno de cada par de la célula original. Cuando dos células sexuales se unen durante la fertilización, la nueva célula que se forma tiene el número completo de cromosomas. En este caso, el número es cuatro. El organismo que crece a partir de esta célula obtiene dos cromosomas de un progenitor y dos del otro.

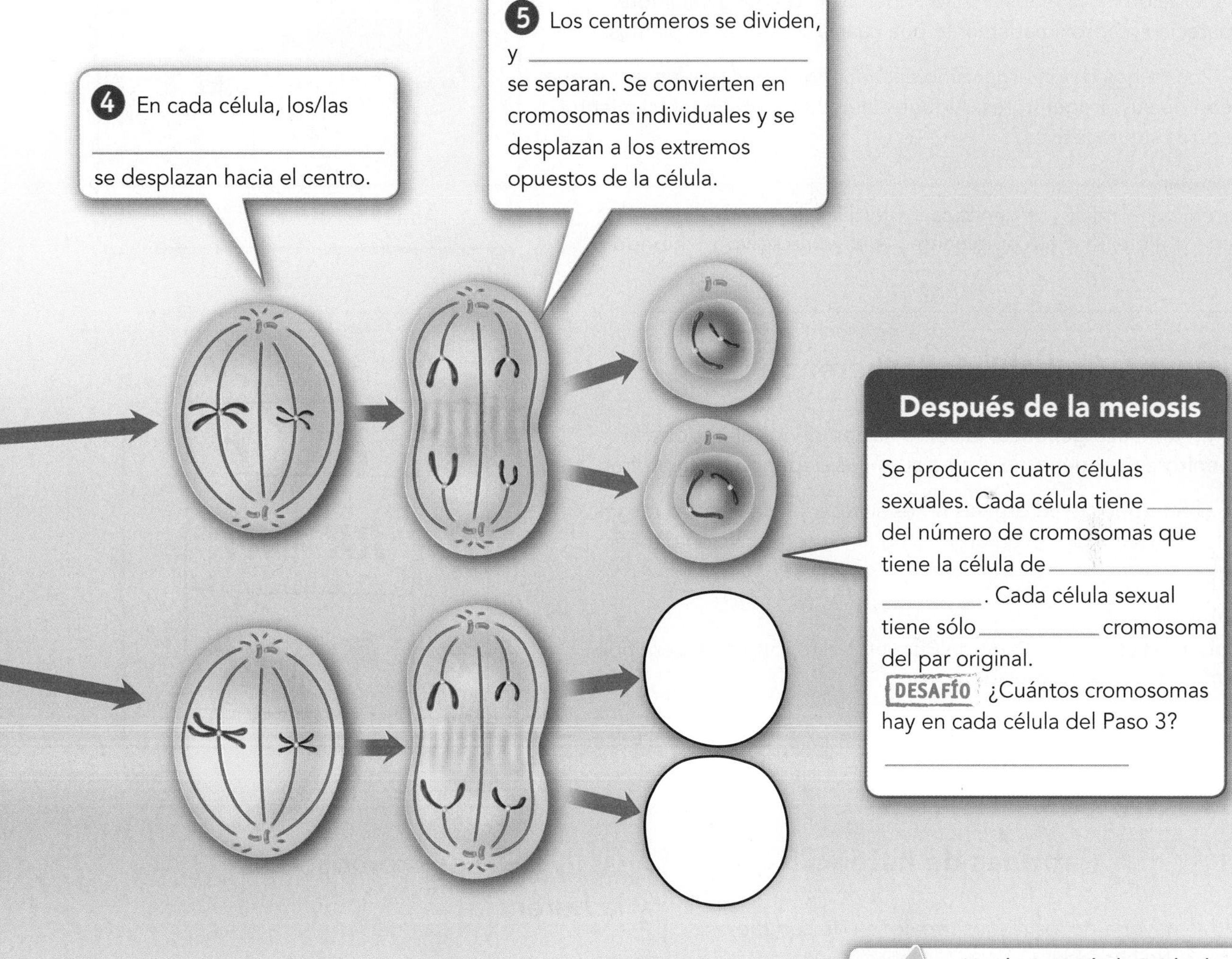

Después de la meiosis

Se producen cuatro células sexuales. Cada célula tiene ______ del número de cromosomas que tiene la célula de ________ ________. Cada célula sexual tiene sólo ________ cromosoma del par original.

DESAFÍO ¿Cuántos cromosomas hay en cada célula del Paso 3?

____

Zona de laboratorio Haz la Actividad rápida de laboratorio *Hacer un modelo de la meiosis.*

Evalúa tu comprensión

¿comprendiste?

○ **¡Comprendí!** Ahora sé que durante la meiosis, el número de cromosomas ________

○ Necesito más ayuda con ________

Consulta **my science coach** *en línea para obtener ayuda en inglés sobre este tema.*

CAPÍTULO 3

Guía de estudio

Los hijos heredan de cada progenitor diferentes formas de los genes, denominadas __________________. Los rasgos se ven afectados por los patrones de herencia y la interacción con ________________________.

LECCIÓN 1 ¿Qué es la herencia?

En todos los cruces, Mendel descubrió que una sola forma del rasgo se manifestaba en la generación F_1. Sin embargo, en la generación F_2, la manifestación "perdida" del rasgo siempre reaparecía en aproximadamente una cuarta parte de las plantas.

Los rasgos de un organismo están controlados por los alelos que hereda de sus progenitores. Algunos alelos son dominantes, mientras que otros son recesivos.

Vocabulario

- herencia • rasgo • genética • fertilización • raza pura
- gen • alelo • alelo dominante • alelo recesivo • híbrido

LECCIÓN 2 Probabilidad y herencia

En un cruce genético, la combinación de los alelos que los progenitores pueden transmitir a sus hijos depende de la probabilidad.

El fenotipo de un organismo es su apariencia física, o rasgos visibles. El genotipo de un organismo es su composición genética, o alelos.

Vocabulario

- probabilidad • cuadrado de Punnett • fenotipo • genotipo
- homocigoto • heterocigoto

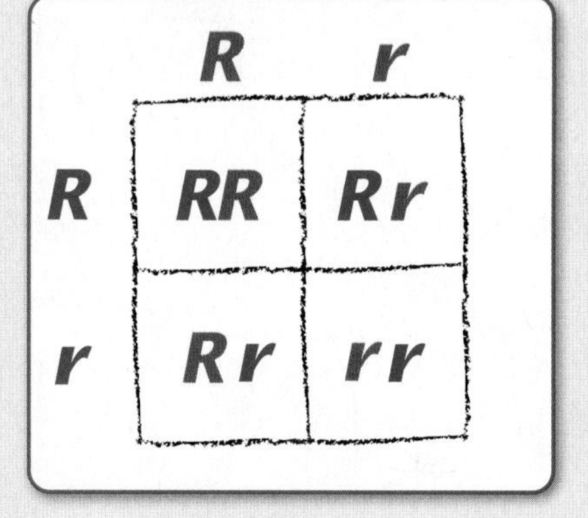

LECCIÓN 3 Patrones de herencia

La mayoría de los rasgos provienen de complejos patrones de herencia.

Los factores ambientales pueden afectar la manera en que se manifiestan los genes.

Vocabulario

- dominancia incompleta
- codominancia
- alelos múltiples
- herencia poligénica

LECCIÓN 4 Los cromosomas y la herencia

La teoría cromosómica de la herencia establece que los genes se transmiten de los progenitores a su descendencia mediante los cromosomas.

La meiosis produce células sexuales que tienen la mitad de los cromosomas que las células del cuerpo.

Vocabulario

- meiosis

Repaso y evaluación

LECCIÓN 1 ¿Qué es la herencia?

1. Las diferentes formas de un gen se denominan
   - **a.** alelos.
   - **b.** híbridos.
   - **c.** genotipos.
   - **d.** cromosomas.

2. ______________________ es la ciencia que estudia la herencia.

3. **Explica** Mendel cruzó una planta de guisantes de vaina verde con una de vaina amarilla. Todas las plantas de la generación F_1 tenían vainas verdes. ¿De qué color eran las vainas de la generación F_2? Explica tu respuesta.

4. **Predice** El siguiente dibujo representa una planta de raza pura para altura (alta). Escribe los alelos de esa planta. Si se hace un cruce con esta planta, ¿qué tipo de descendientes tendrá, respecto de la altura? ¿Por qué?

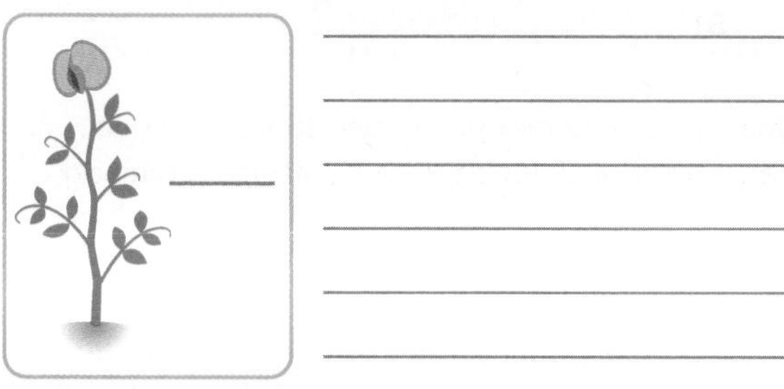

5. **Compara y contrasta** ¿En qué se diferencian los alelos dominantes de los alelos recesivos?

6. **Escríbelo** Escribe una entrada de un diario como si tú fueras Gregor Mendel. Puedes describir cualquier parte de sus experiencias, experimentos u observaciones.

LECCIÓN 2 Probabilidad y herencia

7. ¿Cuál de las siguientes opciones representa un genotipo heterocigoto?
   - **a.** *YY*
   - **b.** *yy*
   - **c.** *Yy*
   - **d.** Y^HY^H

8. ______________________ de un organismo es la manera en que se expresa el genotipo.

9. **Haz modelos** Completa el siguiente cuadrado de Punnett para mostrar un cruce entre dos cobayos que son heterocigotos para el color del pelaje. *N* representa el pelaje negro, y *n* representa el pelaje blanco.

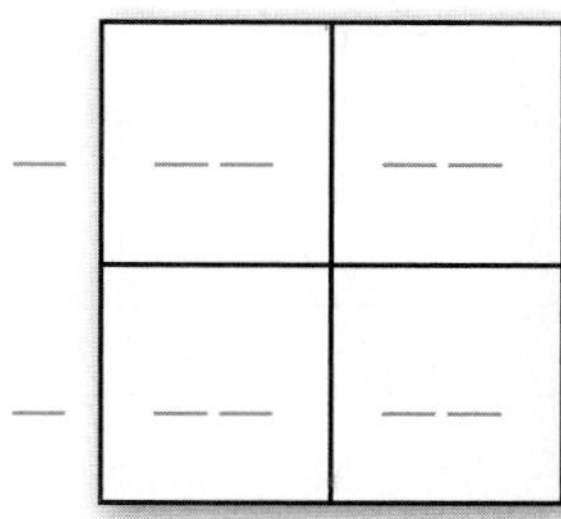

10. **Interpreta tablas** ¿Cuál es la probabilidad de que las crías del cruce anterior tengan cada uno de los siguientes genotipos?

    NN ______________________

    Nn ______________________

    nn ______________________

11. **Aplica conceptos** ¿Qué cruce puede determinar si un cobayo negro es *NN* o *Nn*? ¿Por qué?

12. **¡matemáticas!** En un jardín hay 80 plantas de guisantes. Del total de plantas, 20 tienen tallos bajos y 60 tienen tallos altos. ¿Qué porcentaje de las plantas tienen tallos bajos? ¿Qué porcentaje de las plantas tienen tallos altos?

CAPÍTULO 3

Repaso y evaluación

LECCIÓN 3 Patrones de herencia

13. ¿Cuál de los siguientes términos describe un patrón de herencia en el cual un alelo es dominante sólo en parte?

a. codominancia

b. rasgos adquiridos

c. alelos múltiples

d. dominancia incompleta

14. Los rasgos que tienen tres o más fenotipos pueden ser el resultado de alelos ______________.

15. Compara y contrasta ¿En qué se diferencian la codominancia y la dominancia incompleta?

16. Relaciona causa y efecto La estatura de los seres humanos es un rasgo con una amplia variedad de fenotipos. ¿Qué patrón de herencia podría explicar la estatura de los seres humanos? Explica tu respuesta.

17. Identifica razonamientos erróneos Ni el padre ni la madre de Josie saben tocar un instrumento musical. Josie piensa que nunca sabrá tocar un instrumento porque sus padres no lo hacen. ¿Está en lo cierto? ¿Por qué?

LECCIÓN 4 Los cromosomas y la herencia

18. Los genes se transmiten de padres a hijos en estructuras denominadas

a. alelos. **b.** cromosomas.

c. fenotipos. **d.** genotipos.

19. El proceso de ______________ da como resultado la formación de las células sexuales.

20. Resume Si las células del cuerpo de un organismo tienen 12 cromosomas, ¿cuántos cromosomas tendrán las células sexuales? Explica tu respuesta.

¿Por qué los seres vivos no siempre se parecen a sus progenitores?

21. Una especie de mariposa tiene tres alelos que determinan el color de las alas: azul, anaranjado y amarillo claro. Una mariposa azul se cruza con una mariposa anaranjada. Nacen los siguientes descendientes: alrededor del 25% son azules y el 25% son anaranjadas. Pero otro 25% son azules con manchas anaranjadas, y otro 25% son amarillas. Explica cómo se pudieron producir esos resultados.

Descendientes de una mariposa azul y una anaranjada

Preparación para exámenes estandarizados

Selección múltiple

Encierra en un círculo la letra de la mejor respuesta.

1. En el siguiente cuadrado de Punnett, se muestra un cruce entre dos plantas de guisantes, cada una con semillas redondeadas. ¿Qué genotipo falta en el recuadro en blanco?

	R	*R*
R	*RR*	
r	*Rr*	*Rr*

A *rr*
B *rR*
C *Rr*
D *RR*

2. Un rasgo en particular tiene alelos múltiples: A, B y C. ¿Cuántos genotipos diferentes son posibles?

A 2
B 3
C 4
D 6

3. La ciencia que estudia la herencia se denomina

A meiosis.
B genética.
C probabilidad.
D fertilización.

4. En cierta planta, la textura de las hojas puede ser rugosa o lisa. Una planta de raza pura rugosa se cruza con una planta de raza pura lisa. Todas las descendientes son lisas. ¿Qué oración describe mejor los alelos que determinan ese rasgo?

A El alelo rugoso es dominante sobre el liso.
B El alelo liso es dominante sobre el rugoso.
C Los alelos son codominantes.
D Los alelos tienen dominancia incompleta.

5. ¿Cuál de los siguientes rasgos es adquirido?

A el número de pétalos que crece en las flores de una planta
B la forma de las alas de un ave silvestre
C la capacidad de algunos gorilas de usar lenguaje de señas
D la habilidad de un guepardo para correr más rápido que cualquier otro animal terrestre

Respuesta elaborada

Usa el diagrama que sigue y tus conocimientos de genética para responder la pregunta 6. Escribe tu respuesta en una hoja aparte.

A.

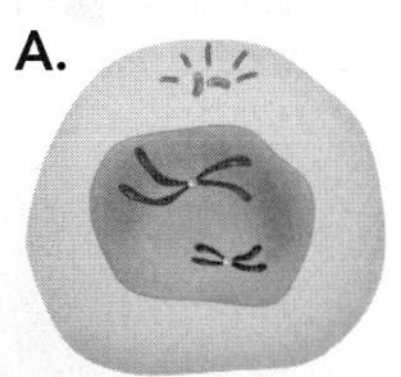

B.

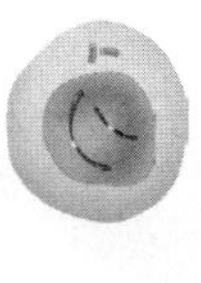

C.

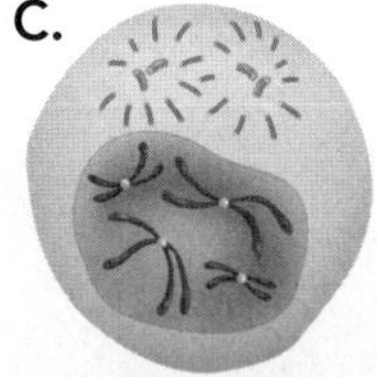

6. Una de las células que ves es una célula madre a punto de comenzar la meiosis. Otra célula está en proceso de meiosis. La tercera célula es una célula sexual que se produjo como resultado de la meiosis. Identifica cuál es cada célula y explica tu razonamiento.

¿Se nace o se hace?

En 1990, el acuario Monterey Bay de Monterey, California, devolvió una nutria joven a la naturaleza. Los rehabilitadores de fauna silvestre del acuario criaron a la nutria y le enseñaron cómo conseguir alimento. Pero como la nutria estaba acostumbrada a recibir comida y cariño de las personas del acuario, no sabía huir de los seres humanos. Como la nutria molestó a algunos buceadores del lugar, hubo que llevarla de nuevo a vivir en el acuario.

Entonces, ¿qué comportamientos aprenden los animales y cuáles son "naturales"? En realidad, el límite entre el comportamiento heredado y el comportamiento adquirido no está muy claro. Aunque las nutrias salvajes generalmente huyen de los seres humanos, la nutria del acuario Monterey Bay había aprendido a recibir comida y cariño de los seres humanos. Para que eso no vuelva a suceder, los rehabilitadores de fauna silvestre suelen usar muñecos o trajes de animales para que los animales que están a su cuidado no se acostumbren tanto a estar con los seres humanos.

▼ La fotografía muestra una pareja de nutrias, una de las especies que los rehabilitadores de fauna silvestre intentan reinsertar en su hábitat natural.

Diséñalo Elige una especie, como el ciervo, la nutria o el oso panda, que se críe en cautiverio y se devuelva a la naturaleza. Diseña una actividad de rehabilitación para ayudar a los animales huérfanos a aprender las destrezas que necesitarán para sobrevivir en la naturaleza. Explica a la clase las características de tu actividad de rehabilitación.

¡Una mancha!

Seguramente puedes reconocer un perro dálmata cuando lo ves. Los dálmatas casi siempre tienen el pelaje blanco con las típicas manchas negras o marrones. Las manchas son una de las características que definen a la raza de perros denominada dálmata. Las manchas pueden ser grandes o pequeñas, pero todos los dálmatas las tienen.

En los dálmatas, las manchas son un rasgo dominante. Cuando dos dálmatas se reproducen, cada progenitor aporta un gen para las manchas. El rasgo de las manchas está controlado por un conjunto de genes que tiene sólo dos alelos posibles. No importa cuántos cachorros haya en la camada, absolutamente todos tendrán manchas.

¿Pero qué sucede si un dálmata se aparea con un perro que no es un dálmata? Los cachorros no tendrán el típico patrón de manchas que tienen los dálmatas, pero igualmente tendrán manchas, porque el alelo de las manchas es dominante. Algunos cachorros tendrán muchas manchas diminutas y otros tendrán manchas enormes. Los dálmatas, al igual que los leopardos, no pueden deshacerse de sus manchas.

Los dálmatas recién nacidos son blancos. Las manchas aparecen alrededor de la primera semana de vida. ▼

¡Predícelo! Las manchas de los dálmatas pueden ser negras o marrones, pero nunca un mismo perro tiene manchas de los dos colores. Usa un cuadrado de Punnett para predecir el color de las manchas de las crías de un dálmata marrón y un dálmata negro que tiene un alelo recesivo marrón. Haz un cartel para mostrar tu predicción.

¿POR QUÉ ESTA LANGOSTA ES AZUL?

¿Qué función cumple el ADN?

La langosta americana normalmente es verde oscuro. Pero la mayoría de las personas sólo han visto langostas rojas. Las langostas se vuelven rojas cuando se las cocina. La probabilidad de hallar una langosta azul es una en un millón.

Infiere ¿Por qué una langosta tendría el caparazón azul?

UNTAMED SCIENCE Mira el video de ***Untamed Science*** para aprender más en inglés sobre el ADN.

El ADN: El código de la vida

CAPÍTULO 4

CAPÍTULO

4 Para comenzar

Verifica tu comprensión

1. **Preparación** Lee el párrafo siguiente y luego responde la pregunta.

La hermana de Leonardo siempre dice que Leonardo heredó de su padre los **genes** para tocar el piano. Leonardo sabe que la **herencia** no es algo tan simple. Pero hay otros **rasgos,** como el pico en la línea frontal del cabello que tiene en la frente, que sin duda heredó de su padre.

La sección de ADN que hay en un cromosoma y que tiene el código de un rasgo específico se denomina **gen.**

La **herencia** es la transmisión de rasgos de padres a hijos.

Un **rasgo** es una característica que un organismo puede transmitir a sus descendientes a través de los genes.

- ¿Por qué Leonardo no pudo haber heredado de su padre la habilidad para tocar el piano?

____

____

MY READING WEB Si tuviste dificultades para responder la pregunta anterior, visita ***My Reading Web*** y escribe ***DNA: The Code of Life.***

Destreza de vocabulario

Partes de palabras de origen latino Algunas de las palabras de este capítulo contienen partes que provienen del latín. Observa las siguientes palabras que provienen del latín y la palabra derivada de cada una.

Palabra del latín	Significado de la palabra	Ejemplo
mutare	cambiar	mutación: (s.) cualquier cambio en el ADN de un gen o cromosoma
tumere	hincharse	tumor: (s.) masa de células anormales que se forma cuando las células se dividen y crecen sin control

2. **Verificación rápida Una palabra relacionada con el significado de la palabra latina *mutare* aparece en la definición de *mutación*. Encierra en un círculo las dos palabras relacionadas que aparecen en la tabla anterior.**

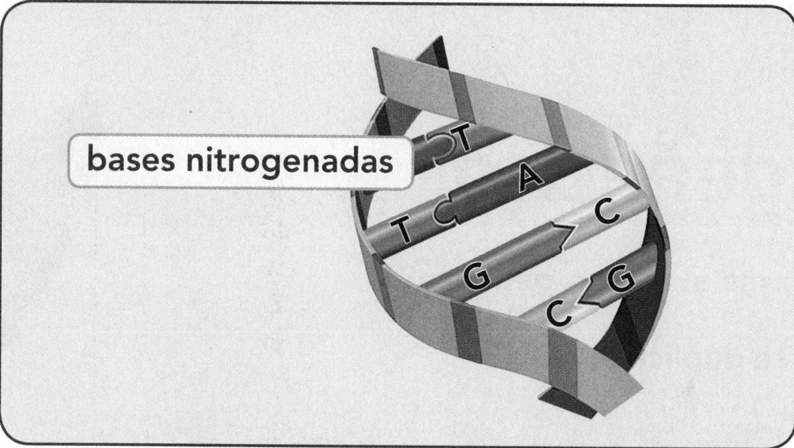

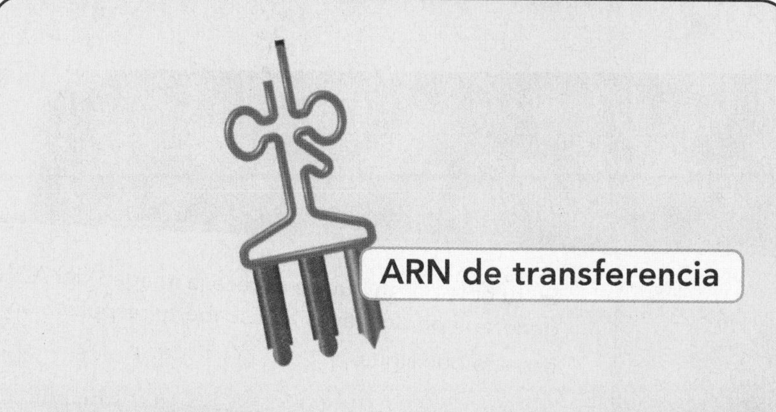

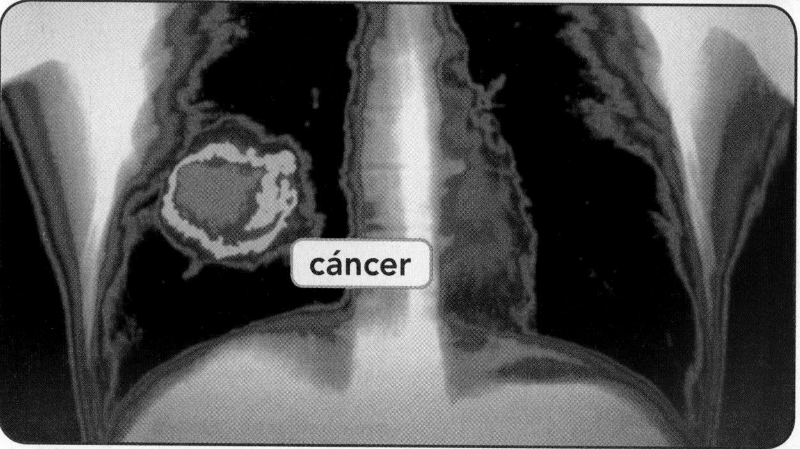

Vistazo al capítulo

LECCIÓN 1

- bases nitrogenadas
- replicación del ADN

Identifica la idea principal

Infiere

LECCIÓN 2

- ARN mensajero
- ARN de transferencia

Resume

Diseña experimentos

LECCIÓN 3

- mutación
- cáncer
- tumor
- quimioterapia

Relaciona causa y efecto

Calcula

VOCAB FLASH CARDS Para obtener más ayuda con el vocabulario, visita ***Vocab Flash Cards*** y escribe ***DNA: The Code of Life.***

LECCIÓN 1

El código genético

¿Qué forma al código genético?

¿Cómo se duplica el ADN?

mi DIARIO DEL PLANETA

BIOGRAFÍA

El debut del ADN

En 1951, la científica inglesa Rosalind Franklin descubrió que el ADN existía en dos formas: húmedo y seco. Franklin creó una imagen de la forma húmeda del ADN mediante la exposición a los rayos X. Los rayos X rebotaban en los átomos del ADN y producían la imagen. La imagen (usada como fondo de la página siguiente) era tan clara que ayudó a los científicos a entender por primera vez la estructura del ADN. Su descubrimiento fue importante para comprender cómo la información genética se transmite de padres a hijos. El aporte de Franklin a la ciencia no se limitó a sus investigaciones; ella fue una gran científica en una época en la que se pensaba que las mujeres no debían dedicarse a la ciencia.

PLANET DIARY Consulta ***Planet Diary*** para aprender más en inglés sobre el código genético.

En tu opinión, ¿a qué se parece la imagen del ADN generada por los rayos X? Escribe tu respuesta en el espacio que sigue.

____

____

____

____

Haz la Indagación preliminar *¿Puedes descifrar el código?*

Vocabulario
- bases nitrogenadas
- replicación del ADN

Destrezas
- Lectura: Identifica la idea principal
- Indagación: Infiere

1

¿Qué forma al código genético?

Los científicos tardaron casi 100 años desde el descubrimiento del ADN en darse cuenta de que éste tenía el aspecto de una escalera retorcida. Cuando James Watson y Francis Crick publicaron la estructura del ADN en 1953, agregaron otra pista para comprender cómo se transmiten los rasgos de padres a hijos. El ADN contiene la información genética que las células necesitan para producir proteínas. Las proteínas determinan varios rasgos, desde el color del pelo hasta la capacidad de un organismo para digerir los alimentos.

Estructura del ADN Los padres pasan rasgos a los hijos a través de los cromosomas. Éstos se componen de ADN y proteínas, y están en el núcleo de la célula. Observa la **ilustración 1**. La estructura del ADN también se conoce como "doble hélice". Sus lados están formados por moléculas de un azúcar denominado desoxirribosa, que se alternan con moléculas de fosfato. El nombre ADN, o ácido desoxirribonucleico, proviene de esta estructura.

Los peldaños del ADN están hechos de bases nitrogenadas. Las **bases nitrogenadas** son moléculas que contienen nitrógeno y otros elementos. El ADN tiene cuatro tipos de bases nitrogenadas: adenina, timina, guanina y citosina. Las letras mayúsculas *A*, *T*, *G* y *C* se usan para representar esas bases.

ILUSTRACIÓN 1

ART IN MOTION Las estructuras genéticas

Los colibríes, como cualquier otro organismo, contienen todas las estructuras genéticas de la ilustración.

Sigue la secuencia Ordena las estructuras de la más pequeña a la más grande. Escribe los números del dos al cinco en los círculos en blanco.

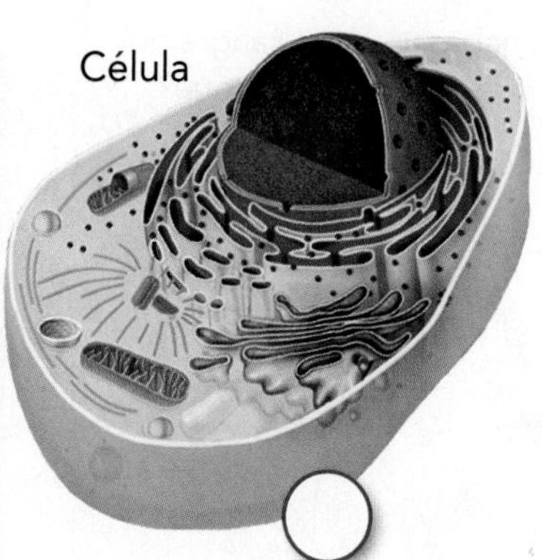

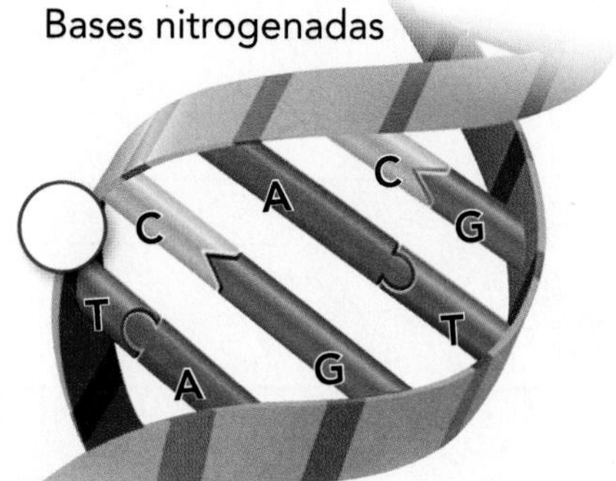

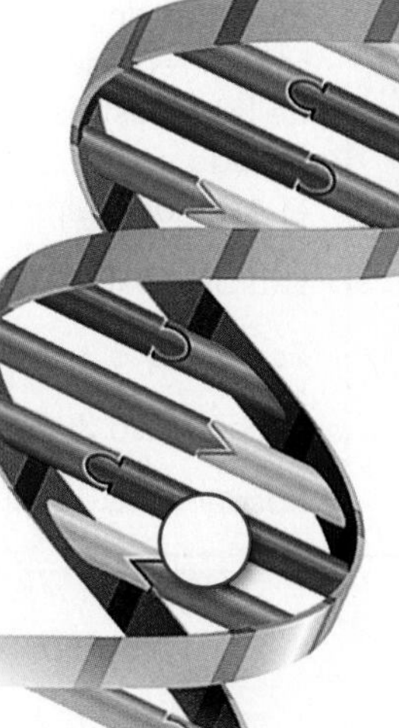

Los cromosomas, los genes y el ADN

En la **ilustración 2,** puedes ver la relación entre los cromosomas, los genes y el ADN. Un gen es una sección de una molécula de ADN que contiene la información para codificar una proteína específica. Un gen está formado por una serie de bases en fila. Las bases de un gen están dispuestas en un orden específico, por ejemplo: ATGACGTAC. Un solo gen de un cromosoma puede contener desde varios cientos hasta un millón o más de esas bases. Cada gen está ubicado en un lugar específico del cromosoma.

Como es posible hacer tantas combinaciones de bases y genes, cada organismo individual tiene un conjunto de ADN único. El ADN está en todas las células del cuerpo, salvo en las células de los glóbulos rojos. Pero se puede hallar ADN en las muestras de sangre porque las células de los glóbulos blancos contienen ADN.

Identifica la idea principal Subraya la oración en la que se explica la función de los genes en la elaboración de proteínas.

ILUSTRACIÓN 2

Los cromosomas y los genes

Los seres humanos tienen entre 20,000 y 25,000 genes en los cromosomas. Se estima que los corales que forman los arrecifes marinos ¡también tienen alrededor de 25,000 genes!

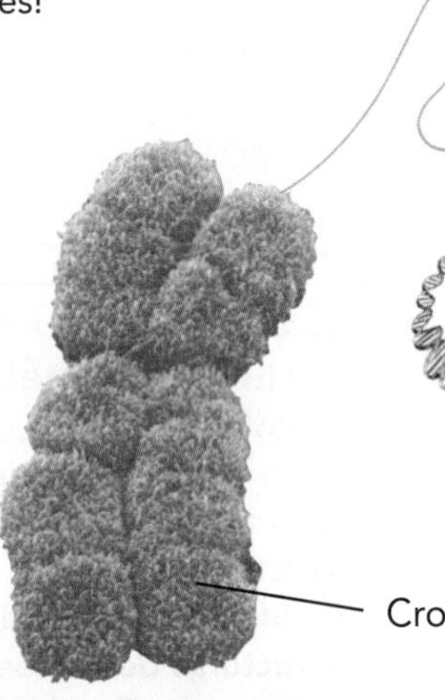

¡aplícalo!

¿Puedes ayudar a descubrir al culpable?

Robaron una joyería, y la policía halló células de la piel del ladrón en el vidrio roto de un estuche de joyas. Se extrajo el ADN de esas células y la policía tomó muestras de ADN de tres sospechosos. Las letras que siguen representan la secuencia de bases nitrogenadas de las muestras de ADN. Usa la información del ADN hallado en la escena del crimen y encierra en un círculo el ADN del culpable.

Ladrón: GACCAGTTAGCTAAGTCT

Sospechoso 1: TAGCTGA

Sospechoso 2: GACGAGT

Sospechoso 3 : CTAAGTC

1 Explica ¿Por qué se puede hallar al culpable de un delito usando el ADN?

____

____

____

2 Infiere ¿La policía podría haber usado la sangre del vidrio roto para tomar una muestra de ADN? ¿Por qué?

____

____

____

El orden de las bases

Los genes contienen el código que determina la estructura de las proteínas. **El orden de las bases nitrogenadas a lo largo de un gen forma el código genético que especifica qué tipo de proteína se producirá.** Recuerda que las proteínas son moléculas grandes formadas por cadenas de aminoácidos individuales. En el código genético, un grupo de tres bases de ADN contiene el código para un aminoácido específico. Por ejemplo, la secuencia de tres bases CGT (citosina-guanina-timina) siempre codifica el aminoácido denominado alanina. El orden de las unidades de tres bases determina el orden en el que los aminoácidos se agruparán para formar una proteína.

¿sabías que...?

Si se desplegara el ADN de las células del cuerpo de un humano adulto medio, ¡la distancia que cubriría sería como ir al Sol y volver varias veces!

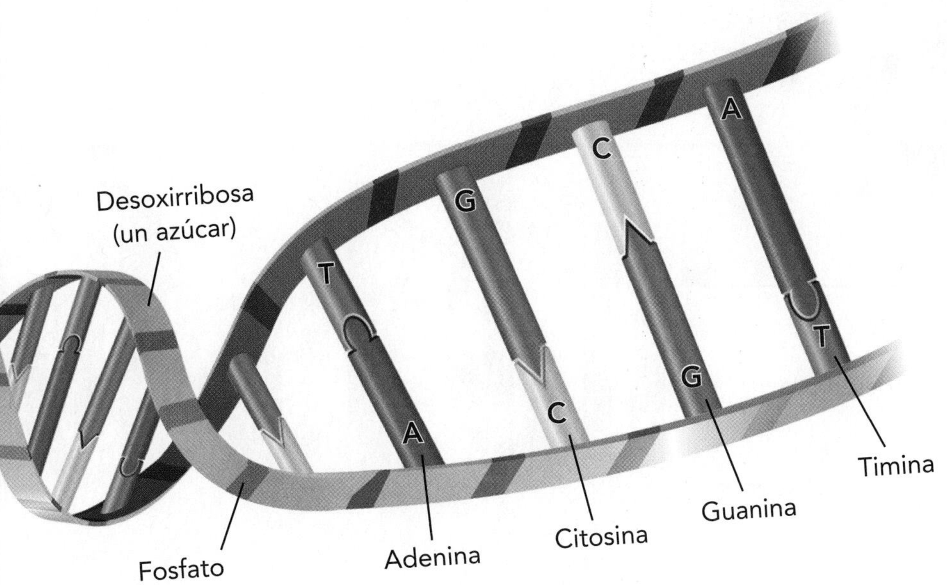

ILUSTRACIÓN 3

Las bases del ADN

Observa el patrón que siguen las bases del ADN.

Interpreta diagramas ¿Qué base siempre se une con la citosina?

____

____

Haz la Actividad rápida de laboratorio *¿Culpable o inocente?*

 Evalúa tu comprensión

1a. Identifica Las siguientes letras representan las bases nitrogenadas de una hebra de ADN: GGCTATCCA. ¿Qué letras formarían la otra hebra de la hélice?

____

b. Explica ¿Cómo pueden los padres pasar a sus hijos rasgos como el color de ojos?

____

____

____

¿comprendiste?

O **¡Comprendí!** Ahora sé que el código genético de las bases nitrogenadas especifica _______________

____

O Necesito más ayuda con _______________

____

Consulta MY SCIENCE COACH *en línea para obtener ayuda en inglés sobre este tema.*

ILUSTRACIÓN 4

INTERACTIVE ART La replicación del ADN Sin la replicación del ADN, las células hijas no podrían llevar a cabo sus funciones vitales.

Interpreta diagramas **Escribe las bases que faltan en las hebras de ADN. Luego, completa las oraciones que siguen.**

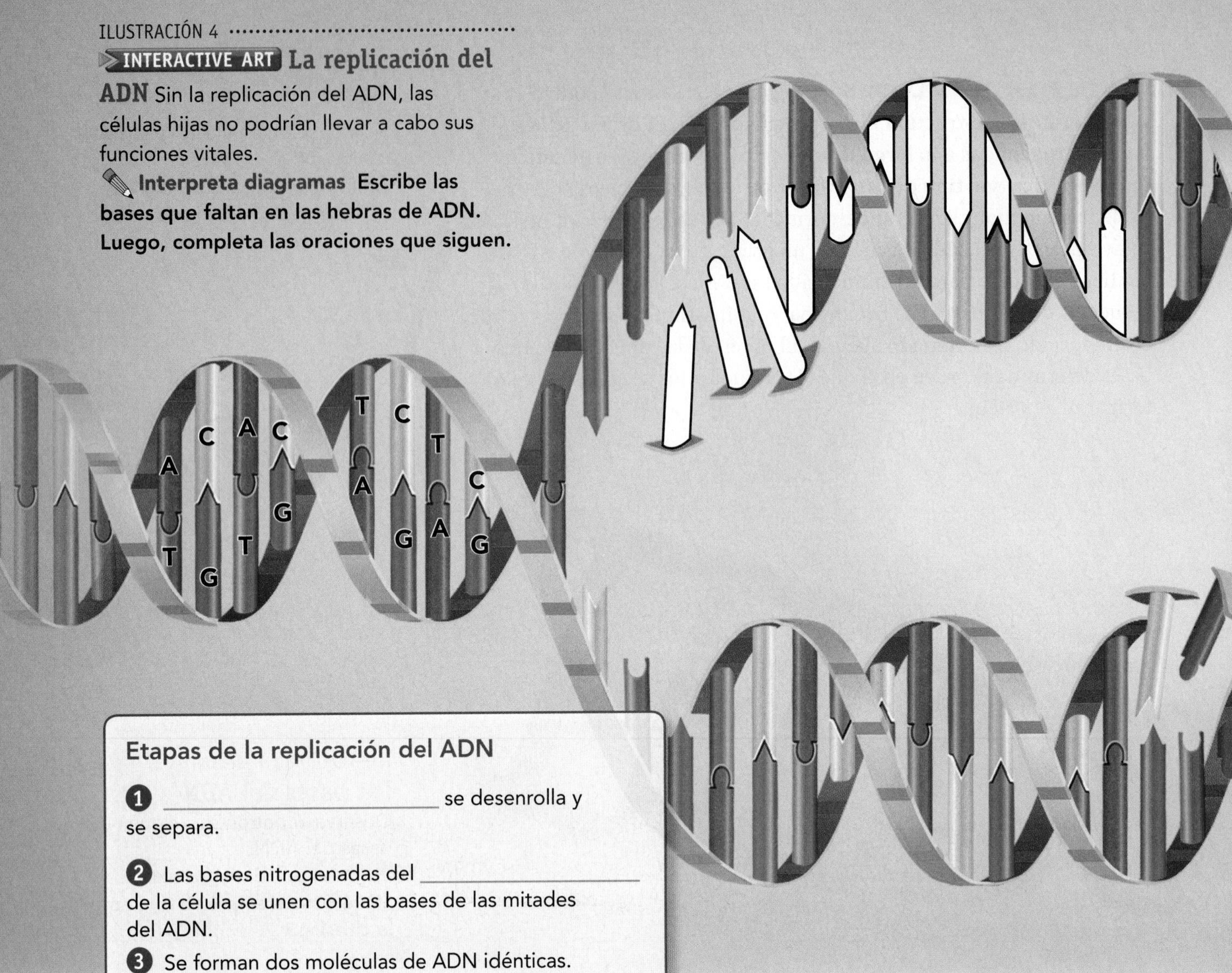

Etapas de la replicación del ADN

1. ____________________ se desenrolla y se separa.
2. Las bases nitrogenadas del ____________________ de la célula se unen con las bases de las mitades del ADN.
3. Se forman dos moléculas de ADN idénticas.

¿Cómo se duplica el ADN?

Al dividirse una célula, se forman dos células nuevas, o hijas. Para que cada célula hija tenga la información genética necesaria para sus actividades, el ADN se copia a sí mismo. La **replicación del ADN** es el proceso por el cual se forma una copia idéntica de una hebra de ADN para una célula nueva. La replicación es importante, porque las células hijas necesitan un conjunto de ADN completo para sobrevivir.

La replicación del ADN comienza cuando los dos lados de una molécula de ADN se desenrollan y se separan entre las bases nitrogenadas. Luego, las bases nitrogenadas del núcleo se unen con las bases de cada mitad del ADN. **Las bases nitrogenadas se emparejan de modo tal que el orden de las bases en cada hebra nueva de ADN coincide con el de la hebra de ADN original.** Este patrón es crucial para comprender cómo se replica el ADN. La adenina siempre se empareja con la timina, y la guanina siempre se empareja con la citosina. Al final de la replicación, quedan dos moléculas de ADN idénticas.

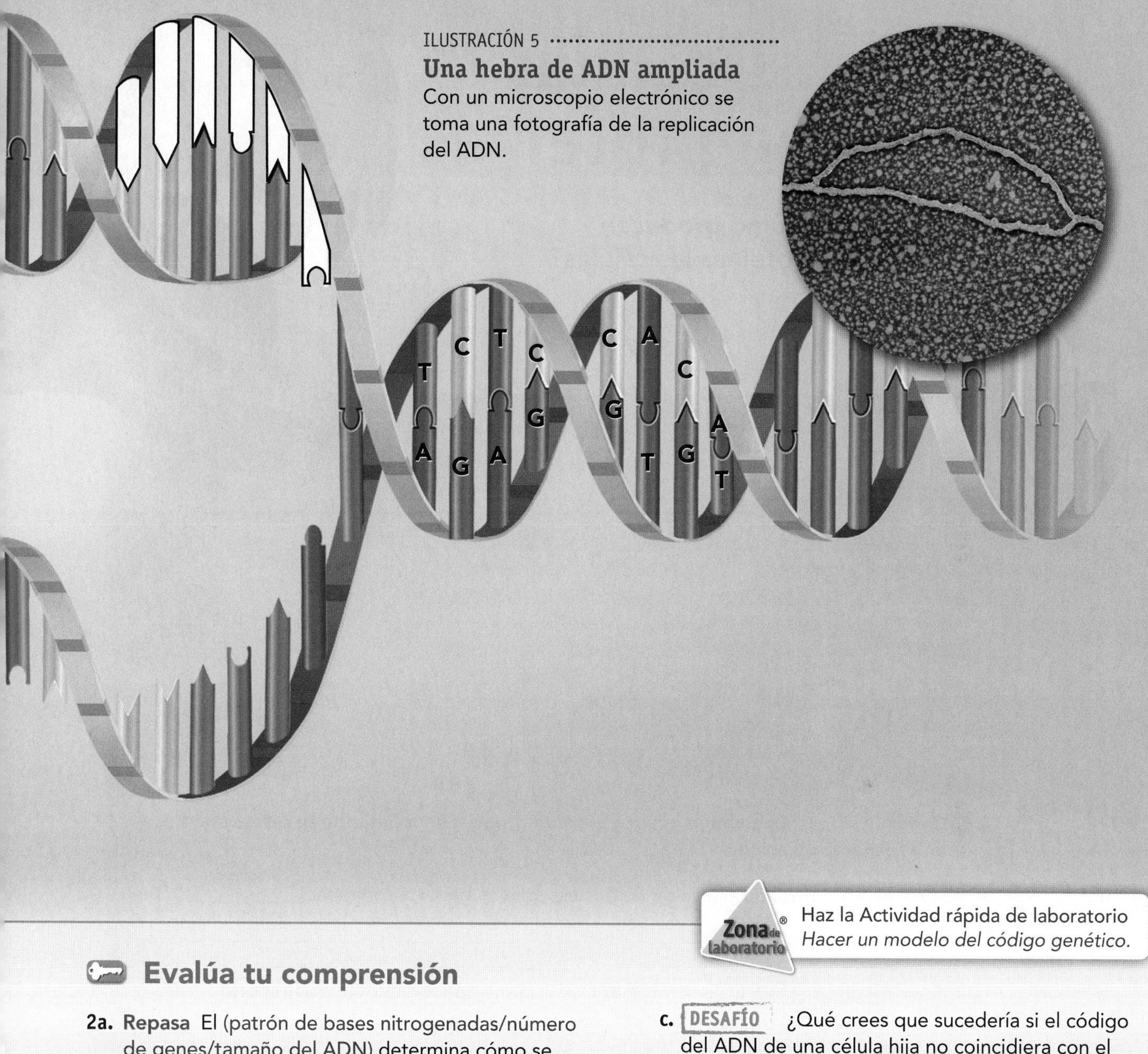

ILUSTRACIÓN 5

Una hebra de ADN ampliada

Con un microscopio electrónico se toma una fotografía de la replicación del ADN.

Zona de laboratorio Haz la Actividad rápida de laboratorio *Hacer un modelo del código genético.*

Evalúa tu comprensión

2a. Repasa El (patrón de bases nitrogenadas/número de genes/tamaño del ADN) determina cómo se replica el ADN.

b. Describe ¿En qué parte de la célula tiene lugar la replicación del ADN?

______

c. DESAFÍO ¿Qué crees que sucedería si el código del ADN de una célula hija no coincidiera con el código de la célula madre?

______

¿comprendiste?

○ **¡Comprendí!** Ahora sé que la replicación del ADN es el proceso por el cual ______

○ Necesito más ayuda con ______

Consulta **MY SCIENCE COACH** *en línea para obtener ayuda en inglés sobre este tema.*

LECCIÓN 2

Cómo las células producen proteínas

¿Cómo producen proteínas las células?

DESCUBRIMIENTO

¿Pollosaurio?

En el año 2007, científicos de Harvard descubrieron una proteína de un dinosaurio de 68 millones de años. La proteína, denominada *colágeno*, se extrajo de los tejidos blandos de un Tiranosaurio rex que había muerto en Montana. El colágeno es un componente importante de los huesos. La proteína del dinosaurio es parecida a la que hoy en día se puede hallar en los pollos, lo que sugiere que hay una conexión entre los dinosaurios y las aves. Gracias a este descubrimiento, los científicos tienen más evidencia de que las dos especies están relacionadas.

Comunica ideas **Comenta la pregunta en un grupo. Luego, escribe tu respuesta en el espacio que sigue.**

¿Qué otra información acerca de las dos especies te gustaría comparar? ___________

____

Consulta *Planet Diary* para aprender más en inglés sobre cómo las células producen proteínas.

Haz la Indagación preliminar *¿Qué es el ARN?*

¿Cómo producen proteínas las células?

La producción de proteínas en una célula se denomina síntesis de proteínas. **Durante la síntesis de proteínas, la célula usa la información que contiene un gen de un cromosoma para producir una proteína específica.** Las proteínas ayudan a determinar el tamaño, la forma, el color y otros rasgos de un organismo al activar procesos celulares. El código de la proteína se transmite de padres a hijos por medio del ADN, y el resultado son los rasgos heredados.

Vocabulario

ARN mensajero
ARN de transferencia

Destrezas

Lectura: Resume
Indagación: Diseña experimentos

La estructura de las proteínas Las proteínas están formadas por moléculas denominadas aminoácidos, como muestra la **ilustración 1.** Aunque sólo hay 20 aminoácidos, las células los pueden combinar de diferentes maneras para formar miles de proteínas diferentes. Puedes comparar los 20 aminoácidos con las 29 letras del alfabeto. Con esas 29 letras, se pueden formar miles de palabras. Las letras que usas y el orden en que las usas determinan la palabra que formas. Si una letra cambia, por ejemplo, de *hilo* a *filo*, se forma una palabra nueva. De la misma manera, si cambia el tipo o el orden de los aminoácidos, se puede formar una proteína diferente.

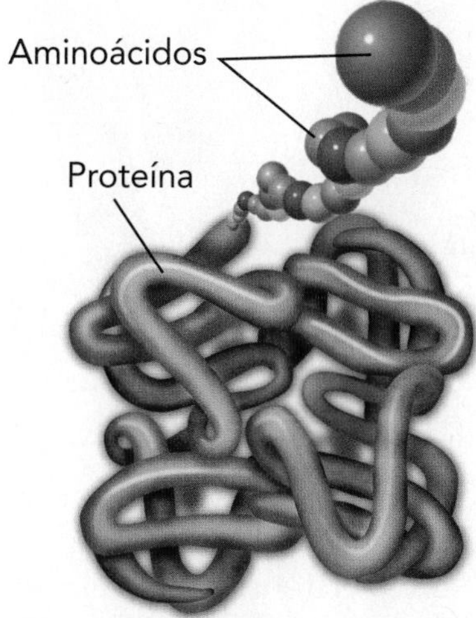

ILUSTRACIÓN 1

Las proteínas

Las proteínas determinan tu apariencia.

Interpreta diagramas Completa la oración.

Las proteínas están formadas por cadenas plegadas de

____

____

La función del ARN La síntesis de proteínas tiene lugar en el citoplasma, fuera del núcleo de la célula. Los cromosomas están dentro de los núcleos, por lo que un mensajero debe llevar el código genético desde el ADN del interior del núcleo hasta el citoplasma. Este mensajero genético se denomina ARN, o ácido ribonucleico.

Aunque tanto el ARN como el ADN son ácidos nucleicos, tienen algunas diferencias. El ARN tiene solamente una hebra y contiene una molécula de azúcar diferente de la del ADN. También son diferentes en las bases nitrogenadas. Como el ADN, el ARN contiene adenina, guanina y citosina. Pero en lugar de timina, el ARN contiene uracilo.

Tipos de ARN En la síntesis de proteínas participan dos tipos de ARN. El **ARN mensajero** (ARNm) copia el mensaje del ADN en el núcleo y lo lleva al ribosoma en el citoplasma. El **ARN de transferencia** (ARNt) transporta los aminoácidos al ribosoma y los agrega a la proteína que se está formando.

¡aplícalo!

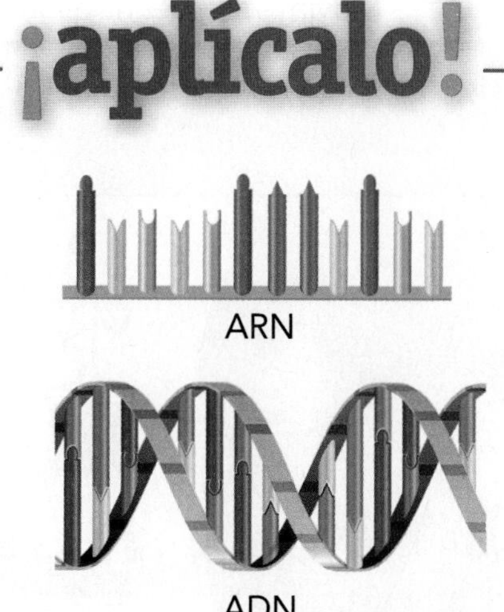

Mientras trabaja en el laboratorio, tu asistente vuelca por error un vaso de precipitados con ADN en un vaso de precipitados que contiene ARN. Tú debes separar las moléculas antes de hacer tus experimentos.

Diseña experimentos ¿Qué pruebas puedes hacer con las moléculas para saber si son moléculas de ADN o de ARN? _______________

____

____

____

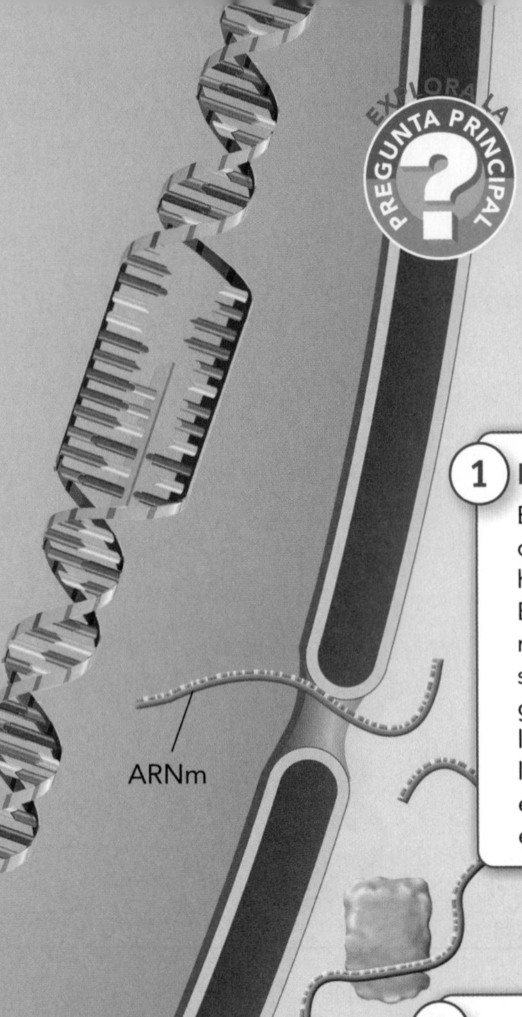

Síntesis de proteínas

¿Qué función cumple el ADN?

ILUSTRACIÓN 2

INTERACTIVE ART Los recuadros numerados muestran las etapas de la síntesis de proteínas. Observa que las bases de las etapas están alineadas con las bases del diagrama del resumen de la derecha.

1 El ARN mensajero entra en el citoplasma

El ADN se abre entre los pares de bases. Luego, una de las hebras de ADN dirige la producción de una hebra de ARNm. Para formar la hebra de ARN, las bases de ARN se emparejan con las bases de ADN. El proceso es parecido a la replicación del ADN. La citosina siempre se empareja con la guanina. Pero el uracilo, no la timina, se empareja con la adenina. El ARNm deja el núcleo y entra en el citoplasma.

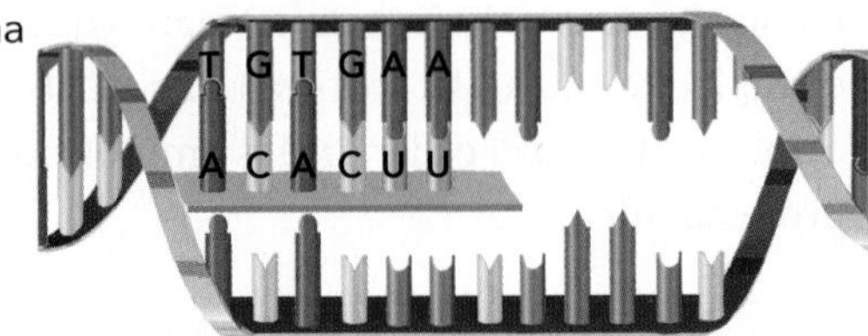

2 Los ribosomas se unen con el ARNm

Un ribosoma se une con el ARNm del citoplasma. En el ribosoma, el ARNm proporciona el código de la proteína que se formará. En el citoplasma, se unen aminoácidos específicos con moléculas de ARNt específicas.

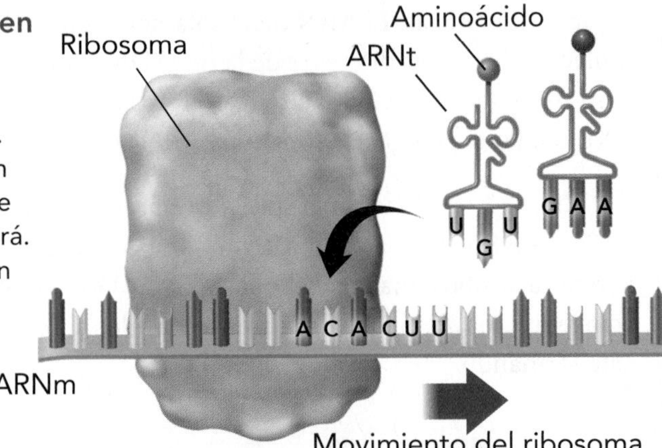

3 El ARNt se une con el ARNm

Las moléculas de ARNt y sus aminoácidos se unen con el ARNm. Las bases del ARNt "leen" el mensaje y se emparejan con las bases del ARNm.

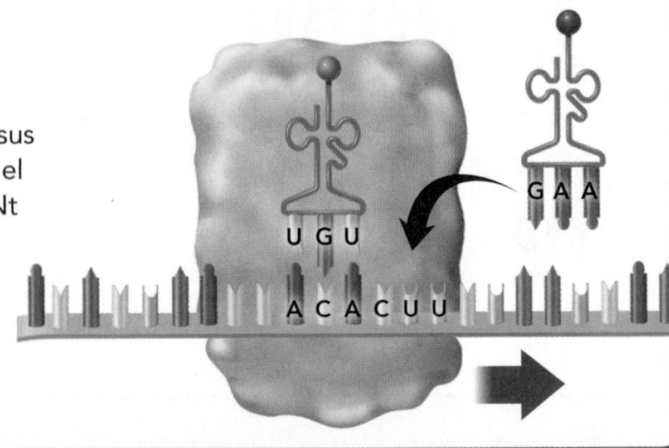

4 Los aminoácidos se unen en el ribosoma

Las moléculas de transferencia se unen de a una con el ribosoma y continúan leyendo el mensaje. Los aminoácidos están unidos entre sí y forman una cadena cada vez más grande. El orden de los aminoácidos se determina por el orden de los códigos de tres bases del ARNm.

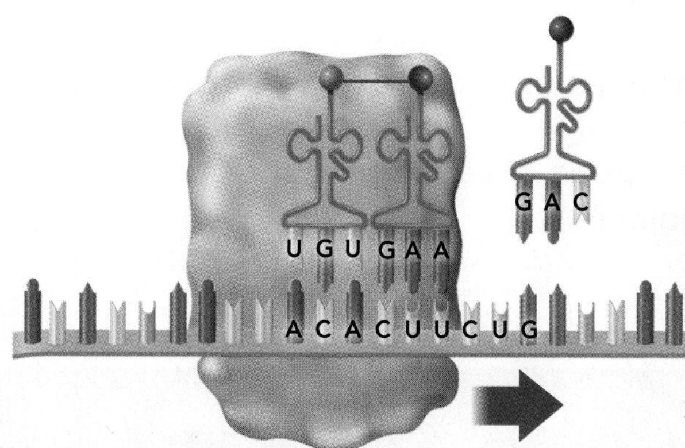

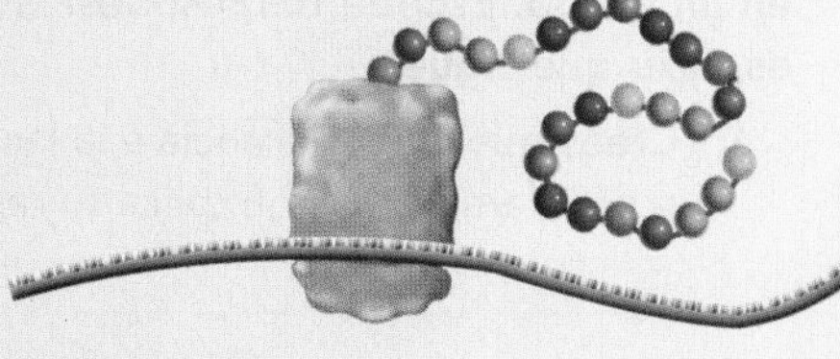

5 Se forma la cadena de proteínas

A medida que el ribosoma continúa desplazándose en el ARNm y agregando aminoácidos, la proteína crece. Cuando se agrega un aminoácido, se libera el ARNt y se incorpora otro aminoácido del mismo tipo. La proteína sigue creciendo hasta que el ribosoma llega a un código de tres bases que le indica detenerse. En esa etapa se libera la proteína.

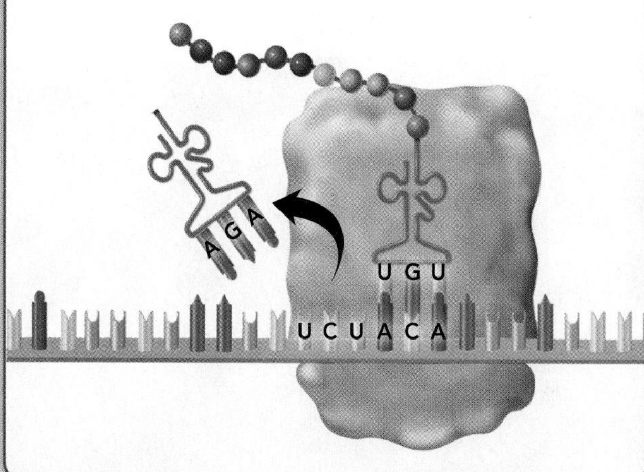

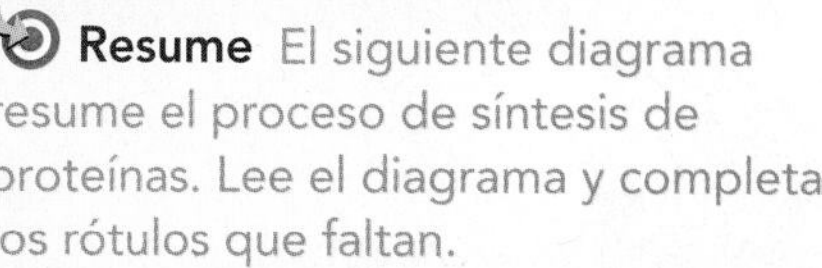

Resume El siguiente diagrama resume el proceso de síntesis de proteínas. Lee el diagrama y completa los rótulos que faltan.

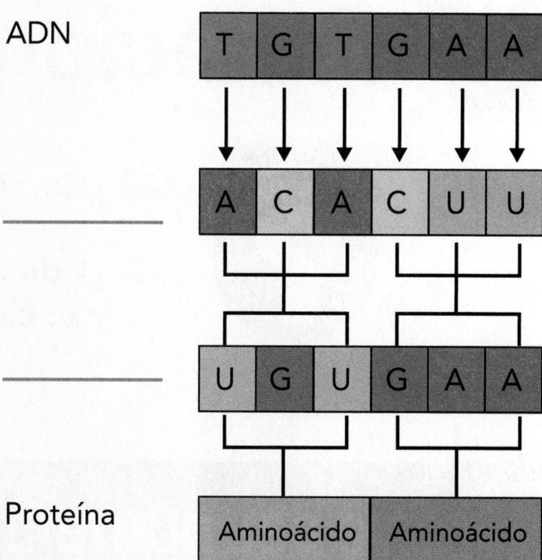

Haz la Actividad rápida de laboratorio *Hacer un modelo de la síntesis de proteínas.*

Evalúa tu comprensión

1a. Repasa El (ARN mensajero/ARN de transferencia) lleva la información genética que contiene el ADN desde el núcleo hasta el citoplasma.

b. RESPONDE LA PREGUNTA PRINCIPAL ¿Qué función cumple el ADN?

____

____

____

____

¿comprendiste?

○ **¡Comprendí!** Ahora sé que la síntesis de proteínas es el proceso por el cual _______________

____

____

____

○ Necesito más ayuda con _______________

____

Consulta **MY SCIENCE COACH** *en línea para obtener ayuda en inglés sobre este tema.*

LECCIÓN 3

Mutaciones

¿Cómo afectan las mutaciones a un organismo?

¿Cómo se relaciona el cáncer con las mutaciones y el ciclo celular?

mi Diario del planeta

ADN lácteo

Todos los mamíferos, desde los ratones hasta los simios y las ballenas, toman leche cuando son pequeños. Pero los seres humanos son los únicos que pueden digerir la leche y otros productos lácteos durante toda su vida. En los humanos, una mutación (un cambio en el ADN) permite que los cuerpos descompongan la lactosa, un azúcar presente en los productos lácteos. Sin embargo, no todas las personas pueden digerir los productos lácteos. Muchos no toleran la lactosa, lo que significa que sus cuerpos no pueden descomponer la lactosa. Las personas que no toleran la lactosa tienen el ADN original sin la mutación. Mientras que muchas otras mutaciones se consideran dañinas, esta mutación es útil para los humanos. Piensa en esto: ¡el helado quizá nunca se habría inventado si los humanos no pudieran descomponer la lactosa!

CONCEPTO ERRÓNEO

Comunica ideas **Comenta estas preguntas en un grupo. Escribe tus respuestas en el espacio que sigue.**

1. ¿Crees que la intolerancia a la lactosa es un problema grave? Explica tu respuesta.

____

____

2. ¿Crees que las personas que tienen este problema *nunca* pueden tomar leche?

____

____

____

PLANET DIARY Consulta ***Planet Diary*** para aprender más en inglés sobre las mutaciones.

Haz la Indagación preliminar *¡Uy!*

Vocabulario

- mutación
- cáncer
- tumor
- quimioterapia

Destrezas

Lectura: Relaciona causa y efecto
Indagación: Calcula

¿Cómo afectan las mutaciones a un organismo?

Algunos rasgos no se heredan de los progenitores. Los rasgos también pueden ser el resultado de un cambio en el ADN. Una **mutación** es cualquier cambio del ADN de un gen o cromosoma. Por ejemplo, en lugar de la secuencia de las bases AAG, el ADN podría tener la secuencia ACG. **Las mutaciones pueden causar que una célula produzca una proteína incorrecta durante las síntesis de proteínas. Como resultado, el rasgo de un organismo puede ser diferente de lo que sería normalmente.**

Si se produce una mutación en una célula del cuerpo, como una célula de la piel, la mutación no se transmitirá a los descendientes. Pero si una mutación se produce en una célula sexual (óvulos o espermatozoides), la mutación se puede transmitir a los descendientes y afectarles sus rasgos.

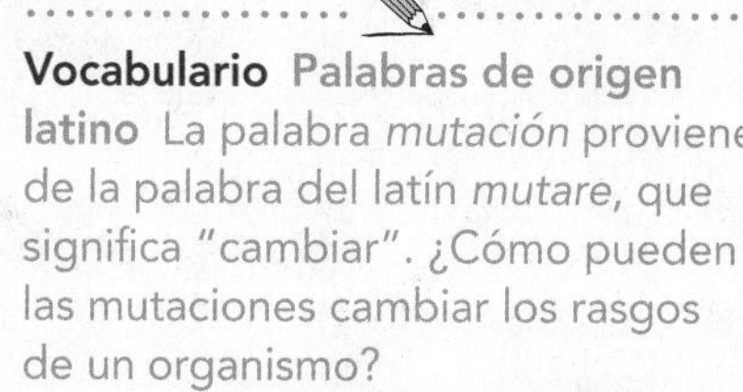

Vocabulario Palabras de origen latino La palabra *mutación* proviene de la palabra del latín *mutare*, que significa "cambiar". ¿Cómo pueden las mutaciones cambiar los rasgos de un organismo?

Tipos de mutaciones Algunas mutaciones son el resultado de pequeños cambios en el ADN de un organismo. Por ejemplo, tal vez se agrega un par de bases, o se sustituye un par de bases por otro, o una o más bases podrían borrarse de una sección del ADN. Estos tipos de mutaciones ocurren durante el proceso de replicación del ADN. Otras mutaciones podrían ocurrir cuando los cromosomas no se separan correctamente durante la formación de células sexuales. Cuando se produce este tipo de mutación, la formación de células puede dar como resultado una célula con demasiados cromosomas o una con muy pocos; o puede ser que las células tengan segmentos adicionales de cromosomas.

ILUSTRACIÓN 1

Mutaciones

Algunos de los tipos de mutaciones son deleción, inserción y sustitución.

Interpreta diagramas **Encierra en un círculo el par de bases que se agregó en la tercera sección de ADN. Completa las bases nitrogenadas de la cuarta sección de ADN para ilustrar una sustitución.**

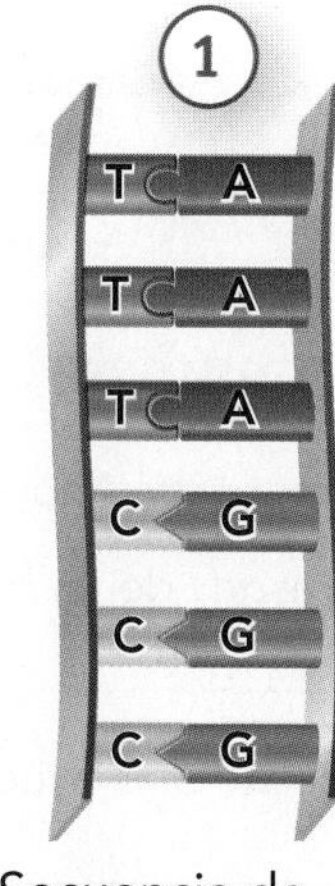

Secuencia de ADN original

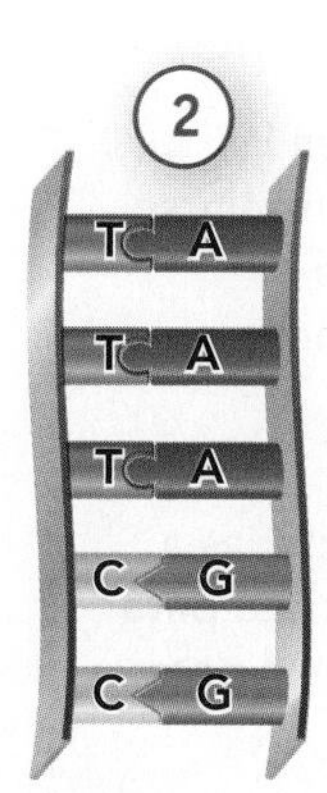

Se borra un par de bases (deleción).

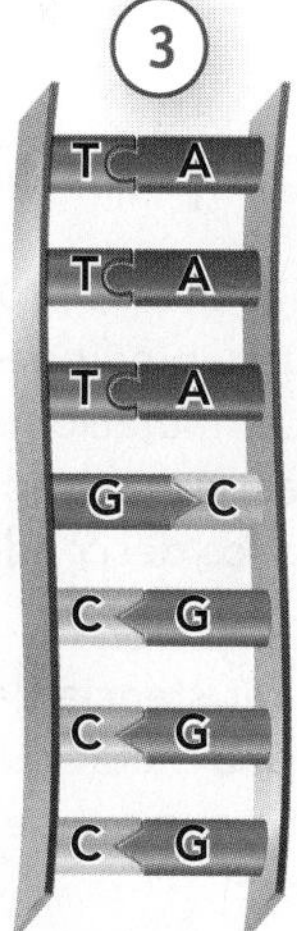

Se agrega un par de bases (inserción).

Se cambia un par de bases por otro (sustitución).

Los efectos de las mutaciones

Las mutaciones producen cambios en un organismo. Las mutaciones pueden ser dañinas, beneficiosas, o ni dañinas ni beneficiosas. Una mutación es dañina cuando reduce las probabilidades del organismo de sobrevivir y reproducirse.

Que una mutación sea o no sea dañina depende en parte del medio ambiente donde está el organismo. La mutación que ocasionó el color blanco de este caimán probablemente sea dañina en el hábitat natural del caimán. Un caimán blanco será visto más fácilmente por sus presas. Este caimán podría tener dificultades para capturar presas, y quizá no obtendría la comida suficiente para sobrevivir. Un caimán blanco en un zoológico tiene las mismas posibilidades de sobrevivir que uno verde porque no tiene que cazar. En un zoológico, la mutación ni ayuda ni daña al caimán.

Las mutaciones beneficiosas aumentan la habilidad de un organismo para sobrevivir y reproducirse. Algunas mutaciones causaron que algunas bacterias dañinas para el ser humano se vuelvan resistentes a ciertos medicamentos. Los medicamentos no matan las bacterias que sufrieron las mutaciones, por lo tanto, pueden sobrevivir y reproducirse.

ILUSTRACIÓN 2

Repasa Haz una marca junto a la frase que completa mejor cada oración.

VIRTUAL LAB Mutaciones de caimán

Un caimán blanco no se puede mimetizar con su hábitat natural, pero este cambio de color puede ser una mutación beneficiosa para un organismo si

- ○ reduce sus probabilidades de sobrevivir.
- ○ aumenta sus probabilidades de sobrevivir.
- ○ disminuye sus probabilidades de reproducirse.

Evalúa tu comprensión

1a. Explica Las mutaciones que se producen en las células del cuerpo (pueden/no pueden) transmitirse a los descendientes. Las mutaciones que se producen en las células sexuales (pueden/no pueden) transmitirse a los descendientes.

b. Aplica conceptos La resistencia de las bacterias a los medicamentos es una mutación beneficiosa para las bacterias, ¿pero por qué puede ser dañina para los seres humanos?

____

____

____

Haz la Actividad rápida de laboratorio *Los efectos de las mutaciones.*

¿comprendiste?

○ ¡Comprendí! Ahora sé que las mutaciones afectan los rasgos de un organismo ______________________________

○ Necesito más ayuda con ______________________________

Consulta **MY SCIENCE COACH** *en línea para obtener ayuda en inglés sobre este tema.*

¿Cómo se relaciona el cáncer con las mutaciones y el ciclo celular?

¿Sabías que el cáncer no es una sola enfermedad? Hay más de 100 tipos de cáncer, y pueden producirse en casi cualquier parte del cuerpo. El cáncer afecta a muchas personas en todo el mundo, sin importar la edad, la raza o el sexo. Los tipos de cáncer por lo general reciben el nombre del lugar donde se originan. Por ejemplo, el cáncer de pulmón se origina en los tejidos pulmonares, como muestra la **ilustración 3.**

¿Qué es el cáncer?

El **cáncer** es una enfermedad en la que algunas células crecen y se dividen sin control, y afectan negativamente las partes del cuerpo que las rodean. Las células cancerosas son como las hierbas malas de un jardín. Las hierbas malas pueden invadir un jardín y robar el espacio, la luz solar y el agua que las demás plantas necesitan para vivir. De la misma manera, las células cancerosas pueden destruir las células normales.

Un conjunto de varios factores determina si una persona tendrá cáncer. A causa de sus rasgos heredados, algunas personas tienen más probabilidades de desarrollar ciertos tipos de cáncer. Una mujer cuya madre o abuela tuvo cáncer de mama tiene más probabilidades de desarrollar cáncer de mama. Algunas sustancias del medio ambiente también pueden causar cáncer, como el alquitrán de los cigarrillos o los rayos ultravioletas del sol o de las camas solares. Las personas que tienen una dieta alta en grasas también podrían tener más posibilidades de padecer cáncer.

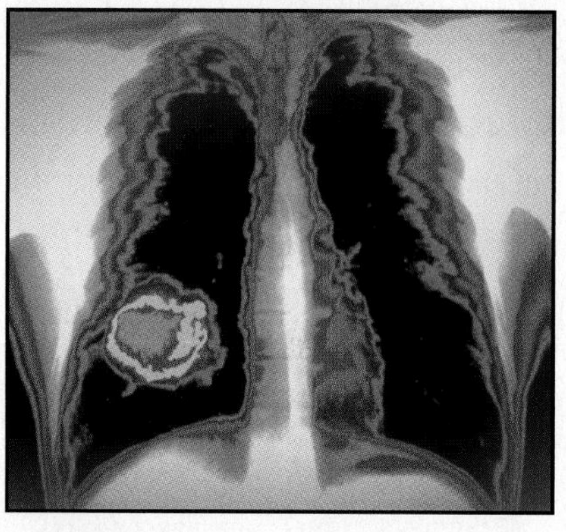

ILUSTRACIÓN 3

Radiografía de un tumor

Los tumores se pueden ver con rayos X.

Interpreta fotos Encierra en un círculo el tumor en la radiografía de arriba.

¡Usa las matemáticas!

Quizá hayas visto rótulos como FPS 15 en el envase de tu pantalla solar. *FPS* significa "factor de protección solar", y los números te indican cuánto dura la protección de la pantalla solar. Por ejemplo, una persona que se quema a los 10 minutos de estar expuesta al sol puede usar una pantalla solar con un FPS 15 y quedarse al sol hasta 150 minutos ($10 \times 15 = 150$). El tiempo de la protección puede variar mucho, y la pantalla solar debe volverse a aplicar seguido para evitar quemaduras dañinas.

Duración de la pantalla solar

FPS	Tiempo al sol
20	**a.** ___ h _____ min
30	**b.** ___ h _____ min
55	**c.** ___ h _____ min

1. Completa la tabla con el tiempo de protección solar que cada FPS ofrece para alguien que se quema en 10 minutos sin pantalla solar.

2. **Calcula** En la playa, te pones un FPS 25 a las 8:00 A.M. y tu amigo se pone un FPS 15 a las 9:00 A.M. Ambos se quemarían en 10 minutos si no usaran pantalla solar. ¿Quién tendría que volver a aplicarse la pantalla solar primero? ¿Cuándo?

____

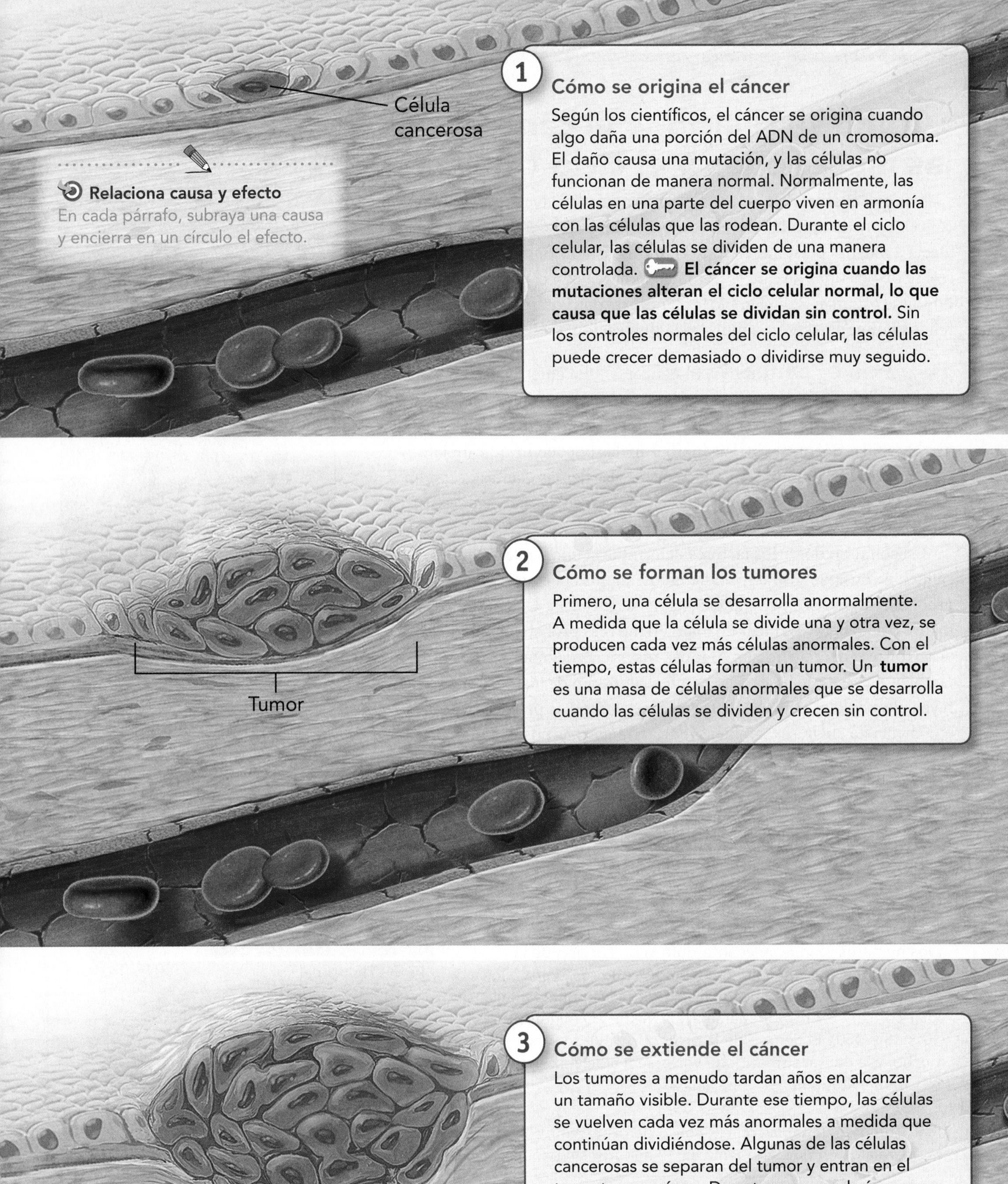

Relaciona causa y efecto
En cada párrafo, subraya una causa y encierra en un círculo el efecto.

1 Cómo se origina el cáncer

Según los científicos, el cáncer se origina cuando algo daña una porción del ADN de un cromosoma. El daño causa una mutación, y las células no funcionan de manera normal. Normalmente, las células en una parte del cuerpo viven en armonía con las células que las rodean. Durante el ciclo celular, las células se dividen de una manera controlada. **El cáncer se origina cuando las mutaciones alteran el ciclo celular normal, lo que causa que las células se dividan sin control.** Sin los controles normales del ciclo celular, las células puede crecer demasiado o dividirse muy seguido.

2 Cómo se forman los tumores

Primero, una célula se desarrolla anormalmente. A medida que la célula se divide una y otra vez, se producen cada vez más células anormales. Con el tiempo, estas células forman un tumor. Un **tumor** es una masa de células anormales que se desarrolla cuando las células se dividen y crecen sin control.

3 Cómo se extiende el cáncer

Los tumores a menudo tardan años en alcanzar un tamaño visible. Durante ese tiempo, las células se vuelven cada vez más anormales a medida que continúan dividiéndose. Algunas de las células cancerosas se separan del tumor y entran en el torrente sanguíneo. De esta manera, el cáncer se extiende a otras partes del cuerpo.

Cómo se trata el cáncer Las personas con cáncer pueden someterse a una variedad de tratamientos. Algunos de los tratamientos son cirugía, radiación y medicamentos que destruyen las células cancerosas.

Cuando se detecta el cáncer antes de que se haya extendido a otras partes del cuerpo, la cirugía es generalmente el mejor tratamiento. Si los médicos pueden extraer completamente un tumor canceroso, la persona puede curarse. Si las células cancerosas se han extendido o el tumor no se puede extraer, los médicos podrían usar radiación. En el tratamiento con radiación se usan ondas de alta energía. Es más probable que los rayos destruyan las células cancerosas de rápido crecimiento que las células normales.

La quimioterapia es otra opción de tratamiento. La **quimioterapia** es el uso de medicamentos para tratar enfermedades. Los medicamentos contra el cáncer se distribuyen por el cuerpo a través del torrente sanguíneo. Los medicamentos pueden matar las células cancerosas o hacer que crezcan más lentamente. Pero muchos de estos medicamentos destruyen también algunas células normales, y producen náuseas y otros efectos secundarios en los pacientes que reciben los tratamientos de quimioterapia.

Los científicos siguen buscando maneras nuevas de tratar el cáncer. Si los científicos comprenden mejor cómo se controla el ciclo celular, podrían encontrar maneras de detener la multiplicación de las células cancerosas.

¡aplícalo!

Los medicamentos son una de las opciones para tratar el cáncer.

1 Si fueras un investigador que trabaja para hallar la cura del cáncer, ¿intentarías diseñar un medicamento para quimioterapia que acelere el ciclo celular o que lo haga más lento? ¿Por qué?

______

2 DESAFÍO A partir de lo que aprendiste sobre el cáncer y la quimioterapia, explica por qué crees que los pacientes con cáncer que reciben quimioterapia pueden perder el cabello.

______

Haz la Actividad rápida de laboratorio *¿Qué sucede cuando hay demasiadas células?*

Evalúa tu comprensión

2a. Haz una lista ¿Cuáles son las opciones para tratar el cáncer?

______

b. Saca conclusiones Si te basas en el hecho de que las personas pueden enfermarse de cáncer, cualquiera sea su composición genética, ¿qué cosas puedes hacer para disminuir el riesgo de tener cáncer?

______

¿comprendiste?

○ ¡Comprendí! Ahora sé que el cáncer está relacionado con las mutaciones y el ciclo celular porque ______

○ Necesito más ayuda con ______

Consulta MY SCIENCE COACH *en línea para obtener ayuda en inglés sobre este tema.*

CAPÍTULO 4

Guía de estudio

El ADN pasa la información al ______________________, y éste pasa la información al ______________________, que es la fuente de aminoácidos que forma ________________.

LECCIÓN 1 El código genético

El orden de las bases nitrogenadas a lo largo de un gen forma el código genético que especifica qué tipo de proteína se producirá.

Las bases nitrogenadas se emparejan de modo tal que el orden de las bases en cada hebra nueva de ADN coincide con el de la hebra de ADN original.

Vocabulario
- bases nitrogenadas
- replicación del ADN

LECCIÓN 2 Cómo las células producen proteínas

Durante la síntesis de proteínas, la célula usa la información que contiene un gen de un cromosoma para producir una proteína específica.

Vocabulario
- ARN mensajero
- ARN de transferencia

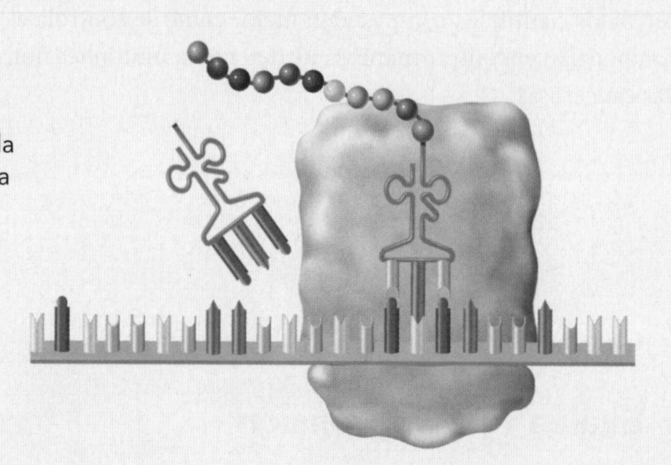

LECCIÓN 3 Mutaciones

Las mutaciones pueden causar que una célula produzca una proteína incorrecta durante la síntesis de proteínas. Como resultado, el rasgo de un organismo puede ser diferente de lo que sería normalmente.

El cáncer se origina cuando las mutaciones alteran el ciclo celular normal, lo que causa que las células se dividan sin control.

Vocabulario
- mutación
- cáncer
- tumor
- quimioterapia

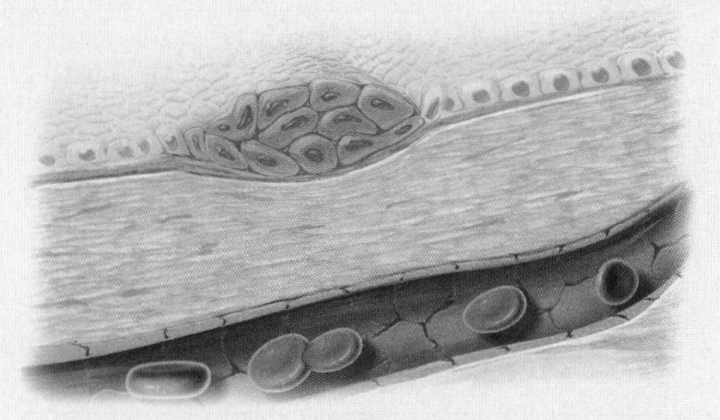

Repaso y evaluación

LECCIÓN 1 El código genético

1. El ADN tiene cuatro bases: A, C, G y T. La base A siempre se empareja con ________ y la base C siempre se empareja con _______.

a. A, C **b.** C, G

c. C, T **d.** T, G

2. ____________ es una sección del ADN dentro de un cromosoma que codifica una proteína específica.

a. Una doble hélice

b. Un ribosoma

c. Un gen

d. Un aminoácido

3. Saca conclusiones ¿Cómo asegura el emparejamiento de las bases nitrogenadas de una molécula de ADN que una hebra replicada sea exactamente igual que la hebra original?

____

____

____

____

4. Interpreta diagramas Una molécula de ADN tiene forma de doble hélice. Rotula las estructuras de la molécula. Dibuja las bases que faltan y rotula las bases con el código de letras correspondiente.

____

____

____

____

LECCIÓN 2 Cómo las células producen proteínas

5. Las proteínas están formadas por moléculas denominadas

a. ARN. **b.** ribosomas.

c. bases nitrogenadas. **d.** aminoácidos.

6. ________________ lleva la información del código genético desde el núcleo hasta el citoplasma.

7. Formula definiciones prácticas ¿Qué función cumple el ARN de transferencia durante la síntesis de proteínas?

____

____

8. Aplica conceptos ¿Cuál es la relación entre una molécula de ADN, el ARN mensajero y una proteína?

____

____

____

____

____

9. Escríbelo Los científicos pueden insertar un gen de la proteína verde fluorescente (GFP, por sus siglas en inglés), que proviene de la medusa, en otro organismo, por ejemplo, un gusano plano. Explica el proceso por el cual el gusano plano luego produciría GFP.

____

____

____

____

____

____

____

CAPÍTULO 4

Repaso y evaluación

LECCIÓN 3 Mutaciones

10. Una masa de células cancerosas se denomina

    a. tumor. b. cromosoma.
    c. mutación. d. fenotipo.

11. Una mutación es un cambio en ______________

12. **Interpreta diagramas** Encierra en un círculo la mutación que se muestra en la siguiente ilustración.

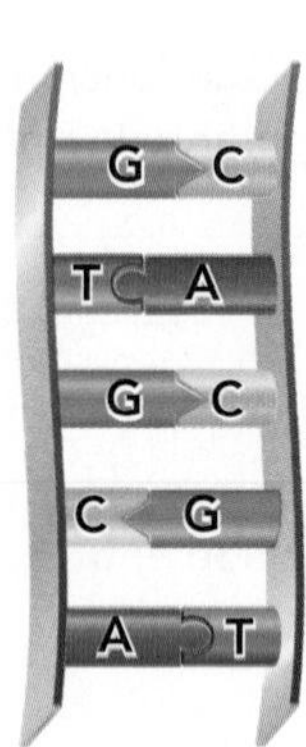

ADN original

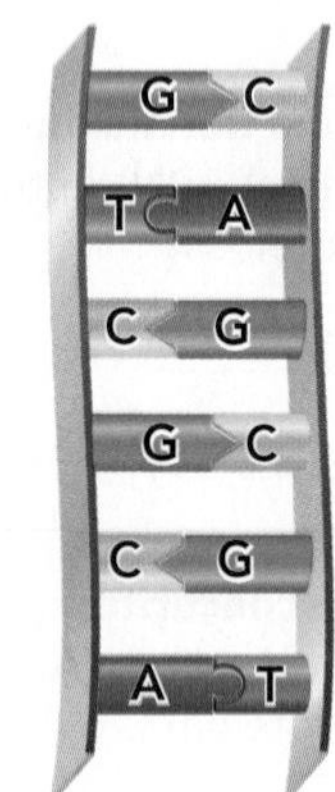

Después de la mutación

13. **Relaciona causa y efecto** ¿Cuál es la relación entre el ciclo celular y el cáncer?

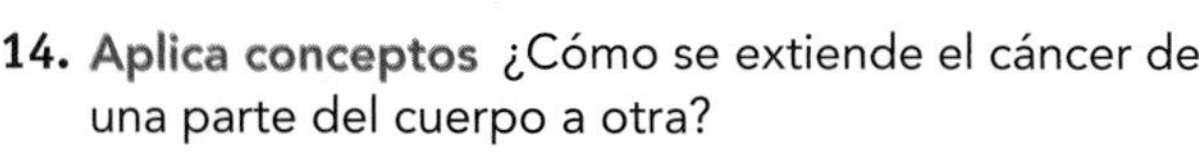

14. **Aplica conceptos** ¿Cómo se extiende el cáncer de una parte del cuerpo a otra?

15. **Infiere** ¿Por qué la quimioterapia causa efectos secundarios, como náuseas?

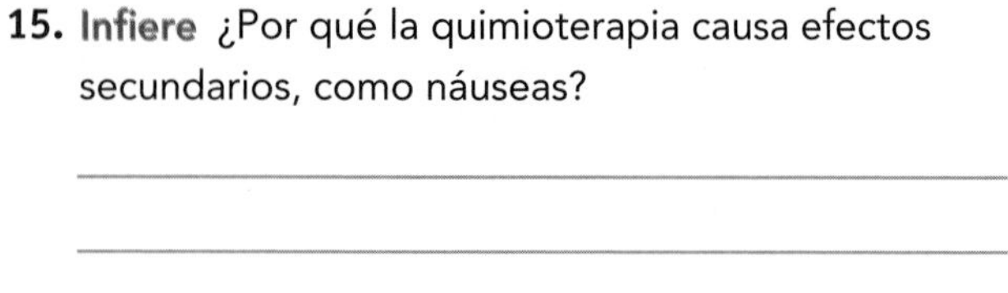

¿Qué función cumple el ADN?

16. El ribosoma del diagrama comenzará a construir una proteína uniendo aminoácidos. Aplica lo que sabes sobre cómo las células producen proteínas y completa las letras de las bases que faltan en la hebra del ARN mensajero. Luego, en la hebra en blanco que le sigue, escribe el código del ADN que formó el ARN mensajero.

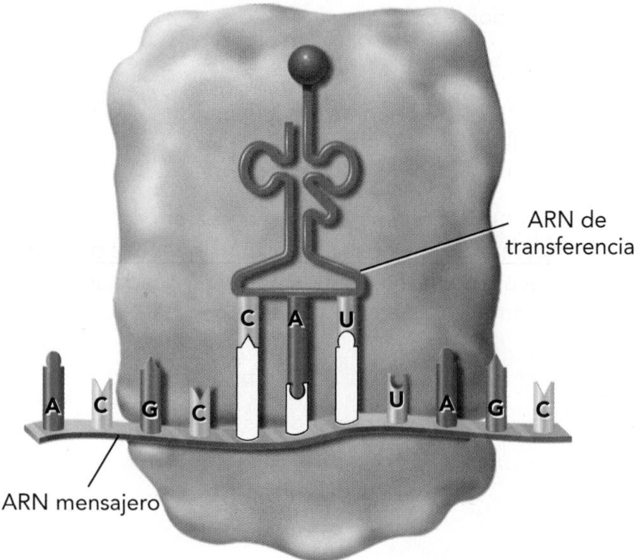

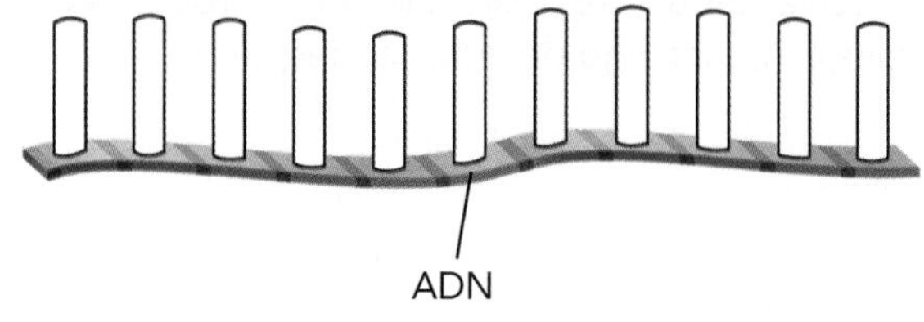

Preparación para exámenes estandarizados

Selección múltiple

Encierra en un círculo la letra de la mejor respuesta.

1. Selecciona el grupo correcto de palabras que coincide con los números de la ilustración.

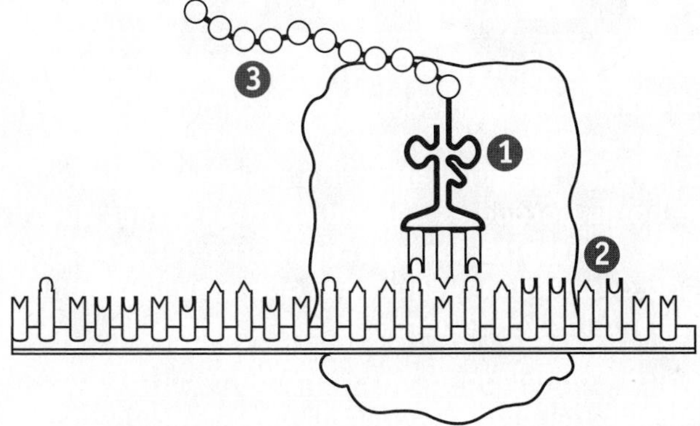

   A (1) ARNt, (2) ARNm, (3) aminoácidos
   B (1) ARNm, (2) proteína, (3) ADN
   C (1) ADN, (2) ARNt, (3) aminoácidos
   D (1) proteína, (2) ARNm, (3) ARNt

2. ¿Cuál es la función principal del ARN mensajero?
   A Agrega aminoácidos a una cadena creciente de proteínas.
   B Lleva la información necesaria para la síntesis de las proteínas.
   C Lleva la información necesaria para la replicación del ADN.
   D Lleva la información que causa deleciones y otras mutaciones.

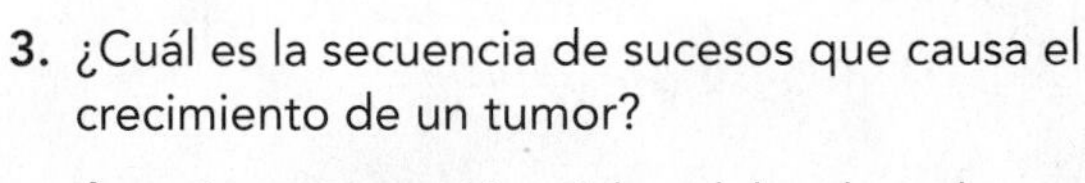

3. ¿Cuál es la secuencia de sucesos que causa el crecimiento de un tumor?
   A cáncer, mutación, ciclo celular alterado, tumor
   B ciclo celular alterado, cambio en las proteínas, mutación, tumor
   C mutación, ciclo celular alterado, cáncer, tumor
   D ADN, cáncer, mutación, tumor

4. Imagínate que hay un nuevo medicamento que hace que el ciclo celular sea más lento. ¿Cómo afectaría probablemente este medicamento al cáncer?
   A Podría disminuir la velocidad de las mutaciones.
   B Podría hacer que el flujo de sangre que llega al tumor sea más lento.
   C Podría hacer que la división de las células cancerosas sea más lenta.
   D Podría hacer que el efecto de la quimioterapia sea más lento.

5. Cuando se duplica el ADN, la hebra nueva es __________ la hebra original.
   A parecida a
   B más grande que
   C diferente de
   D idéntica a

Respuesta elaborada

Usa el diagrama que sigue y tus conocimientos de ciencias para responder la pregunta 6. Escribe tu respuesta en una hoja aparte.

6. La ilustración que sigue muestra la mitad de una molécula de ADN. Escribe las letras de las bases que formarían la otra mitad. Luego, explica la relación entre el ADN y tus rasgos. ¿Qué pasaría si la base C se reemplazara por la primera base T?

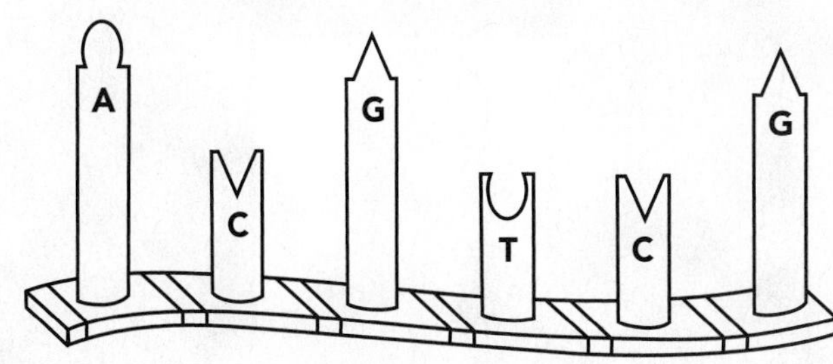

EL RINCÓN DE LA CIENCIA

Lo último en la ciencia

El Zoológico Congelado

Además de la pérdida de su hábitat, los gorilas africanos están amenazados por el comercio de carne de animales de caza. Los animales de caza son los animales salvajes, como los gorilas. Es difícil atrapar a quienes venden carne de gorila porque es parecida a otras carnes que son legales. Por suerte, los investigadores del Zoológico Congelado desarrollan tecnologías que usan la genética para atrapar a los vendedores de carne de gorila.

El Zoológico Congelado es un centro de recursos que almacena material biológico para la conservación de las especies de animales en peligro de extinción. Los investigadores del Zoológico Congelado están preparando una base de datos con el material genético de gorilas. Tienen la esperanza de que esta base de datos sirva a los funcionarios del área de la conservación de especies para identificar la carne de gorila con el código de barras del ADN. Este código de barras usa una secuencia corta de ADN, ubicado en la mitocondria de una célula, para identificar la especie del organismo.

Los estudiantes de la escuela High Tech High, en San Diego, usaron los códigos de barras del ADN para identificar muestras de carne de vaca, de avestruz y de pavo. En Nueva York, unos estudiantes los usaron para identificar qué pescado contenía el sushi que comían. Ahora, los investigadores quieren enseñar esta técnica a los funcionarios del área de la conservación de especies de Nigeria, donde los gorilas corren peligro debido al comercio de carne de animales de caza.

▲ El gorila occidental de llanura es una de las especies más amenazadas por la caza ilegal y la venta de carne de animales de caza.

▼ Muestras de ADN de varios animales, entre ellos del gorila occidental de llanura, se conservan en el Zoológico Congelado.

Investígalo Busca más información acerca del Zoológico Congelado. ¿Cómo usan los investigadores el material biológico almacenado? Crea un mapa de conceptos para mostrar las maneras principales en que el zoológico colabora con la conservación de los animales en peligro de extinción.

La lucha contra el cáncer

Las mutaciones de ADN que causan cáncer ocurren dentro de las células, donde no podemos verlas, pero eso no significa que estemos indefensos. Cerca de un tercio de todas las muertes debidas al cáncer en los Estados Unidos están relacionadas con dietas poco saludables y falta de ejercicio. Una dieta rica en frutas y verduras reduce el riesgo de enfermarse de cáncer. El riesgo también disminuye si se hace ejercicio con regularidad. Las pantallas solares o las ropas protectoras pueden reducir el daño que ocasiona al ADN la luz solar cuando estamos al aire libre. Y fumar es la causa más frecuente en el mundo de las muertes ocasionadas por el cáncer que se podrían prevenir. ¡Evitando fumar o inhalar el humo de los cigarrillos que fuman otros, les haces a tus células un gran favor!

Para los casos de cáncer existentes, los científicos están usando estudios del ADN para crear tratamientos específicos para cada tipo de cáncer, ¡e incluso buscan tratamientos adecuados para cada individuo! Los científicos también están desarrollando drogas que reparan el ADN dañado.

Escríbelo Haz un cartel donde expliques algo que tus compañeros pueden hacer para reducir el riesgo de enfermarse de cáncer. Usa hechos y otra información apropiada para persuadir a tus compañeros.

Una pesquisa para saber qué pescado

¿Las cartas de comidas de los restaurantes siempre dicen la verdad? Las estudiantes de secundaria Kate Stoeckle y Louisa Strauss se preguntaron lo mismo mientras comían sushi en la ciudad de Nueva York. Por eso, quisieron identificar qué pescado tenía el sushi que estaban comiendo. Kate y Louisa recolectaron 60 muestras de pescado de restaurantes y comercios del lugar. Enviaron las muestras a un laboratorio que usaba códigos de barras de ADN para que las analizaran.

¡El resultado demostró que el 25 por ciento de las muestras no tenían el rótulo correcto! Muchas veces, en el menú ofrecían un pescado caro y en realidad, el plato tenía un pescado más barato. Por ejemplo, una muestra rotulada como pargo, en realidad era bacalao común. Otra tenía carne de un pez en peligro de extinción.

En el futuro, el código de barras del ADN podrá leerse con un dispositivo manual, parecido al lector de códigos de barras del supermercado. Entonces, todos podremos resolver el misterio del ADN sentados a la mesa.

Investígalo Busca más información acerca del código de barras del ADN. Identifica una pregunta que se podría responder con esta tecnología. Describe cómo podrías usar el código de barras del ADN para responder tu pregunta.

¿CÓMO PUEDEN LOS CIENTÍFICOS IDENTIFICAR RESTOS HUMANOS?

¿Cómo se puede usar la información genética?

Estas científicas forenses están armando los esqueletos de las víctimas de guerra. Mediante el estudio de los huesos, pueden determinar la edad, el sexo, la estatura y la ascendencia de los cuerpos. Sin embargo, eso no alcanza para identificar a la persona. Otros científicos trabajan para determinar la identidad de las víctimas.

Desarrolla hipótesis **¿Cómo crees que un científico puede determinar la identidad de una persona a partir de los huesos?**

UNTAMED SCIENCE Mira el video de ***Untamed Science*** para aprender más sobre la tecnología genética.

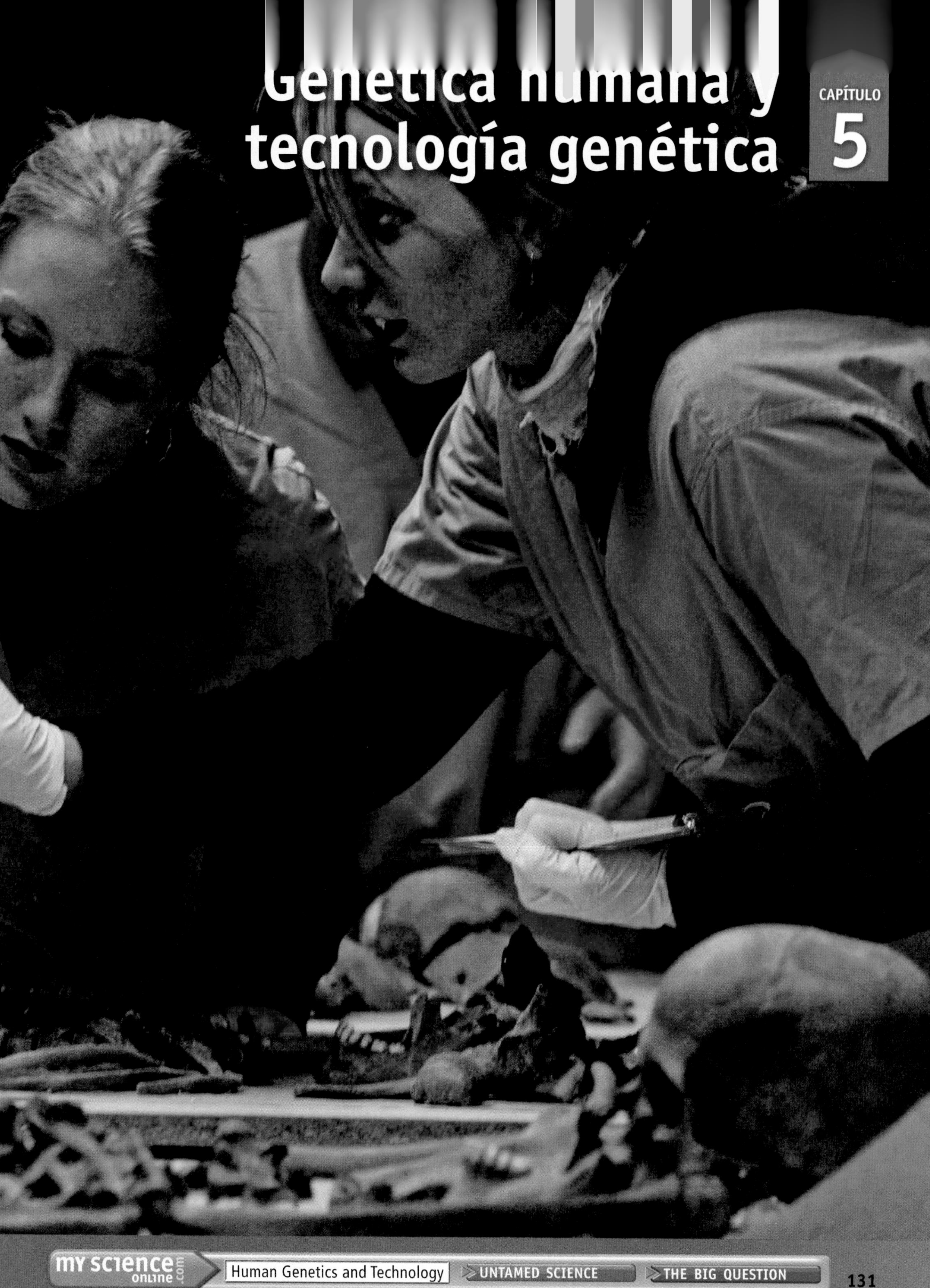

Genética humana y tecnología genética

CAPÍTULO 5

CAPÍTULO

5 Para comenzar

Verifica tu comprensión

1. **Preparación** Lee el párrafo siguiente y luego responde la pregunta.

Abdul tiene un ratón blanco llamado Pug. Los padres de Pug tenían pelaje negro, pero cada uno de ellos tenía un **alelo** para el pelaje blanco y un alelo para el pelaje negro. Como el **alelo dominante** es para el pelaje negro, había sólo un 25% de **probabilidad** de que Pug tuviera pelaje blanco.

- ¿Qué probabilidad hay de que los padres de Pug tuvieran una cría con pelaje negro? ______________________________

Un **alelo** es una de las diferentes formas de un gen.

El rasgo determinado por un **alelo dominante** siempre se manifiesta en un organismo si el alelo está presente.

La **probabilidad** es un número que describe cuán probable es que ocurra un suceso.

MY READING WEB Si tuviste dificultades para responder la pregunta anterior, visita ***My Reading Web*** y escribe ***Human Genetics and Genetic Technology.***

Destreza de vocabulario

Palabras académicas de uso frecuente Las palabras académicas de uso frecuente son palabras o términos muy usados en los salones de clases. Busca las palabras siguientes mientras lees el capítulo.

Palabra	Definición	Ejemplo
normal	(*adj.*) habitual; típico, esperado	Es *normal* sentirse nervioso por ir a una escuela nueva.
resistente	(*adj.*) capaz de evitar que algo suceda	La tela se suele mantener limpia porque es *resistente* a las manchas.

2. **Verificación rápida** **Elige la palabra que mejor completa cada oración.**

- Algunas bacterias son ______________________________ a los medicamentos antibióticos comunes y, por lo tanto, estos antibióticos no las matan.
- La temperatura corporal ______________________ del ser humano es alrededor de 37 °C.

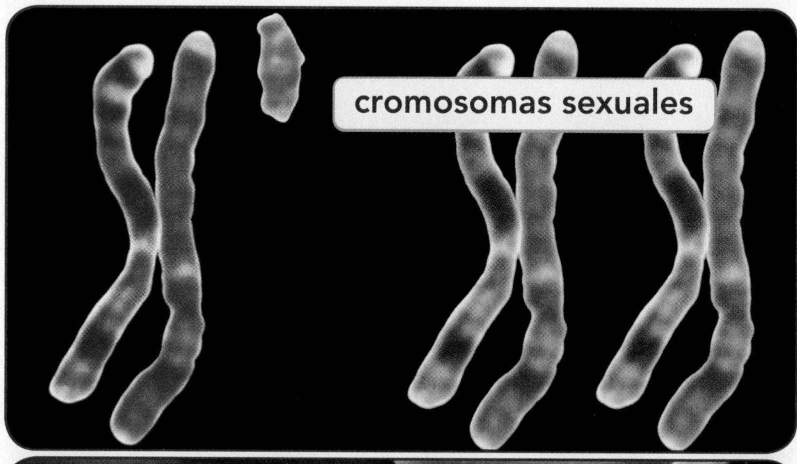

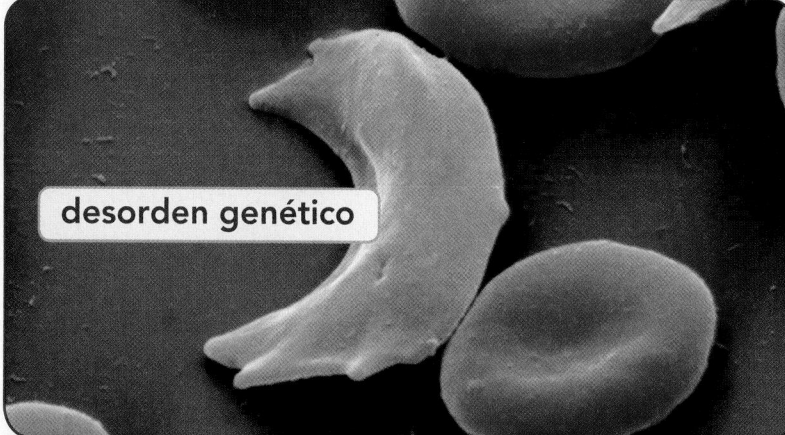

Vistazo al capítulo

LECCIÓN 1

- cromosomas sexuales
- gen ligado al sexo
- portador

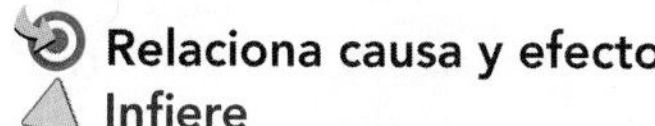

Relaciona causa y efecto

Infiere

LECCIÓN 2

- desorden genético
- genealogía
- cariotipo

Haz un esquema

Haz modelos

LECCIÓN 3

- cruce selectivo
- endogamia
- hibridación
- clon
- ingeniería genética
- terapia genética

Pregunta

Saca conclusiones

LECCIÓN 4

- genoma
- ética

Resume

Comunica ideas

VOCAB FLASH CARDS Para obtener más ayuda con el vocabulario, visita ***Vocab Flash Cards*** y escribe ***Human Genetics and Genetic Technology.***

LECCIÓN 1

Herencia humana

¿Cuáles son algunos patrones de la herencia humana?

¿Cuáles son las funciones de los cromosomas sexuales?

mi DIARIO DEL PLANETA

BLOG

Enviado por: Hannah

Ubicación: Old Tappan, Nueva Jersey

Tengo muchos rasgos y características que heredé de mis padres. Tengo cabello castaño, como el de mi mamá, pero es rizado, como el de mi papá. También tengo los ojos marrón oscuro de mi papá, mientras que mi mamá los tiene azules. Mi papá y mi mamá tienen la piel blanca, pero yo tengo un tono aceitunado como mi abuelo. Soy una mezcla interesante de todos mis familiares.

Escribe tu respuesta en el espacio que sigue.

¿Qué características tuyas se parecen a las de tus familiares?

PLANET DIARY Consulta *Planet Diary* para aprender más en inglés sobre la herencia humana.

Haz la Indagación preliminar *¿Qué tan alto es alto?*

¿Cuáles son algunos patrones de la herencia humana?

Observa otros estudiantes de tu salón de clases. Algunos tienen cabello rizado; otros tienen cabello lacio. Algunas personas son altas, algunas son bajas y muchas otras tienen una estatura media. Probablemente veas ojos de muchos colores diferentes, desde azul pálido hasta marrón oscuro. Los diferentes rasgos que ves están determinados por varios patrones de herencia. **Algunos rasgos humanos están controlados por genes únicos con dos alelos; otros, por genes únicos con alelos múltiples. Hay otro tipo de rasgos que están controlados por muchos genes que funcionan juntos.**

Vocabulario

- cromosomas sexuales
- gen ligado al sexo
- portador

Destrezas

 **Lectura: Relaciona causa y efecto**

Indagación: Infiere

Genes únicos con dos alelos Un número de rasgos humanos, tales como el hoyuelo en la barbilla o el "pico" de cabello en la frente, están controlados por un solo gen con un alelo dominante o recesivo. Estos rasgos tienen dos apariencias físicas, o fenotipos, claramente distintas.

Genes únicos con alelos múltiples Algunos rasgos humanos están controlados por un solo gen que tiene más de dos alelos. Se dice que dicho gen tiene alelos múltiples: tres o más formas de un gen que codifican un solo rasgo. Aunque un gen puede tener alelos múltiples, una persona puede tener sólo dos de esos alelos. Esto sucede porque los cromosomas existen en pares. Cada cromosoma de un par lleva sólo un alelo por cada gen. Recuerda que la composición genética de un organismo es su genotipo. Las características físicas resultantes se denominan el fenotipo del organismo.

El grupo sanguíneo en las personas está controlado por un gen con alelos múltiples. Hay cuatro grupos sanguíneos principales: A, B, AB y 0. Tres alelos controlan la herencia del grupo sanguíneo. El alelo para el grupo sanguíneo A se escribe I^A. El alelo para el grupo sanguíneo B se escribe I^B. El alelo para el grupo sanguíneo A y el alelo para el grupo sanguíneo B son codominantes. Esto significa que ambos alelos del gen se expresan de la misma manera. Una persona que hereda un alelo I^A de un progenitor y un alelo I^B del otro progenitor tendrá el grupo sanguíneo AB. El alelo para el grupo sanguíneo 0, que se escribe *i*, es recesivo. La **ilustración 1** muestra las diferentes combinaciones de alelos que resultan en el grupo sanguíneo.

ILUSTRACIÓN 1

Herencia del grupo sanguíneo

La tabla siguiente muestra las combinaciones de alelos que determinan los grupos sanguíneos en humanos.

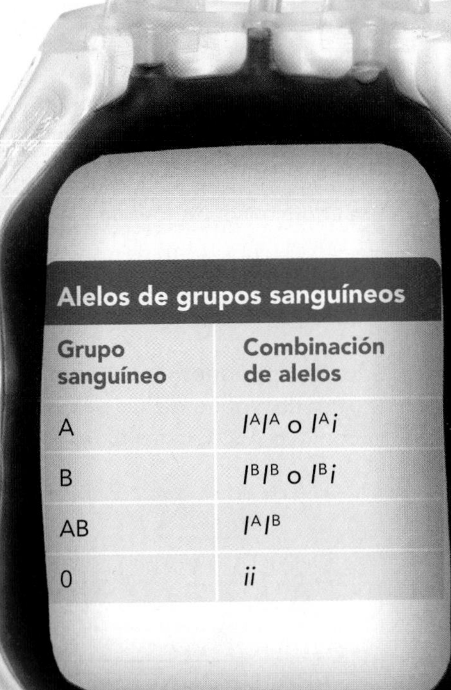

Alelos de grupos sanguíneos

Grupo sanguíneo	Combinación de alelos
A	I^AI^A o I^Ai
B	I^BI^B o I^Bi
AB	I^AI^B
0	ii

¡aplícalo!

Usa lo que aprendiste sobre los grupos sanguíneos y la **ilustración 1** para responder las preguntas siguientes.

1. **Interpreta tablas** Los genotipos están enumerados en la columna (izquierda/derecha) de la tabla, y los fenotipos están a la (izquierda/derecha).

2. **Infiere** ¿Por qué hay más genotipos que fenotipos para los grupos sanguíneos?

____

____

____

____

____

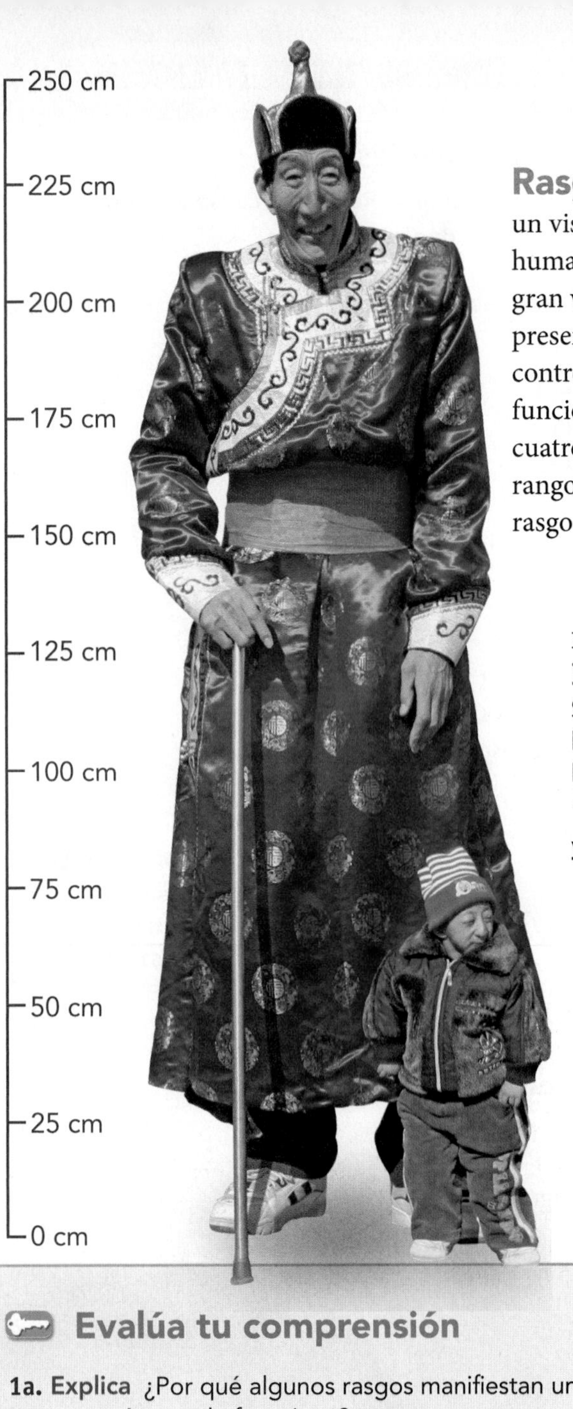

Rasgos controlados por muchos genes Si echas un vistazo en el salón de clases, verás que la estatura de los seres humanos tiene más de dos fenotipos distintos. De hecho, hay una gran variedad de fenotipos para la estatura. Algunos rasgos humanos presentan un gran número de fenotipos porque los rasgos están controlados por muchos genes. Los alelos de los diferentes genes funcionan juntos como grupo para producir un solo rasgo. Al menos cuatro genes controlan la estatura de los seres humanos. Puedes ver el rango extremo de estaturas en la **ilustración 2.** El color de piel es otro rasgo humano controlado por muchos genes.

ILUSTRACIÓN 2

Estaturas extremas

Se sabe que la estatura de los seres humanos varía desde los 236 cm del hombre más alto del mundo, Bao Xishun, hasta los 76 cm del hombre más bajo, He Pingping.

En la escala, marca tu estatura y la estatura de Bao Xishun y de He Pingping.

1. **Calcula** ¿Cuántas veces más alto que He Pingping eres?

2. **Predice** ¿Crees que los padres de Bao Xishun también son altos? ¿Por qué?

Haz la Actividad rápida de laboratorio *Ojo por ojo.*

Evalúa tu comprensión

1a. Explica ¿Por qué algunos rasgos manifiestan un gran número de fenotipos?

b. Saca conclusiones Aarón tiene el grupo sanguíneo 0. ¿Puede alguno de sus padres tener grupo sanguíneo AB? Explica tu respuesta.

¿comprendiste?

○ **¡Comprendí!** Ahora sé que algunos rasgos humanos están controlados por ______

○ Necesito más ayuda con ______

Consulta MY SCIENCE COACH *en línea para obtener ayuda en inglés sobre este tema.*

¿Cuáles son las funciones de los cromosomas sexuales?

Las células del cuerpo humano contienen 23 pares de cromosomas, o 46 cromosomas. Los **cromosomas sexuales** son uno de los 23 pares de cromosomas de cada célula del cuerpo. **Los cromosomas sexuales son portadores de genes que determinan el sexo de una persona como masculino o femenino. También son portadores de genes que determinan otros rasgos.**

¿Niña o niño? Los cromosomas sexuales son el único par de cromosomas que no siempre coinciden. Las niñas tienen dos cromosomas sexuales que coinciden. Los dos cromosomas se denominan cromosomas X. Los niños tienen dos cromosomas sexuales que no coinciden. Tienen un cromosoma X y un cromosoma Y. El cromosoma Y es mucho más pequeño que el cromosoma X. Para demostrar la diferencia de tamaño, los cromosomas sexuales de la **ilustración 3** se han teñido y ampliado.

Cromosomas sexuales y fertilización ¿Qué sucede con los cromosomas sexuales cuando se forman los óvulos y los espermatozoides? Como los dos cromosomas sexuales de la mujer son X, todos los óvulos son portadores de un cromosoma X. El hombre tiene dos cromosomas sexuales diferentes, por eso, la mitad de los espermatozoides lleva un cromosoma X, mientras que la otra mitad lleva un cromosoma Y.

Cuando un espermatozoide con un cromosoma X fertiliza un óvulo, el óvulo tendrá dos cromosomas X. El óvulo fertilizado resultará en una niña. Cuando un espermatozoide con un cromosoma Y fertiliza un óvulo, el óvulo tendrá un cromosoma X y un cromosoma Y. El óvulo fertilizado resultará en un niño.

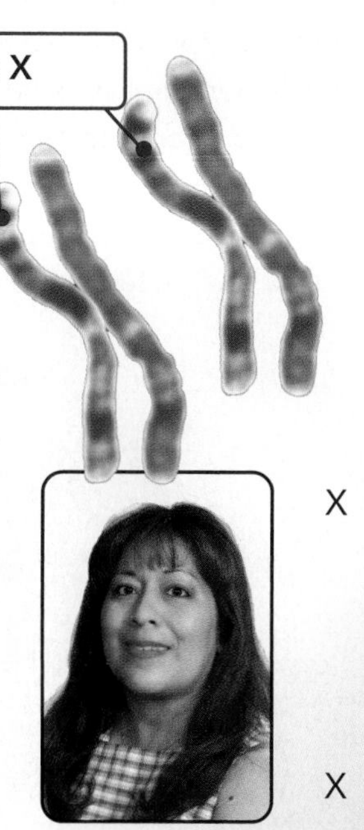

ILUSTRACIÓN 3

¿Hombre o mujer?

El cromosoma del padre determina el sexo del bebé.

Con los genotipos aportados por la madre y el padre, completa el cuadrado de Punnett para demostrar el genotipo y fenotipo del bebé.

1. **Calcula** ¿Qué probabilidad hay de que el bebé sea una niña? ¿Y un niño?

____

____

2. **Interpreta diagramas** ¿Qué sexo tendrá el bebé si un espermatozoide con un cromosoma Y fertiliza el óvulo? _______________

	X	Y
X	______ ______	______ ______
X	______ ______	______ ______

Relaciona causa y efecto
Subraya la causa de los rasgos ligados al sexo en el hombre y encierra en un círculo el efecto de los rasgos.

Genes ligados al sexo Los cromosomas sexuales son portadores de genes que determinan ciertos rasgos humanos. Normalmente, los genes que se encuentran en los cromosomas X e Y se denominan **genes ligados al sexo** porque los alelos se pasan de padres a hijos en los cromosomas sexuales. Los rasgos controlados por los genes ligados al sexo se denominan rasgos ligados al sexo. Un rasgo ligado al sexo es el daltonismo rojo-verde. Una persona con este rasgo no puede diferenciar entre el rojo y el verde. La visión normal es dominante mientras que el daltonismo es recesivo.

ILUSTRACIÓN 4

VIRTUAL LAB **Cromosomas X e Y**
El cromosoma X humano es más grande y transporta más genes que el cromosoma Y humano.

Cromosoma Y

Recuerda que un cromosoma Y es más pequeño que un cromosoma X. Las mujeres tienen dos cromosomas X, pero los hombres tienen un cromosoma X y un cromosoma Y. Estos cromosomas tienen genes diferentes.

Cromosoma X

La mayoría de los genes del cromosoma X no están en el cromosoma Y. Entonces es posible que un alelo de un cromosoma X no tenga un alelo correspondiente en un cromosoma Y.

Al igual que otros genes, los genes ligados al sexo pueden tener alelos dominantes y recesivos. En las mujeres, un alelo dominante en un cromosoma X oculta un alelo recesivo en el otro cromosoma X. Pero en los varones, generalmente no hay un alelo equivalente en el cromosoma Y que oculte el alelo del cromosoma X. Como resultado, cualquier alelo del cromosoma X, incluso un alelo recesivo, producirá el rasgo en el hombre que lo hereda. Esto significa que los hombres tienen más probabilidades que las mujeres de manifestar rasgos ligados al sexo controlados por un alelo recesivo. Las personas con daltonismo pueden tener dificultades para distinguir los números de la **ilustración 5.** Pon a prueba tu visión con la ilustración siguiente.

ILUSTRACIÓN 5

Daltonismo
La mayoría de las personas daltónicas tienen dificultad para distinguir el rojo y el verde.

Comunica ideas Trabaja con un compañero y observa los círculos. Escribe los números que ves en el espacio debajo de cada círculo.

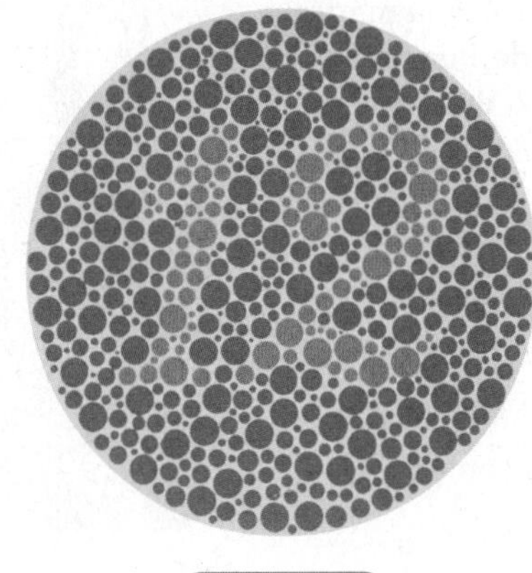

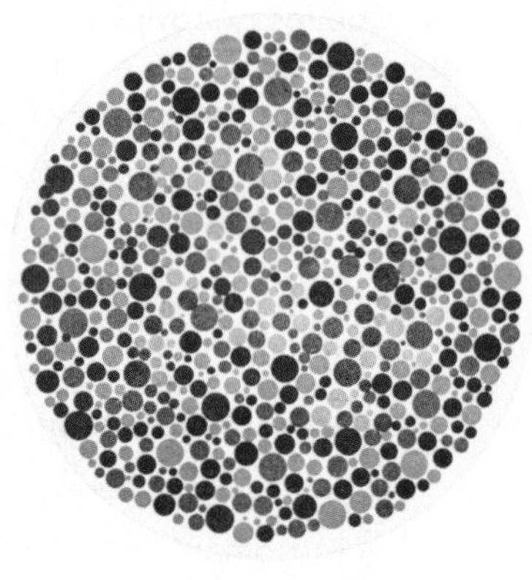

Herencia del daltonismo

El daltonismo es un rasgo controlado por un alelo recesivo en el cromosoma X. Muchos más hombres que mujeres tienen daltonismo rojo-verde. Si examinas el cuadrado de Punnett de la **ilustración 6** entenderás el porqué. Tanto la madre como el padre tienen una visión normal de los colores. Observa que la madre es portadora del alelo dominante para la visión normal (X^C) y el alelo recesivo para daltonismo (X^c). Un **portador** es una persona que tiene un alelo recesivo y un alelo dominante para un rasgo. Un portador de un rasgo controlado por un alelo recesivo no manifiesta el rasgo. Sin embargo, el portador puede transmitir el alelo recesivo a su descendencia. En el caso de los rasgos ligados al sexo, sólo las mujeres pueden ser portadoras porque son las únicas que pueden llevar dos alelos para el rasgo.

Clave

- ○ Mujer; no tiene el rasgo ni es portadora.
- □ Hombre; no tiene el rasgo ni es portador.
- ◐ o ◧ Es portador/a del rasgo.
- ● o ■ Tiene el rasgo.

ILUSTRACIÓN 6

Cuadrado de Punnett para el daltonismo

El daltonismo rojo-verde es un rasgo ligado al sexo.

Con la información de los padres y la clave, completa el cuadrado de Punnett.

1. **Identifica** Completa el cuadrado de Punnett con el genotipo, sexo y fenotipo del bebé. Para cada bebé, dibuja la forma correcta y coloréala para que coincida con la clave.
2. **Calcula** ¿Qué probabilidad hay de que esta pareja tenga un hijo daltónico?

____

3. **Aplica conceptos** ¿Qué combinación de alelos debería heredar una hija para ser daltónica?

____

Padre visión normal □

Madre portadora ◐

	X^C	Y
X^C	X^CX^C ○ Mujer visión normal	
X^c		

Haz la Investigación de laboratorio *¿Cómo se heredan los genes de los cromosomas sexuales?*

Evalúa tu comprensión

2a. Repasa ¿Cuál es el sexo de una persona portadora de daltonismo? _______________

b. DESAFÍO Tanto Mary como su madre son daltónicas. ¿El padre de Mary también es daltónico? ¿Cómo lo sabes?

____

____

____

____

____

¿comprendiste?

O ¡Comprendí! Ahora sé que las funciones de los cromosomas sexuales son _______________

____

____

____

O Necesito más ayuda con _______________

____

Consulta MY SCIENCE COACH *en línea para obtener ayuda en inglés sobre este tema.*

LECCIÓN 2

Trastornos genéticos humanos

¿Cómo se heredan los trastornos genéticos en los seres humanos?

¿Cómo se detectan, diagnostican y tratan los trastornos genéticos?

mi DiaRio DeL pLaneTa

DESCUBRIMIENTO

Diagnóstico de perros

Quizás tengas un perro o conozcas a alguien que tenga uno. ¿Sabías que los perros y los seres humanos pueden tener algunos problemas de salud en común? No es extraño que los perros tengan cáncer, diabetes, alergias, epilepsia y enfermedades de los ojos. Los científicos están estudiando los genes y las mutaciones genéticas que causan las enfermedades en los perros para comprender mejor las enfermedades humanas. La mayoría de las enfermedades en los perros se producen por la mutación en un gen. En los seres humanos, las mutaciones pueden ocurrir en genes múltiples. Los genes que causan enfermedades en los perros son mucho más fáciles de hallar que los de los seres humanos. Hasta ahora, los científicos han investigado los genes que causan ceguera, cáncer y trastornos en la médula espinal en los perros.

Comunica ideas **Comenta las preguntas con un compañero. Luego escribe tus respuestas.**

1. ¿Por qué los científicos estudian los genes de los perros para comprender las enfermedades de los seres humanos?

2. ¿Qué otros beneficios podría tener el estudio de las enfermedades de los perros?

PLANET DIARY Consulta *Planet Diary* para aprender más en inglés sobre los trastornos genéticos humanos.

El pastor alemán puede tener un tipo de cáncer similar al cáncer de mama en los seres humanos.

Tanto el perro salchicha como el ser humano pueden padecer ceguera.

El perro de raza golden retriever puede sufrir un cáncer que afecta los vasos sanguíneos.

Zona de laboratorio® Haz la Indagación preliminar *¿Cuántos cromosomas?*

Vocabulario
- desorden genético
- genealogía
- cariotipo

Destrezas
- Lectura: Haz un esquema
- Indagación: Haz modelos

¿Cómo se heredan los trastornos genéticos en los seres humanos?

Muchos de los deportistas que compiten en las Olimpiadas Especiales tienen discapacidades que derivan de trastornos genéticos. Un **desorden genético,** o trastorno genético, es una condición anormal que hereda una persona a través de los genes o cromosomas. **Algunos trastornos genéticos se producen como resultado de mutaciones en el ADN de los genes. Otros trastornos se producen a partir de cambios en la estructura general o el número de cromosomas.** En esta lección aprenderás acerca de algunos trastornos genéticos comunes.

Fibrosis quística La fibrosis quística es un trastorno genético en el que el cuerpo produce una mucosidad anormalmente espesa en los pulmones e intestinos. La mucosidad espesa llena los pulmones y dificulta la respiración en la persona afectada. La fibrosis quística ocurre cuando se heredan dos alelos mutados, uno de cada progenitor. La mutación hace que se eliminen tres bases de una molécula de ADN.

Anemia falciforme La anemia falciforme es una enfermedad causada por una mutación que afecta la hemoglobina. La hemoglobina es una proteína de los glóbulos rojos que lleva oxígeno. Los glóbulos rojos de las personas que padecen esta enfermedad tienen forma de hoz o de media luna. Los glóbulos rojos con forma de hoz no pueden transportar la misma cantidad de oxígeno que los glóbulos normales y, además, obstruyen los vasos sanguíneos. El alelo para el rasgo de anemia falciforme (*S*) es codominante con el alelo normal (*A*). Una persona con un alelo normal y un alelo de anemia falciforme (*AS*) producirá tanto hemoglobina normal como hemoglobina anormal. Por lo general, esta persona no tiene los síntomas de la enfermedad porque tiene suficiente hemoglobina normal para llevar oxígeno a las células. Una persona con dos alelos de anemia falciforme (*SS*) desarrollará la enfermedad.

ILUSTRACIÓN 1

Anemia falciforme

En una persona que padece anemia falciforme, los glóbulos rojos tienen forma de hoz en lugar de forma redonda.

Predice Un hombre tiene anemia falciforme. Su esposa no tiene la enfermedad, pero es heterocigota para el rasgo de anemia falciforme. Usa la información de los padres para completar el cuadrado de Punnett. ¿Qué probabilidad hay de que su hijo tenga anemia falciforme?

____

	___	___
___	___	___
___	___	___

Haz un esquema Después de leer esta sección, haz un esquema en una hoja aparte que incluya los diferentes tipos de trastornos genéticos. Usa los títulos en rojo para poder organizar el esquema.

Hemofilia La hemofilia es un trastorno genético en el que la sangre de una persona coagula muy lentamente o no coagula. Las personas con este trastorno no producen la cantidad suficiente de una de las proteínas necesarias para la coagulación de la sangre. El peligro de hemorragia interna por golpes y moretones leves es muy alto. Un alelo recesivo en el cromosoma X causa la hemofilia. Como la hemofilia es un trastorno ligado al sexo, ocurre con más frecuencia en varones que en mujeres.

Síndrome de Down En el síndrome de Down, las células de una persona tienen una copia adicional del cromosoma 21. En lugar de un par de cromosomas, una persona con el síndrome de Down tiene tres copias. El síndrome de Down ocurre con mayor frecuencia al formarse las células sexuales (óvulo y espermatozoide), cuando los cromosomas no se separan correctamente durante la meiosis. Las personas con el síndrome de Down tienen cierto grado de discapacidad intelectual. Los defectos cardíacos también son comunes, pero se pueden tratar.

ILUSTRACIÓN 2

INTERACTIVE ART **Hemofilia**

La hemofilia es más frecuente en hombres que en mujeres.

Cruza una mujer portadora, X^HX^h, con un hombre sano, X^HY, y completa el cuadrado de Punnett.

1. **Calcula** ¿Qué porcentaje de la descendencia

   sería normal? ____________

   sería portador? ____________

   tendría hemofilia? ____________

2. DESAFÍO Para tener una hija con hemofilia, el padre debe tener el trastorno (X^hY) y la madre debe tener uno de dos genotipos. ¿Cuáles son?

   ____

	____	____
____	____	____
____	____	____

Zona de laboratorio® Haz la Actividad rápida de laboratorio *¿Qué salió mal?*

Evalúa tu comprensión

1a. Explica ¿Cuál de las dos causas principales de los trastornos genéticos es responsable del síndrome de Down?

____

____

b. Infiere ¿Por qué la hemofilia es más común entre los hombres?

____

____

____

¿comprendiste?

○ **¡Comprendí!** Ahora sé que las dos causas principales de los trastornos genéticos son ______________________________

____

○ Necesito más ayuda con ______________________________

Consulta MY SCIENCE COACH *en línea para obtener ayuda en inglés sobre este tema.*

¿Cómo se detectan, diagnostican y tratan los trastornos genéticos?

Años atrás, sólo se usaban los cuadrados de Punnett para predecir si un niño podía tener un trastorno genético. **Hoy en día, los médicos usan herramientas como la genealogía, los cariotipos y las pruebas genéticas para detectar y diagnosticar trastornos genéticos. Las personas con trastornos genéticos reciben ayuda mediante la atención médica, la educación y la capacitación laboral.**

Genealogía

Imagínate que quieres rastrear la frecuencia con que se repite un rasgo en varias generaciones de una familia. ¿Qué harías? Una **genealogía** es un diagrama o "árbol genealógico" que señala los miembros de una familia con un rasgo particular. En una genealogía, un rasgo puede ser normal, como el color de ojos, o un trastorno genético. La genealogía siguiente muestra el albinismo, una condición en la que la piel, el cabello y los ojos de una persona carecen de coloración normal.

¡aplícalo!

En esta genealogía se muestra la herencia del alelo para el albinismo en tres generaciones de una familia.

1 Interpreta diagramas Encierra en un círculo el lugar de la genealogía que muestra un hombre albino.

Clave

- ○ Mujer; no tiene rasgo ni es portadora.
- □ Hombre; no tiene rasgo ni es portador.
- ◐ o ◧ Es portador/a del rasgo.
- ● o ■ Tiene el rasgo.

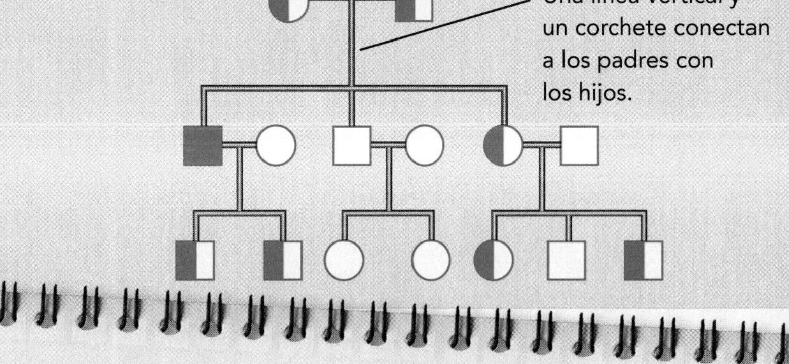

2 Haz modelos Con lo que aprendiste sobre las genealogías y los símbolos que se usan, construye una genealogía de dos generaciones para la anemia falciforme a partir de dos padres portadores, *AS* × *AS*. (*Pista*: Construye cuadrados de Punnett en una hoja aparte para determinar los posibles genotipos de la descendencia).

Cariotipos Para detectar un trastorno cromosómico como el síndrome de Down, los médicos analizan los cariotipos. Un **cariotipo** es una fotografía de todos los cromosomas en una célula de una persona. Observa la **ilustración 3.** Como puedes ver, los cromosomas en un cariotipo están agrupados en pares. Un cariotipo puede revelar si una persona tiene el número correcto de cromosomas en las células.

ILUSTRACIÓN 3

Cariotipos

Observa los cariotipos siguientes. Uno es un cariotipo normal y el otro es anormal.

Con un compañero, compara los dos cariotipos.

1. **Interpreta fotos** ¿Qué conjuntos numerados de cromosomas son los que más difieren entre los cariotipos? ____________________

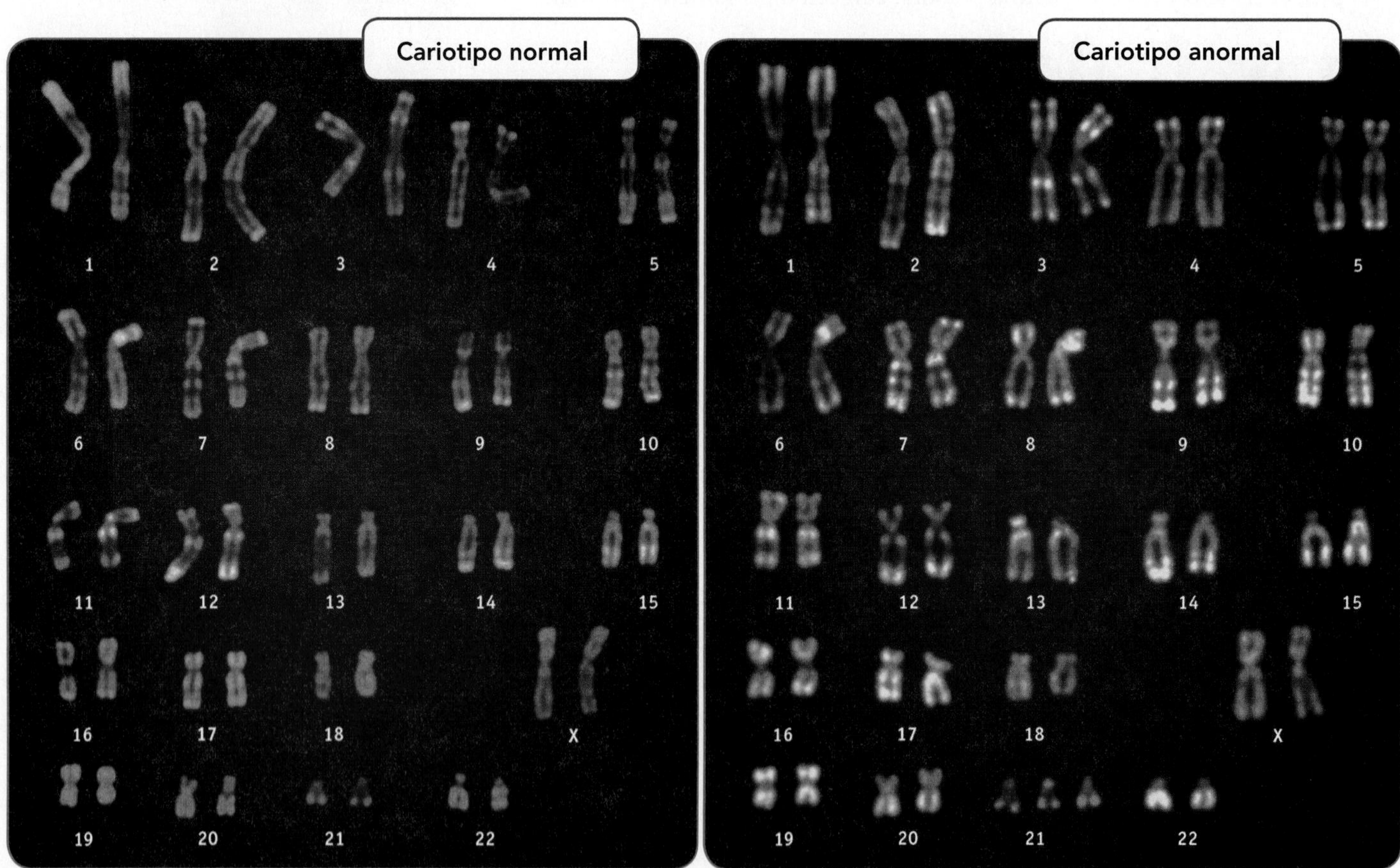

2. **Saca conclusiones** ¿Qué conclusiones puedes sacar sobre la persona con el cariotipo anormal? Usa la evidencia para justificar tu respuesta.

____

____

____

____

Asesoramiento genético Una pareja que tiene antecedentes familiares de un trastorno genético puede recurrir a un asesor genético. Los asesores genéticos ayudan a las parejas a comprender las posibilidades de tener un hijo con un trastorno genético determinado y las ayudan a prepararse para tener hijos con un trastorno. Los cariotipos, los diagramas de genealogía y los cuadrados de Punnett ayudan a los asesores genéticos en su trabajo.

Con los adelantos de la tecnología, se han desarrollado nuevas pruebas para detectar trastornos genéticos. Las pruebas genéticas analizan los genes, el ADN, las enzimas y las proteínas para ver si una persona tiene un trastorno genético o tiene un gen portador de un trastorno genético. Que la persona desarrolle o no la enfermedad también depende de muchos otros factores genéticos, las condiciones ambientales y el estilo de vida.

Cómo tratar los trastornos genéticos Las personas con trastornos genéticos se enfrentan a grandes desafíos, pero se los puede ayudar. Los tratamientos médicos ayudan a las personas con síntomas de algunos trastornos. Por ejemplo, la fisioterapia ayuda a eliminar la mucosidad de los pulmones de las personas con fibrosis quística. Las personas con anemia falciforme toman ácido fólico, una vitamina que ayuda al cuerpo a fabricar glóbulos rojos. Gracias a los programas de educación y capacitación laboral, los adultos con síndrome de Down pueden encontrar trabajo en bancos, restaurantes y otros lugares. La mayoría de los trastornos genéticos no impiden que las personas lleven una vida activa y productiva.

¿sabías que...?

La malaria es una enfermedad infecciosa que mata a más de un millón de personas por año. Esta enfermedad se transmite a las personas por la picadura de un mosquito infectado. Sin embargo, las personas que tienen el gen que causa la anemia falciforme son menos propensas a desarrollar la malaria.

ILUSTRACIÓN 4

Trastornos genéticos

Estos deportistas tienen el síndrome de Down, un trastorno genético.

Haz una lista **Nombra dos tipos de programas que benefician a las personas con síndrome de Down.**

____

____

____

Haz la Actividad rápida de laboratorio *Acertijo familiar.*

Evalúa tu comprensión

¿comprendiste?

○ **¡Comprendí!** Ahora sé que los trastornos genéticos se detectan, diagnostican y tratan por medio de _______________

____

○ Necesito más ayuda con _______________

Consulta **MY SCIENCE COACH** *en línea para obtener ayuda en inglés sobre este tema.*

LECCIÓN 3

Adelantos en la genética

¿Cómo se pueden producir organismos con los rasgos deseados?

mi Diario del planeta

DATO CURIOSO

Cebrallos, cebronis y cebrasnos

La mayoría de las personas pueden notar la diferencia entre una cebra y un caballo. Pero, ¿podrías diferenciar un cebrallo, un cebroni y un cebrasno? Estos tres tipos de animales son cebroides, o híbridos de cebra. Dichos animales resultan de la cruza de la cebra y un caballo, un poni o un burro. Los cebroides no suelen encontrarse en la naturaleza. Por lo general, las personas los cruzan con propósitos determinados. Es posible que, en un principio, hayan cruzado a las cebras y los caballos con el fin de desarrollar animales de carga resistentes a las enfermedades para usarlos en África. Las cebras son resistentes a la enfermedad africana del sueño. Se esperaba que los cebrallos, la cruza de cebras y caballos, tuvieran esta resistencia.

Comunica ideas **Comenta estas preguntas con un compañero. Escribe tus respuestas en el espacio que sigue.**

1. ¿Por qué las personas pueden haber cruzado cebras y caballos en un principio?

____

____

2. Si las cebras y los caballos no suelen aparearse por naturaleza, ¿deben las personas cruzarlos intencionalmente? ¿Por qué?

____

____

____

____

PLANET DIARY Consulta *Planet Diary* para aprender más en inglés sobre los adelantos de la genética.

Haz la Indagación preliminar *¿Qué revelan las huellas digitales?*

Vocabulario
- cruce selectivo
- endogamia
- hibridación
- clon
- ingeniería genética
- terapia genética

Destrezas
- Lectura: Pregunta
- Indagación: Saca conclusiones

¿Cómo se pueden producir organismos con los rasgos deseados?

A menos que tengas un gemelo idéntico, tu ADN es diferente del de cualquier otra persona. Debido a los adelantos en la genética, la evidencia de ADN puede demostrar muchas cosas, como relaciones familiares o la capacidad de producir organismos con los rasgos deseados. **El cruce selectivo, la clonación y la ingeniería genética son tres métodos para desarrollar organismos con los rasgos deseados.**

Cruce selectivo El proceso de seleccionar organismos con rasgos deseados para que sean los progenitores de la próxima generación se denomina **cruce selectivo.** Hace miles de años, en lo que hoy es México, el alimento que llamamos maíz se desarrollaba de esta manera. Cada año los agricultores guardaban semillas de las plantas más sanas que producían el mejor alimento. En primavera, plantaban sólo esas semillas. Este proceso se repetía una y otra vez. Con el tiempo, los agricultores desarrollaron plantas que producían maíz de mejor calidad. El cruce selectivo se ha desarrollado con muchos tipos de plantas y animales. La endogamia y la hibridación son dos técnicas de cruce selectivo.

Pregunta Antes de leer esta lección, echa un vistazo a los títulos en rojo. En el organizador gráfico que sigue, haz una pregunta para cada título. Mientras lees, escribe las respuestas a tus preguntas.

Pregunta	Respuesta
¿Qué es el cruce selectivo?	El cruce selectivo es ______
______	______
______	______

Vocabulario Palabras académicas de uso frecuente Usa la palabra *resistente* para explicar cómo puede ser útil la hibridación.

Endogamia La técnica de la **endogamia** implica cruzar dos individuos con rasgos deseados similares. Imagínate que un perro macho y una hembra de raza golden retriever son mansos y del mismo color. Es probable que sus crías también tengan esas cualidades. La endogamia produce organismos que son muy parecidos genéticamente. Cuando se aparean dos organismos endogámicos, aumentan las probabilidades de que las crías hereden dos alelos recesivos. Esto puede producir trastornos genéticos. Por ejemplo, los problemas de cadera heredados son comunes en los golden retriever y otros tipos de perros endogámicos.

Hibridación En la **hibridación** los criadores cruzan dos individuos genéticamente distintos. Recuerda que un organismo híbrido tiene dos alelos diferentes para un rasgo. El organismo híbrido que resulta se cruza para que tenga los mejores rasgos de ambos padres. Por ejemplo, un agricultor podría cruzar un tipo de maíz que produce muchos granos con un maíz que es resistente a las plagas. El agricultor espera producir una planta de maíz híbrida con los dos rasgos deseados. Por ejemplo, las rosas y otros tipos de flores suelen cruzarse con frecuencia.

¡aplícalo!

Desde fines del siglo XVIII, los jardineros y fitogenetistas (personas que se dedican a cultivar plantas) han usado la hibridación para desarrollar rosas con ciertas características.

1 **Observa** Mira las rosas de abajo. Para cada flor se da una característica. Haz una lista de otras características que puedas notar visualmente.

2 **Saca conclusiones** En función de las características de las dos rosas, dibuja con lápices de colores o describe cómo crees que será el brote híbrido. Nombra la flor y enumera las características.

Progenitor A	Progenitor B	Nombre híbrido:
aromático	Sobrevive en bajas temperaturas.	

¡Usa las
matemáticas!

Cambios en la producción de arroz

Esta tabla de datos muestra cómo cambió la producción mundial de arroz entre 1965 y 2005. Las nuevas variedades híbridas de plantas de arroz son un factor que ha afectado la cantidad de arroz producido.

Año	Producción
1965	2.04
1970	2.38
1975	2.52
1980	2.75
1985	3.26
1990	3.53
1995	3.66
2000	3.89
2005	4.09

1 Haz una gráfica Traza los datos de la tabla y haz una gráfica lineal.

2 Interpreta datos ¿Cuál es la diferencia aproximada entre la producción de arroz de 1965 y la de 2005? ______________________

3 DESAFÍO ¿Qué otros factores pueden ayudar a explicar la diferencia en la producción de arroz entre 1965 y 2005?

____

____

____

Clonación En el caso de algunos organismos, como el perro de la **ilustración 1,** se puede usar una técnica llamada clonación para producir crías con los rasgos deseados. Un **clon** es un organismo que tiene exactamente los mismos genes que el organismo del que proviene. No es difícil clonar algunos tipos de plantas, como las violetas africanas. Sólo debes cortar un tallo de esa planta y poner el tallo en tierra. Riégalo y pronto tendrás toda una planta nueva. La planta nueva es genéticamente idéntica a la planta de donde se cortó el tallo.

Ingeniería genética Los genetistas han desarrollado otra técnica poderosa para producir organismos con los rasgos deseados. En este proceso, denominado **ingeniería genética,** los genes de un organismo se transfieren al ADN de otro organismo. La ingeniería genética puede producir medicamentos y mejorar los cultivos alimentarios.

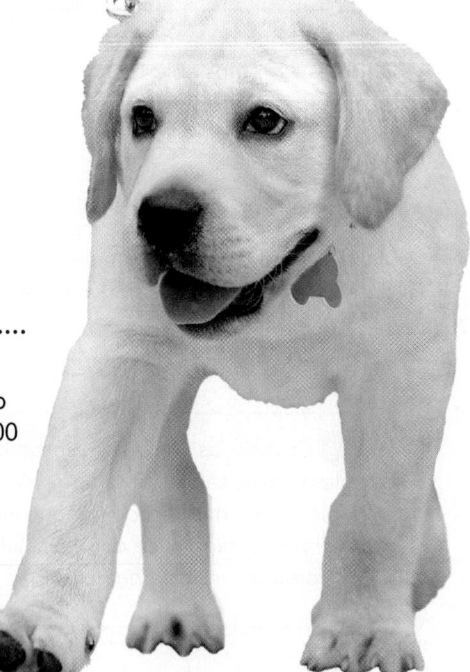

ILUSTRACIÓN 1

Clonación

Se cree que este cachorro, Lancelot Encore, es el primer cachorro clonado con fines comerciales en los Estados Unidos. Sus dueños pagaron $150,000 para que lo clonaran en Corea del Sur.

Expresa opiniones ¿Pagarías $150,000 para clonar una mascota? ¿Por qué?

____

____

ILUSTRACIÓN 2

Ingeniería genética

Los científicos usan la ingeniería genética para crear células bacterianas que produzcan proteínas humanas importantes como la insulina.

Relaciona el texto y los elementos visuales ¿Cómo pasa un gen de insulina humana a formar parte del plásmido de una bacteria?

____

____

____

____

____

____

____

____

Ingeniería genética en bacterias Un tipo de bacteria se manipula mediante la ingeniería genética para que produzca una proteína humana llamada insulina. Muchas personas con diabetes necesitan inyecciones de insulina. Las bacterias tienen una sola molécula de ADN en el citoplasma. Algunas células bacterianas también contienen pequeños trozos circulares de ADN llamados plásmidos. En la **ilustración 2** puedes ver cómo los científicos insertan el ADN para el gen de la insulina humana en el plásmido de una bacteria. Una vez que el gen se inserta en el plásmido, la célula bacteriana y toda su descendencia tendrán este gen humano. Como resultado, las bacterias pueden producir la proteína que codifica el gen humano (en este caso, la insulina). Dado que las bacterias se reproducen rápidamente, se pueden producir grandes cantidades de insulina en poco tiempo.

1. Se pueden encontrar pequeños anillos de ADN, o plásmidos, en algunas células bacterianas.

2. Los científicos quitan el plásmido. Una enzima corta y abre el plásmido y quita el gen de la insulina humana de su cromosoma.

3. El gen de la insulina humana se une a los extremos abiertos del plásmido para formar un anillo cerrado.

4. Algunas células bacterianas toman los plásmidos que tienen el gen de la insulina.

5. Cuando las células se reproduzcan, las nuevas células tendrán copias del plásmido "modificado genéticamente". El gen extraño hace que las células produzcan insulina humana.

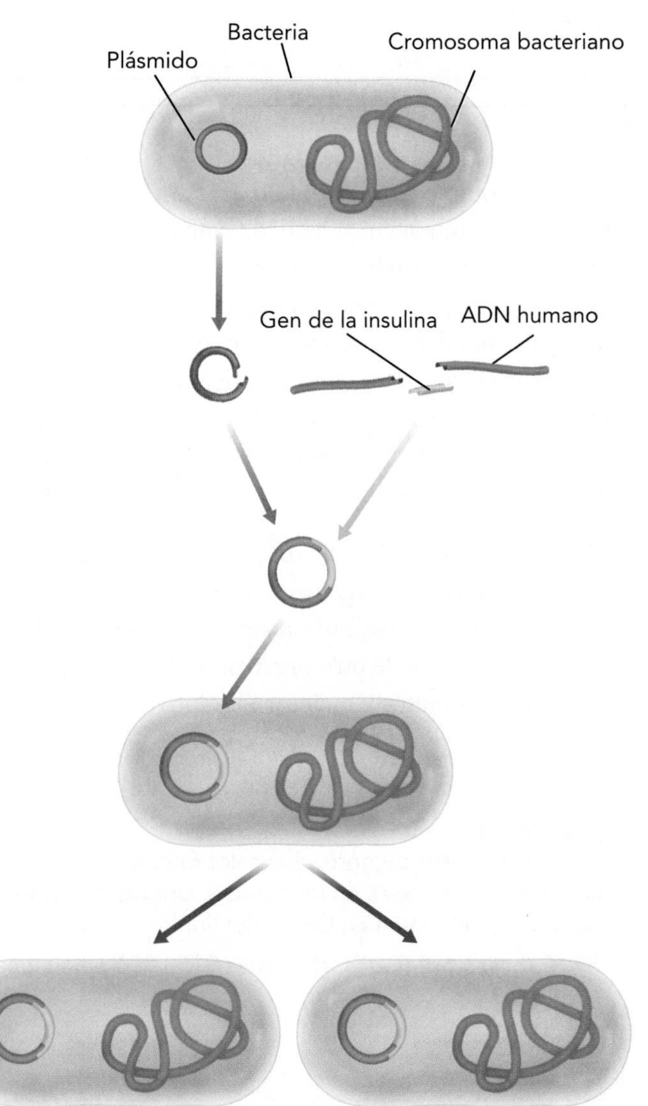

Ingeniería genética en otros organismos

Los científicos también pueden usar las técnicas de la ingeniería genética para insertar genes en los animales. Por ejemplo, se pueden insertar genes humanos en las células de las vacas. Luego estas vacas producirán leche que contiene la proteína humana codificada por el gen. Los científicos han usado esta técnica para producir la proteína de coagulación de la sangre que necesitan las personas con hemofilia.

También se han insertado genes en las células de algunas plantas, como el tomate y el arroz. Algunos de los genes permiten que las plantas sobrevivan en el frío o en tierras poco fértiles. Otros cultivos modificados genéticamente resisten plagas de insectos o contienen más nutrientes.

Terapia genética Es probable que algún día se use la ingeniería genética para corregir algunos trastornos genéticos en los seres humanos. Este proceso, denominado **terapia genética,** implicará insertar copias de un gen directamente en las células de una persona. Por ejemplo, es probable que los médicos puedan tratar la hemofilia mediante el reemplazo del alelo defectuoso en el cromosoma X. El gen insertado daría al cuerpo las instrucciones correctas para que la sangre coagule con normalidad.

Inquietudes acerca de la ingeniería genética

Algunas personas se preocupan por los efectos a largo plazo de la ingeniería genética. Por ejemplo, algunos creen que los cultivos modificados genéticamente pueden no ser completamente seguros. Temen que estos cultivos puedan dañar el medio ambiente o causar problemas de salud a los seres humanos. Para responder a estas inquietudes, los científicos están estudiando los efectos de la ingeniería genética.

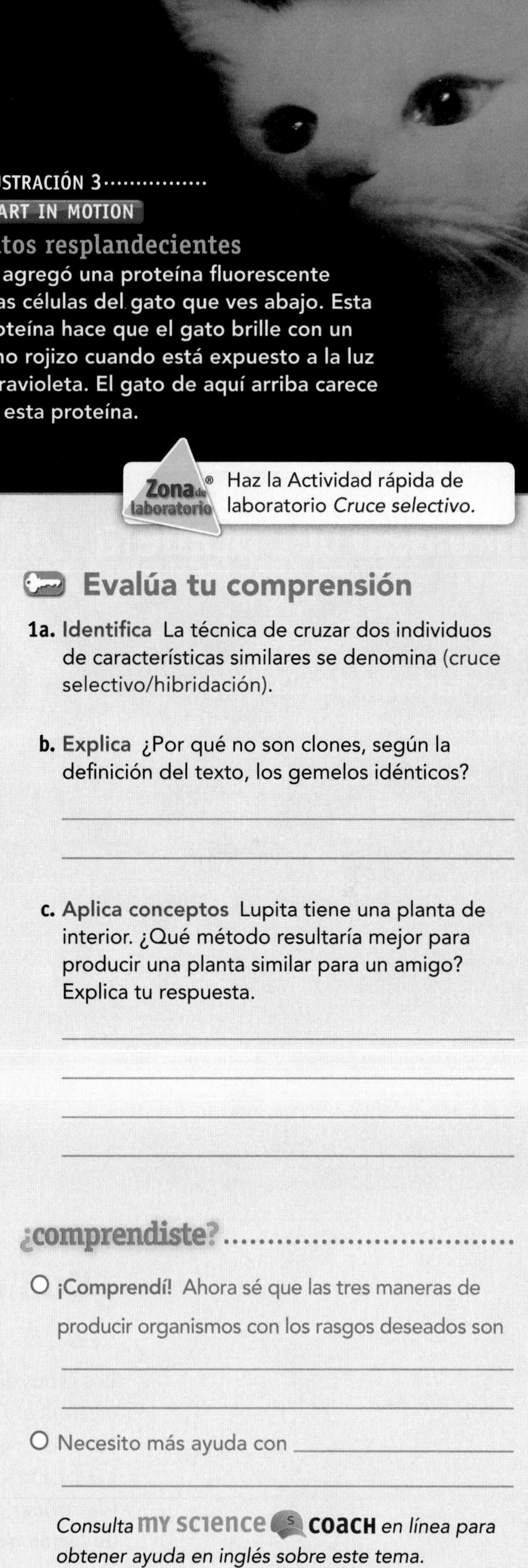

ILUSTRACIÓN 3

ART IN MOTION

Gatos resplandecientes

Se agregó una proteína fluorescente a las células del gato que ves abajo. Esta proteína hace que el gato brille con un tono rojizo cuando está expuesto a la luz ultravioleta. El gato de aquí arriba carece de esta proteína.

Zona de laboratorio® Haz la Actividad rápida de laboratorio *Cruce selectivo.*

Evalúa tu comprensión

1a. Identifica La técnica de cruzar dos individuos de características similares se denomina (cruce selectivo/hibridación).

b. Explica ¿Por qué no son clones, según la definición del texto, los gemelos idénticos?

____

____

c. Aplica conceptos Lupita tiene una planta de interior. ¿Qué método resultaría mejor para producir una planta similar para un amigo? Explica tu respuesta.

____

____

____

____

¿comprendiste?

O **¡Comprendí!** Ahora sé que las tres maneras de producir organismos con los rasgos deseados son

____

____

O Necesito más ayuda con ______________________________

____

Consulta MY SCIENCE COACH *en línea para obtener ayuda en inglés sobre este tema.*

LECCIÓN 4

Uso de la información genética

¿Cuáles son algunos usos de la información genética?

mi Diario del planeta

TECNOLOGÍA

Luchadores por la libertad

La tecnología del ADN salva vidas, y no sólo a través de la medicina. Desde 1992, cientos de personas inocentes han sido liberadas de prisión (algunas del corredor de la muerte) gracias a las pruebas de ADN. El Proyecto Inocencia es una organización que usa las pruebas de ADN para liberar a prisioneros que fueron condenados por error. Primero se obtiene una muestra de ADN de la evidencia tomada de la escena del crimen. Luego se toma una muestra del prisionero. Los científicos comparan las dos muestras mediante procedimientos de laboratorio y, si el ADN del individuo es distinto del ADN de la escena del crimen, la evidencia puede ayudar a liberar al prisionero.

Infiere Si el ADN de la escena del crimen coincide con el ADN del prisionero, ¿qué podría sugerir?

PLANET DIARY Consulta ***Planet Diary*** para aprender más en inglés sobre el uso de la información genética.

Zona de laboratorio® Haz la Indagación preliminar *Uso de la información genética.*

¿Cuáles son algunos usos de la información genética?

Los genes de cada persona contienen información única acerca del crecimiento y desarrollo de esa persona en particular. Si pudiéramos "leer" esos genes, ¡piensa en todo lo que podríamos aprender! **La información genética se puede usar de forma positiva para identificar a personas y para aprender sobre la salud y enfermedades o, de forma negativa, para discriminar a las personas.**

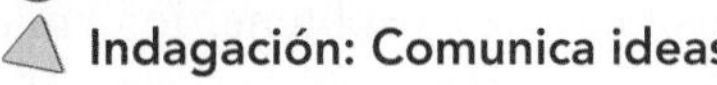

Vocabulario
- genoma
- ética

Destrezas
- Lectura: Resume
- Indagación: Comunica ideas

Proyecto del Genoma Humano Imagina lo que sería intentar descifrar un código que tiene 6 mil millones de letras. Eso es exactamente lo que hicieron los científicos que trabajaron en el Proyecto del Genoma Humano. El **genoma** es toda la información genética que un organismo lleva en su ADN. El objetivo principal del Proyecto del Genoma Humano fue identificar la secuencia de ADN de todo el genoma humano. En 2003, el proyecto se completó. Los científicos continúan investigando las funciones de miles y miles de genes humanos.

Huella genética La tecnología del ADN que se usó en el Proyecto del Genoma Humano también puede identificar a las personas y demostrar si tienen alguna relación de parentesco. El ADN de las células de una persona se descompone en trozos pequeños, o fragmentos. Los fragmentos seleccionados se usan para producir un patrón llamado huella genética o de ADN. Excepto los gemelos idénticos, no hay dos personas que tengan exactamente la misma huella genética.

Las "huellas" de ADN pueden conectar a una persona con la escena de un crimen o pueden evitar que la persona equivocada vaya a la cárcel. También pueden usarse para identificar restos óseos. En la actualidad, los soldados y marineros dan muestras de sangre y saliva para que se guarden sus huellas genéticas. Los registros de ADN pueden usarse para identificar los cuerpos de soldados o civiles desconocidos.

¡aplícalo!

Las huellas genéticas se guardan en bases de datos nacionales de ADN, como el Sistema Combinado de Índice de ADN (CODIS, por sus siglas en inglés). Las bases de datos contienen información genética de escenas de crímenes, de delincuentes condenados y de personas desaparecidas. Las agencias policiales usan estas bases de datos para ver si el ADN recolectado coincide con una muestra conocida.

Comunica ideas Comenta el enunciado siguiente con un compañero. Identifica las ventajas y desventajas relacionadas con el enunciado.

Se debería agregar a las bases de datos nacionales la huella genética de todos los ciudadanos de los Estados Unidos.

Ventajas: ______________________________

____

Desventajas: ______________________________

____

Resume ¿Cuál es el objetivo principal de la Ley de no discriminación por información genética?

Discriminación genética A medida que aumentan las posibilidades de obtener información genética, surgen inquietudes acerca de quién puede tener acceso a ella. A las personas también les preocupa cómo se puede llegar a usar esa información. Por ejemplo, los soldados dan al gobierno una muestra de ADN para poder ser identificados. El gobierno podría usar el ADN con otros fines, por ejemplo, en casos penales o en demandas por paternidad. La **ética** es el estudio de los principios sobre lo que es correcto e incorrecto, justo e injusto. El uso ético de la información genética significa usarla de un modo que sea justo.

La Ley de no discriminación por información genética (GINA, por sus siglas en inglés) se promulgó en 2008. Según esta ley, es ilegal que las compañías de seguro médico y los empleadores discriminen a individuos a partir de información genética. La ley también prohíbe que los seguros médicos y los empleadores pidan u ordenen a las personas que se hagan una prueba genética.

¡Somos familia!

¿Cómo se puede usar la información genética?

ILUSTRACIÓN 1

INTERACTIVE ART Se te asignó desarrollar una genealogía familiar. Varios miembros de esta familia tienen una línea de nacimiento del cabello que llega a un punto de la frente. Esta característica, conocida como pico de cabello, es un rasgo dominante.

Completa la actividad.

1. **Haz modelos** Dibuja y rotula esta genealogía familiar que muestra cómo los hijos pueden haber heredado de los padres el pico de cabello en la frente.

Intimidad genética Para proteger la intimidad de los pacientes, los médicos deben evitar revelar información médica. Los registros médicos de los pacientes pueden incluir información como la historia clínica propia y la de la familia. Esta información podría indicar si un paciente está en riesgo de desarrollar una enfermedad física o mental. También es posible que el registro médico contenga detalles sobre el estilo de vida de una persona. Los médicos pueden anotar si una persona toma alcohol, fuma o practica deportes peligrosos.

Si un paciente tiene una condición genética, es probable que sus familiares también corran riesgo de desarrollarla. ¿Tienen derecho a saberlo otros miembros de la familia? ¿O se deben guardar los registros médicos de manera confidencial?

2. **Resume** ¿Qué herramientas y técnicas usarías si quisieras saber las probabilidades de heredar una enfermedad genética de un miembro de la familia?

3. **Evalúa el impacto en la sociedad** Si te enteraras de que has heredado un rasgo particular o una enfermedad genética, ¿a quién querrías avisar? Para cada grupo de personas en la lista, indica si crees o no que deberían tener derecho a conocer tu información genética personal. Luego explica por qué en el espacio que sigue.

Tus familiares cercanos Sí / No

El director y tus maestros Sí / No

Haz la Actividad rápida de laboratorio *Extracción en acción.*

Evalúa tu comprensión

1a. Define ¿Qué es un genoma?

b. DESAFÍO ¿Crees que es ético que los médicos compartan los registros médicos de los pacientes? Explica tu respuesta.

c. RESPONDE LA PREGUNTA PRINCIPAL ¿Cómo se puede usar la información genética?

¿comprendiste?

○ **¡Comprendí!** Ahora sé que hay formas positivas y negativas de usar la información genética, como

○ Necesito más ayuda con

Consulta **my science coach** *en línea para obtener ayuda en inglés sobre este tema.*

CAPÍTULO 5

Guía de estudio

La información genética se puede usar para ______________________________,

______________________ y ______________________.

LECCIÓN 1 Herencia humana

Algunos rasgos humanos están controlados por genes únicos con dos alelos; otros, por genes únicos con alelos múltiples. Hay otro tipo de rasgos que están controlados por muchos genes que funcionan juntos.

Los cromosomas sexuales son portadores de genes que determinan el sexo de una persona como masculino o femenino. También son portadores de genes que determinan otros rasgos.

Vocabulario
- cromosomas sexuales
- gen ligado al sexo
- portador

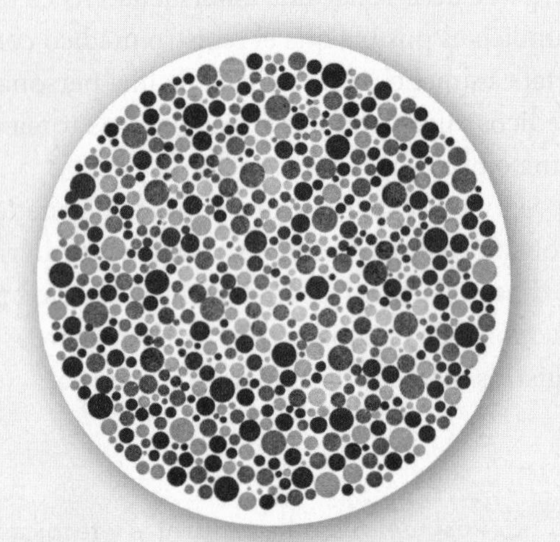

LECCIÓN 2 Trastornos genéticos humanos

Algunos trastornos genéticos se producen como resultado de mutaciones en el ADN de los genes. Otros trastornos se producen a partir de cambios en la estructura general o el número de cromosomas.

Hoy en día, los médicos usan herramientas como la genealogía, los cariotipos y las pruebas genéticas para detectar y diagnosticar trastornos genéticos. Las personas con trastornos genéticos reciben ayuda mediante la atención médica, la educación y la capacitación laboral.

Vocabulario
- desórdenes genéticos
- genealogía
- cariotipo

LECCIÓN 3 Adelantos en la genética

El cruce selectivo, la clonación y la ingeniería genética son tres métodos para desarrollar organismos con los rasgos deseados.

Vocabulario
- cruce selectivo
- endogamia
- hibridación
- clon
- ingeniería genética
- terapia genética

LECCIÓN 4 Uso de la información genética

La información genética se puede usar de forma positiva para identificar a personas y para aprender sobre la salud y enfermedades o, de forma negativa, para discriminar a las personas.

Vocabulario
- genoma
- ética

Repaso y evaluación

LECCIÓN 1 Herencia humana

1. ¿Qué rasgo humano está controlado por un gen único con alelos múltiples?

   a. la estatura
   b. los hoyuelos
   c. el color de piel
   d. el grupo sanguíneo

2. El daltonismo se transporta en el cromosoma X y es más común en los hombres que en las mujeres porque es ______________________________

   ____

3. **Compara y contrasta** Describe las diferencias principales entre los patrones de herencia para el hoyuelo en la barbilla y para la estatura.

   ____
   ____
   ____
   ____
   ____
   ____
   ____
   ____

4. **Interpreta datos** Completa el cuadrado de Punnett que sigue para mostrar los genotipos posibles para la descendencia de una madre daltónica y un padre con visión normal. Encierra en un círculo los genotipos que resultarían en una persona daltónica.

	___	___
___	___	___
___	___	___

LECCIÓN 2 Trastornos genéticos humanos

5. ¿Cuál de estas opciones se usará más probablemente para diagnosticar el síndrome de Down?

   a. una genealogía
   b. un cariotipo
   c. un cuadrado de Punnett
   d. una prueba de coagulación de sangre

6. La fibrosis quística y la hemofilia son dos ejemplos de ______________________________

7. **Haz generalizaciones** ¿Qué información muestra un cariotipo?

   ____
   ____

8. **Relaciona causa y efecto** ¿En qué se diferencian las causas de la fibrosis quística y las del síndrome de Down?

   ____
   ____
   ____
   ____
   ____

9. **Interpreta diagramas** El diagrama de genealogía que sigue muestra la herencia de la anemia falciforme. Encierra en un círculo todas las personas que tienen la enfermedad, según el diagrama. Dibuja un cuadrado alrededor de las personas que son portadoras.

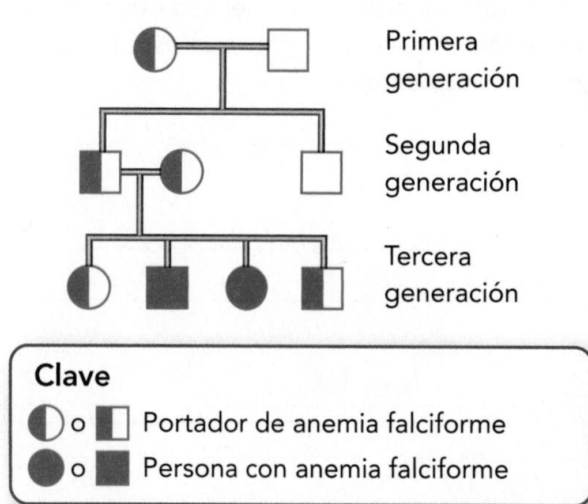

CAPÍTULO 5

Repaso y evaluación

LECCIÓN 3 Adelantos en la genética

10. Un organismo que tiene los mismos genes que el organismo que lo produjo es

a. un clon. **b.** un híbrido.
c. un genoma. **d.** una genealogía.

11. La endogamia e hibridación son dos tipos de ______________________

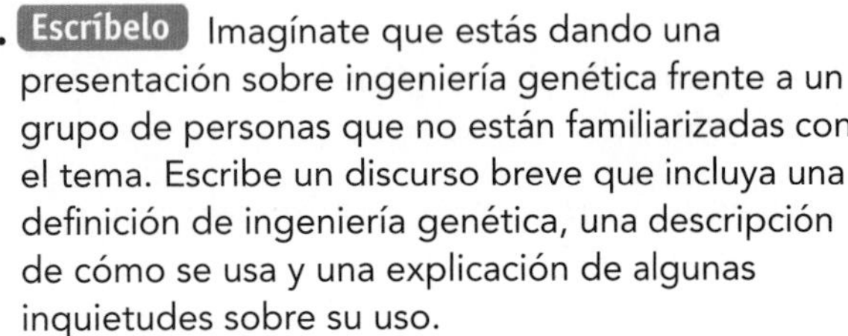

12. **Escríbelo** Imagínate que estás dando una presentación sobre ingeniería genética frente a un grupo de personas que no están familiarizadas con el tema. Escribe un discurso breve que incluya una definición de ingeniería genética, una descripción de cómo se usa y una explicación de algunas inquietudes sobre su uso.

LECCIÓN 4 Uso de la información genética

13. La huella genética es una herramienta que se usa para

a. la terapia genética. **b.** el cruce selectivo.
c. la clonación. **d.** la identificación.

14. ______________________ de un organismo es el conjunto completo de su ADN.

15. **Aplica conceptos** En todo el mundo, las personas están discutiendo acerca del uso ético de la información genética. ¿Por qué este tema genera inquietudes?

¿Cómo se puede usar la información genética?

16. La información genética se puede aplicar al cuidado de la salud, la agricultura, el análisis forense y muchos otros campos. Usa al menos tres términos de vocabulario de este capítulo para describir una situación en la que la información genética, como este cariotipo, podría tener un impacto positivo o negativo en tu vida cotidiana. Explica tu razonamiento.

Preparación para exámenes estandarizados

Selección múltiple

Encierra en un círculo la letra de la mejor respuesta.

1. Este cuadrado de Punnett muestra los posibles genotipos para la descendencia de un padre daltónico y una madre portadora. Si esta pareja tiene una hija, ¿qué probabilidad hay de que sea daltónica?

	X^c	Y
X^C	X^CX^c	X^CY
X^c	X^cX^c	X^cY

A 0 por ciento B 25 por ciento
C 50 por ciento D 100 por ciento

2. Insertar un gen humano en un plásmido bacteriano es un ejemplo de
   A endogamia.
   B cruce selectivo.
   C huella genética.
   D ingeniería genética.

3. ¿Cuál era el objetivo principal del Proyecto del Genoma Humano?
   A clonar un ser humano
   B identificar la secuencia del genoma humano
   C proteger la intimidad genética de las personas
   D recolectar las huellas genéticas de todos los seres humanos

4. ¿Cuál de estas opciones es una técnica de cruce selectivo?
   A la clonación B el análisis forense
   C la endogamia D la terapia genética

5. ¿Cómo se hereda el grupo sanguíneo en los humanos?
   A a través de un gen ligado al sexo
   B a través de un gen único con alelos múltiples
   C a través de muchos genes, que producen varias combinaciones posibles de genes y alelos
   D a través de un gen único con dos alelos, uno que es dominante y otro que es recesivo

Respuesta elaborada

Usa la gráfica que sigue y tus conocimientos de ciencias para responder la pregunta 6. Escribe tu respuesta en una hoja aparte.

6. La madre de Sasha tiene anemia falciforme. Su padre no tiene la enfermedad y no es portador. Sasha tiene un hermano y una hermana. Usa la clave siguiente para dibujar un diagrama de genealogía en el que se muestren los genotipos de cada miembro de la familia de Sasha.

Clave

○ Mujer; no tiene el rasgo ni es portadora.

□ Hombre; no tiene el rasgo ni es portador.

◐ o ◧ Es portador/a del rasgo.

● o ■ Tiene el rasgo.

PEQUEÑOS PERO PODEROSOS

En los programas de televisión sobre crímenes, los casos se resuelven en una hora. En la vida real, los resultados de laboratorio pueden tardar semanas o meses. ¿Quién sabe cuántos criminales más se podrían atrapar si se pudieran mejorar las técnicas de laboratorio?

Recientemente los científicos han desarrollado una tecnología que puede realizar las mismas pruebas genéticas que se hacen en un laboratorio. Los dispositivos "laboratorio en un chip" (también llamados dispositivos microfluídicos) son pequeños y portátiles. Generalmente pueden arrojar resultados en no más de una hora, en el mismo lugar donde se toma la muestra. Los científicos esperan que, un día, las unidades sean tan pequeñas como una unidad flash USB y estén al alcance de todos. Entonces los médicos podrían diagnosticar y tratar a los pacientes con más rapidez. En la escena de un crimen, los científicos también podrían obtener las respuestas que necesitan, ¡casi de inmediato!

Analízalo ¿Te imaginas algún riesgo con un "laboratorio en un chip"? Investiga esta nueva tecnología y ten en cuenta los costos y beneficios. Da una presentación a la clase sobre las posibles consecuencias de usar este dispositivo.

Museum of Science®

CODIS: LA BASE DE DATOS DE ADN

La evidencia genética es una de las herramientas más poderosas que los investigadores pueden usar para resolver un crimen. Una huella genética es la información única almacenada en un fragmento del ADN de cada persona. Los investigadores forenses usan un programa informático conocido como Sistema Combinado de Índice de ADN (CODIS) para identificar a los sospechosos mediante las huellas genéticas. El CODIS compara las huellas genéticas almacenadas en bases de datos de todo el país. Estas huellas de ADN se pueden usar para relacionar distintas escenas de crímenes o para identificar a un sospechoso. El CODIS también se ha usado para demostrar la inocencia de algunos convictos.

El CODIS se ha utilizado en más de 79,000 investigaciones penales. Sin embargo, el sistema está limitado por la cantidad de información en las bases de datos. Muchas agencias policiales no tienen suficiente personal como para analizar todas las muestras genéticas que se recolectan en las escenas de crímenes. Por lo tanto, el sistema CODIS está incompleto. A medida que se le agregue más información, la tecnología se volverá cada vez más útil.

Escríbelo Busca más información acerca de cómo se usa la evidencia genética para investigar crímenes. Luego escribe un relato policial breve en el que expliques cómo un investigador forense usa las tecnologías genéticas para resolver un robo.

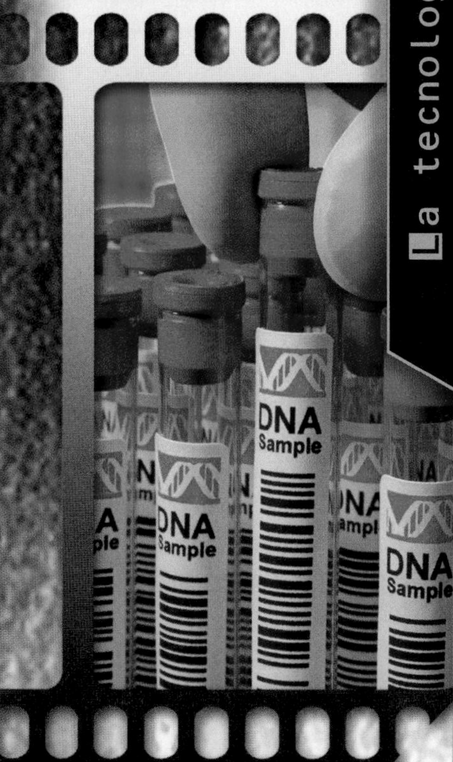

Se pueden tomar muestras de ADN en una escena de crimen y analizarlas en un laboratorio. Luego la información del análisis se puede ingresar en la base de datos para que la información esté disponible en el CODIS.

El ADN de un cabello humano, como el que se ve en esta fotomicrografía, se puede usar como evidencia en casos penales. ▶

¿ESTE PEZ TIENE PATAS?

¿Cómo cambian los seres vivos con el tiempo?

Éste no es un pez común. Además de tener labios de color rojo brillante, el pez murciélago de labios rojos es muy mal nadador. En lugar de usar las aletas pectorales para nadar, el pez murciélago las usa para arrastrarse por el fondo del mar.

Desarrolla hipótesis ¿Cómo crees que las aletas del pez murciélago, que parecen patas, lo ayudan a sobrevivir?

UNTAMED SCIENCE Mira el video de ***Untamed Science*** para aprender más sobre las adaptaciones.

Cambios a lo largo del tiempo

CAPÍTULO 6

CAPÍTULO

6 Para comenzar

Verifica tu comprensión

1. **Preparación** Lee el párrafo siguiente y luego responde la pregunta.

El otoño pasado, Jerome juntó más de 100 semillas de un solo girasol de su jardín. En la primavera, plantó todas las semillas. No le sorprendió que cada una de las plantas nuevas tuviera muchos **rasgos** distintos. Jerome sabe que, a causa de la **reproducción sexual,** el **ADN** de cada planta es diferente.

Un **rasgo** es una característica que un organismo transmite a sus descendientes a través de los genes.

La **reproducción sexual** produce descendientes que son genéticamente distintos a los reproductores.

El **ADN** es el material genético que lleva información sobre un organismo y que se transmite de padres a hijos.

- ¿Cuál es la relación entre los distintos rasgos de las plantas y la reproducción sexual?

____

____

MY READING WEB Si tuviste dificultades para responder la pregunta anterior, visita ***My Reading Web*** y escribe ***Change Over Time.***

Destreza de vocabulario

Identificar significados múltiples Algunas palabras conocidas pueden tener otro significado en el campo de la ciencia. Observa los diferentes significados de las palabras siguientes.

Palabra	Significado común	Significado científico
teoría	(s.) una suposición **Ejemplo:** La teoría de Sue es que jugar al fútbol es más difícil que al básquetbol.	(s.) concepto comprobado que explica una gran variedad de observaciones **Ejemplo:** La teoría celular sostiene que todos los organismos están formados por células.
adaptación	(s.) un cambio en el comportamiento de un individuo **Ejemplo:** La adaptación de Talía a su nueva escuela fue difícil, pero lo logró.	(s.) rasgo que le permite a un individuo sobrevivir y reproducirse **Ejemplo:** El pelaje es una adaptación al frío.

2. **Verificación rápida Encierra en un círculo la oración en la que se usa el significado científico de la palabra *teoría.***
   - La *teoría* de la evolución describe el cambio a lo largo del tiempo.
   - ¿Cuál es tu *teoría* acerca de por qué Sarah es vegetariana?

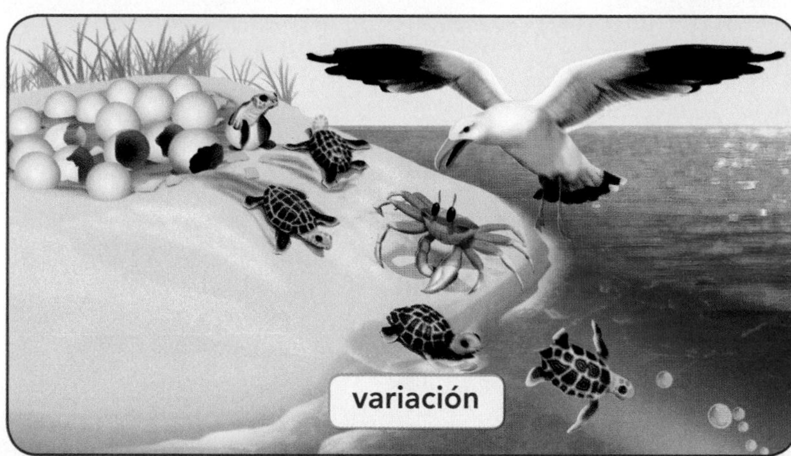

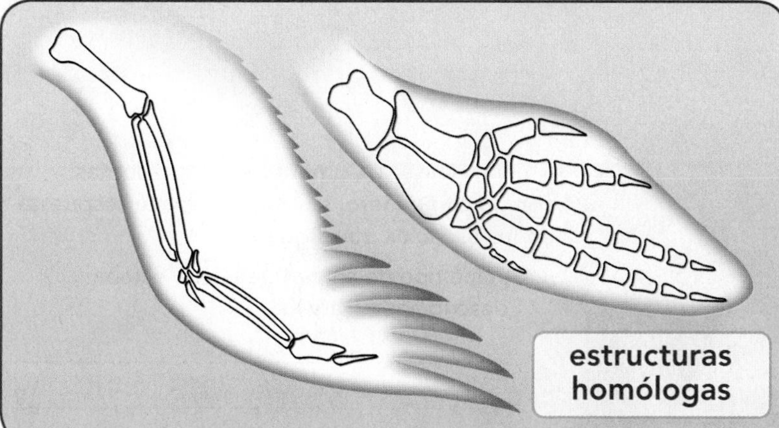

Vistazo al capítulo

LECCIÓN 1

- especie
- fósil
- adaptación
- evolución
- teoría científica
- selección natural
- variación

Relaciona causa y efecto

Desarrolla hipótesis

LECCIÓN 2

- estructuras homólogas

Identifica la idea principal

Comunica ideas

LECCIÓN 3

- gradualismo
- equilibrio puntual

Compara y contrasta

Haz modelos

VOCAB FLASH CARDS Para obtener más ayuda con el vocabulario, visita ***Vocab Flash Cards*** y escribe ***Change Over Time.***

LECCIÓN 1

La teoría de Darwin

¿Cuál era la hipótesis de Darwin?

¿Qué es la selección natural?

mi diario del planeta

VOCES DE LA HISTORIA

Charles Darwin

En 1839, Charles Darwin publicó su libro *El viaje del Beagle*. Lee el fragmento siguiente acerca de un animal que encontró Darwin mientras estaba en las islas Galápagos.

Los habitantes creen que estos animales son completamente sordos; ciertamente, no oyen si una persona a sus espaldas está caminando cerca de ellos. Cuando pasaba junto a uno de estos grandes monstruos mientras se paseaba tranquilamente, siempre me causaba gracia ver lo rápido que escondía la cabeza y las patas en el instante en que yo pasaba, y cómo caía al suelo con un profundo silbido y un ruido fuerte, como si lo hubieran matado. A menudo me subía sobre sus lomos y, al darles unos golpecitos en la parte trasera de sus caparazones, ellos se levantaban y caminaban; pero a mí me resultaba muy difícil mantener el equilibrio.

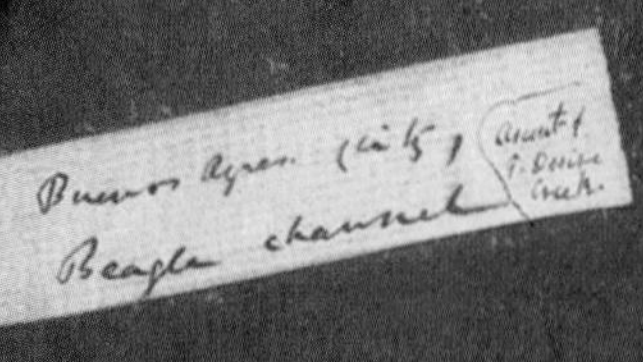

Comunica ideas **Comenta estas preguntas con un compañero. Luego, escribe tu respuesta en los espacios que siguen.**

1. ¿Qué tipo de animal crees que estaba describiendo Darwin?

2. Describe cómo reaccionaste ante un animal fuera de lo común que quizá hayas visto en un zoológico, un acuario o una tienda de mascotas. ¿Cuál fue tu primera impresión al ver al animal?

PLANET DIARY Consulta ***Planet Diary*** para aprender más en inglés sobre Charles Darwin.

Zona de laboratorio® Haz la Indagación preliminar *¿Qué diferencias hay entre los seres vivos?*

Vocabulario

- especie
- fósil
- adaptación
- evolución
- teoría científica
- selección natural
- variación

Destrezas

- Lectura: Relaciona causa y efecto
- Indagación: Desarrolla hipótesis

¿Cuál era la hipótesis de Darwin?

En 1831, el barco británico HMS *Beagle* zarpó desde Inglaterra en un viaje de cinco años por el mundo. Charles Darwin iba a bordo. Darwin era un naturalista, es decir, una persona que observa y estudia el mundo natural.

Diversidad Darwin estaba fascinado con la diversidad de seres vivos que vio durante el viaje. Se preguntaba por qué eran tan distintos a los de Inglaterra. Vio insectos que parecían flores. También observó a los perezosos, animales de andar lento que pasaban mucho tiempo colgados de los árboles. Hoy en día, los científicos saben que los organismos son aun más diversos de lo que creía Darwin. De hecho, los científicos han identificado más de 1.6 millones de especies de organismos en la Tierra. Una **especie** es un grupo de organismos semejantes que pueden cruzarse y producir descendencia fértil. Se desconoce el número exacto de especies ya que aún no se han estudiado muchas áreas de la Tierra.

Fósiles Darwin vio fósiles de animales que habían muerto mucho tiempo antes. Se denomina **fósil** a los restos o vestigios conservados de un organismo que vivió en el pasado. Darwin quedó sorprendido por algunos de los fósiles que observó. Por ejemplo, vio fósiles que se parecían a los huesos de los perezosos actuales, pero que eran mucho más grandes. Se preguntaba qué había sucedido con los antiguos perezosos gigantes. Observa la **ilustración 1.**

ILUSTRACIÓN 1

Semejanzas entre los perezosos

Darwin creía que los huesos fósiles de los perezosos gigantes (izquierda) se parecían a los huesos de los perezosos actuales (arriba).

Observa **Nombra dos semejanzas que observes entre los dos perezosos.**

Semejanzas

¿sabías que...?

¡El pingüino de las Galápagos es el pingüino que vive más al norte del mundo! Vive en el ecuador y se mantiene fresco gracias a las corrientes oceánicas. El pingüino de las Galápagos es la especie de pingüino más exótica y está en peligro de extinción.

Organismos de las Galápagos El *Beagle* se detuvo varias veces en las costas del Atlántico y del Pacífico de América del Sur. Desde la costa del Pacífico, el barco viajó hacia el oeste a las islas Galápagos. Allí, Darwin observó muchas formas de vida fuera de lo común. Comparó los organismos de las islas Galápagos con los de otros lugares. También comparó los organismos que poblaban las distintas islas.

Comparaciones con los organismos de América del Sur Darwin descubrió muchas semejanzas entre los organismos de las Galápagos y los de América del Sur. Muchas de las aves y las plantas de las islas se parecían a las del continente. Sin embargo, Darwin también notó diferencias importantes entre los organismos. Por ejemplo, en la **ilustración 2** puedes ver las diferencias entre las iguanas isleñas y las del continente.

Darwin se convenció de que las especies no siempre permanecen igual. Por el contrario, creía que con el tiempo las especies podían cambiar e incluso producir nuevas especies. Empezó a creer que tal vez las especies isleñas estaban relacionadas de alguna manera con las especies de América del Sur. Tal vez, pensaba Darwin, con el tiempo las especies isleñas se habían vuelto distintas a sus parientes del continente.

ILUSTRACIÓN 2

Comparación de las iguanas

Las iguanas de las islas Galápagos tienen garras grandes que les permiten aferrarse a las rocas resbaladizas y alimentarse de algas marinas.

Las iguanas del continente tienen garras más pequeñas que les permiten treparse a los árboles y alimentarse de hojas.

Infiere El color de cada iguana es una adaptación

- ◯ al alimento.
- ◯ a los depredadores.
- ◯ a su hábitat.
- ◯ al clima.

Explica tu respuesta.

____

____

____

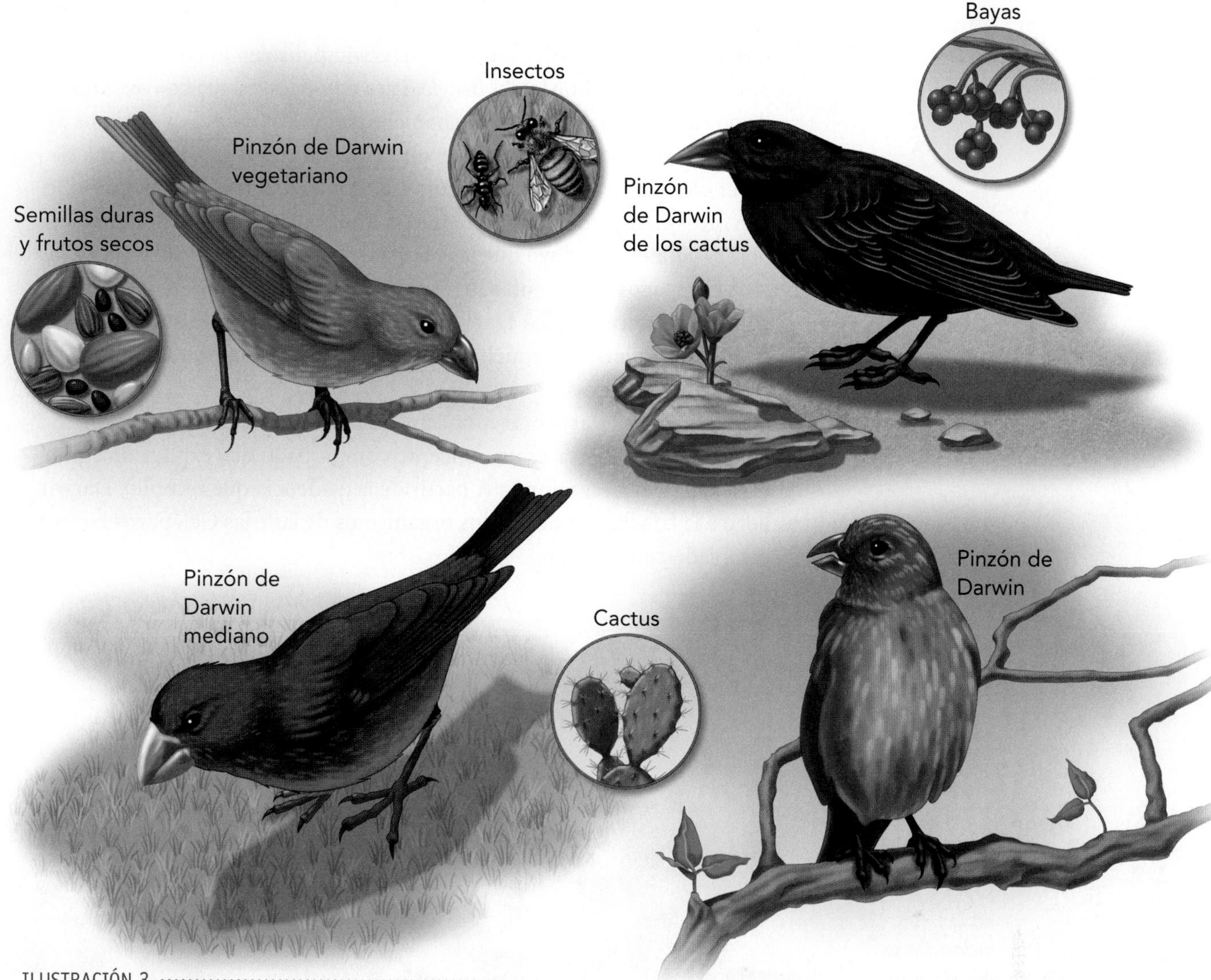

ILUSTRACIÓN 3

INTERACTIVE ART **Los pinzones de las Galápagos**

La estructura del pico de cada ave es una adaptación al tipo de alimento que come. Las aves con pico largo, puntiagudo y filoso picotean los cactus. Las que tienen el pico corto y grueso trituran semillas. Las aves con pico angosto y puntiagudo cazan insectos. Las aves con pico corto y ganchudo parten al medio el fruto.

Interpreta diagramas Observa las distintas estructuras de los picos. Une con una línea cada pinzón con el tipo de alimento que crees que come.

Comparaciones entre las islas Darwin también descubrió muchas diferencias entre los organismos de las diferentes islas Galápagos. Por ejemplo, las tortugas de una isla tenían un caparazón en forma de cúpula. Las de otra isla tenían un caparazón en forma de silla de montar. Un funcionario del gobierno de las islas dijo a Darwin que él podía decir de dónde provenía una tortuga con sólo ver su caparazón.

Adaptaciones Las aves también variaban de una isla a la otra. Observa la **ilustración 3**. Cuando Darwin volvió a Inglaterra, descubrió que las distintas aves eran todas pinzones. Llegó a la conclusión de que las especies de pinzones estaban relacionadas con un único antepasado que provenía del continente. Con el tiempo, distintos pinzones desarrollaron picos de diferentes formas y tamaños que se adecuaban a lo que comían. La forma del pico es un ejemplo de una **adaptación,** un rasgo que mejora la capacidad de un organismo para sobrevivir y reproducirse.

Vocabulario Identificar significados múltiples Escribe una oración con el significado común de la palabra *adaptar*.

____

____

____

____

____

____

La hipótesis de Darwin Darwin pensó en lo que había visto durante su viaje a bordo del *Beagle*. Para entonces, estaba convencido de que los organismos cambian con el tiempo. El proceso de cambios a través del tiempo se denomina **evolución.** Sin embargo, Darwin quería saber cómo cambian los organismos. En los siguientes 20 años, consultó con otros científicos y recopiló mucha información. A partir de sus observaciones, concluyó que las plantas o los animales que llegaban a las islas Galápagos se enfrentaban a condiciones que eran diferentes a las del continente cercano. **Darwin planteó la hipótesis de que las especies cambian a lo largo de muchas generaciones y se adaptan mejor a las condiciones nuevas.**

Las ideas de Darwin se conocen como una teoría de la evolución. Una **teoría científica** es un concepto comprobado que explica una gran variedad de observaciones. A partir de la evidencia que recopiló, Darwin llegó a la conclusión de que los organismos de las islas Galápagos habían cambiado con el tiempo.

¡aplícalo!

El primer perro *labradoodle* se cruzó en 1989. El *labradoodle* es una cruza entre un *Poodle* o caniche común y un *Labrador retriever* o perdiguero de labrador. El caniche es un perro muy elegante que pierde muy poco pelo. Esta raza puede resultar menos irritante para los seres humanos alérgicos a los perros. Los labradores son tiernos, dóciles y pierden el pelo por estaciones.

Caniche común Labrador *Labradoodle*

1 **Haz generalizaciones** ¿Por qué crees que se cruzaron estos dos perros?

____

____

2 **Desarrolla hipótesis** ¿Esperarías que los primeros cachorros *Labradoodle* fueran iguales a los que se criaron varias generaciones después? Explica tu respuesta.

____

____

Selección artificial Darwin estudió las crías de los animales domesticados producidos por la selección artificial para entender cómo podía ocurrir la evolución. En la selección artificial, sólo se cruzan los organismos que tienen una característica deseada, como el color. El mismo Darwin había cruzado palomas con colas enormes en forma de abanico. Al permitir repetidamente que sólo se reprodujeran aquellas palomas que tenían muchas plumas en la cola, Darwin produjo palomas con el doble o el triple de plumas en la cola que lo usual. Darwin creía que un proceso similar al de la selección artificial podría producirse en la naturaleza, pero se preguntaba cómo se seleccionaban ciertos rasgos.

ILUSTRACIÓN 4

Selección artificial

Todas las palomas que cruzó Darwin descendían de la paloma bravía (izquierda). Las palomas pueden cruzarse para lograr características como el color, la forma del pico, la envergadura y los patrones de plumas.

Describe Si tuvieras que criar un animal, ¿cuál sería y qué rasgos te gustaría que tuviera?

___

___

___

Haz la Actividad rápida de laboratorio *Adaptaciones del pico de un ave.*

Evalúa tu comprensión

1a. Haz una lista Enumera tres observaciones que hizo Darwin durante su viaje en el *Beagle*.

___

___

___

b. Describe Una adaptación es un rasgo que mejora la capacidad de un organismo para ______ y ______

c. Desarrolla hipótesis ¿Cómo respalda la selección artificial la hipótesis de Darwin?

___

___

___

___

___

¿comprendiste?

○ **¡Comprendí!** Ahora sé que la hipótesis de Darwin era ______

___

○ Necesito más ayuda con ______

Consulta **MY SCIENCE COACH** *en línea para obtener ayuda en inglés sobre este tema.*

¿Qué es la selección natural?

En 1858, Darwin y Alfred Russel Wallace, otro biólogo británico, propusieron la misma explicación sobre cómo se produce la evolución. Al año siguiente, Darwin describió su explicación en su libro *El origen de las especies.* En él, proponía que la evolución se produce mediante la selección natural. La **selección natural** es el proceso mediante el cual los individuos que se adaptan mejor a su medio ambiente tienen mayor probabilidad de sobrevivir y reproducirse que otros miembros de la misma especie. Darwin identificó algunos factores que afectan el proceso de selección natural: la superproducción, la variación y la competencia. La **ilustración 5** muestra cómo podría producirse la selección natural en un grupo de tortugas marinas.

Superproducción Darwin sabía que la mayoría de las especies producen muchos más descendientes de los que pueden sobrevivir. En muchas especies, se producen tantos descendientes que no alcanzan los recursos, esto es, el alimento, el agua y el espacio vital, para todos ellos.

Factores que afectan la selección natural

¿Cómo cambian los seres vivos con el tiempo?

ILUSTRACIÓN 5

REAL-WORLD INQUIRY La superproducción, la variación y la competencia son factores que afectan la selección natural.

Resume **Examina la secuencia siguiente que muestra cómo podría afectar la selección natural a un grupo de tortugas. Rotula cada factor de la ilustración y escribe una breve leyenda que explique qué está ocurriendo.**

Variación Los miembros de una especie se diferencian entre sí por muchos de sus rasgos. Se denomina **variación** a cualquier diferencia entre individuos de la misma especie. Por ejemplo, las tortugas marinas pueden diferenciarse por el color, el tamaño, la capacidad para nadar rápido y la dureza del caparazón.

Competencia Como el alimento, el espacio vital y otros recursos son limitados, los miembros de una especie deben competir entre ellos para sobrevivir. La competencia no siempre consiste en luchas físicas entre los miembros de una especie. Por el contrario, la competencia suele ser indirecta. Por ejemplo, algunas tortugas pueden no encontrar suficiente alimento. Es probable que un depredador cace a una tortuga más lenta y que una tortuga más rápida escape. Sólo unas pocas tortugas sobrevivirán y se reproducirán.

Selección Darwin observó que algunas variaciones hacen que unos individuos se adapten mejor al medio ambiente. Esos individuos tienen mayor probabilidad de sobrevivir y reproducirse. Los descendientes pueden heredar la característica beneficiosa. A su vez, los descendientes tendrán mayor probabilidad de sobrevivir y reproducirse y de transmitir la característica a sus descendientes. Después de muchas generaciones, más miembros de la especie tendrán la característica beneficiosa.

De hecho, el medio ambiente selecciona organismos con rasgos beneficiosos para que sean los reproductores de la siguiente generación. **Darwin propuso que, en un período de tiempo prolongado, la selección natural puede producir un cambio. Es probable que en una especie se acumulen las variaciones beneficiosas y que las desfavorables desaparezcan.**

Relaciona causa y efecto
Completa el organizador gráfico e identifica los factores que causan la selección natural.

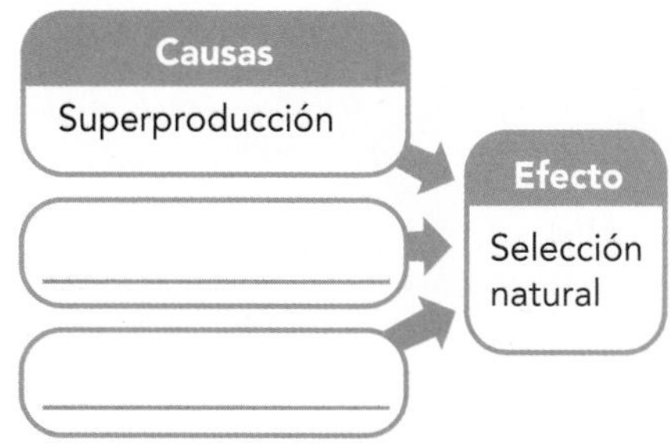

____
____
____
____

Cambio ambiental Un cambio en el medio ambiente puede afectar la capacidad de un organismo para sobrevivir y, como resultado, provocar la selección natural. Por ejemplo, los mímulos son plantas que no suelen crecer en suelos que tienen una alta concentración de cobre. Sin embargo, debido a la variación genética, hoy en día algunas variedades de mímulo crecen cerca de las minas de cobre. En la **ilustración 6** puedes ver cómo la selección natural quizá haya producido mímulos que pueden crecer en suelos contaminados por cobre.

Los genes y la selección natural Sin variaciones, todos los miembros de una especie tendrían los mismos rasgos y las mismas posibilidades de sobrevivir y reproducirse. Pero, ¿de dónde provienen las variaciones? ¿Cómo se transmiten de generación en generación?

Darwin no podía explicar qué causaba las variaciones o cómo se transmitían. Más tarde, los científicos comprendieron que las variaciones pueden derivar de cambios en los genes y de la combinación de distintas formas de genes cuando se unen un óvulo y un espermatozoide. Los genes, como los que determinan el color del pelo y la altura, se transmiten de padres a hijos. La selección natural sólo puede actuar sobre los rasgos que se heredan o los que controlan los genes que se transmiten a los descendientes.

¡Usa las matemáticas!

El tamaño típico de una nidada, o número de huevos, que una tortuga marina boba o caguama puede poner por vez es aproximadamente 113. Aun cuando produce tantas crías, la tortuga boba está en peligro de extinción en muchas regiones. Imagínate que los científicos contaron el número de huevos que pusieron las tortugas en siete lugares de anidación diferentes en la costa sudeste de los Estados Unidos. Al año siguiente, los científicos verifican los lugares de anidación para averiguar cuántas crías sobrevivieron y volvieron.

Datos sobre la tortuga boba

Lugar	A	B	C	D	E	F	G
Tamaño de la nidada	114	103	121	118	107	103	104
Tortugas que regresaron	45	35	55	53	40	66	38

1. **Calcula** Determina la media del tamaño de las nidadas de los siete lugares de anidación de la tabla. ________ ¿Qué diferencia hay entre la media y el tamaño típico de la nidada de una tortuga boba o caguama? ___

2. **Interpreta datos** ¿Crees que el tamaño de una nidada influye en la tasa de supervivencia de las crías? Usa los datos para apoyar tu respuesta.

3. **DESAFÍO** Plantea una hipótesis acerca de por qué el mayor número de tortugas regresaron al lugar F.

Los mímulos crecen satisfactoriamente en los suelos saludables y no contaminados.

El cobre se filtra en el suelo que rodea a la mina de cobre. La mayoría de los mímulos no pueden crecer en este suelo contaminado y comienzan a morir.

Algunos mímulos tienen variaciones genéticas que les permiten sobrevivir y reproducirse en el suelo contaminado por el cobre.

____

____

____

____

ILUSTRACIÓN 6

Cambio ambiental

Cuando el cobre contaminó el suelo que rodeaba a los mímulos, el medio ambiente cambió. Debido a una variación genética, hoy en día algunas variedades de mímulo pueden sobrevivir en ese suelo.

Saca conclusiones En el último círculo, dibuja la región como crees que se verá dentro de diez años. Escribe una leyenda que describa lo que ha ocurrido.

Haz la Investigación de laboratorio *Naturaleza en acción.*

Evalúa tu comprensión

2a. Define Una variación es cualquier (semejanza/ diferencia) entre individuos de la misma especie.

b. RESPONDE LA PREGUNTA PRINCIPAL ¿Cómo cambian los seres vivos con el tiempo?

____

____

____

c. Relaciona causa y efecto Explica cómo pueden desaparecer los rasgos desfavorables en una especie.

____

____

____

____

¿comprendiste?

O **¡Comprendí!** Ahora sé que la selección natural ocurre ______________________

____

____

O Necesito más ayuda con ______________________

Consulta **MY SCIENCE COACH** *en línea para obtener ayuda en inglés sobre este tema.*

LECCIÓN 2

Evidencia de evolución

¿Qué evidencia apoya la evolución?

mi DIARIO DEL PLANETA

DESCUBRIMIENTO

Un paso adelante

En 2004, los investigadores de la isla de Ellesmere, en Nunavut, un territorio en el archipiélago ártico canadiense, hallaron un fósil que brinda información sobre la primera vez que un pez se desplazó hasta la tierra. El fósil, *Tiktaalik*, tiene 375 millones de años. Tiene características tanto de los peces como de los cuadrúpedos. Al igual que otros peces, tiene aletas. Sin embargo, las aletas tienen huesos internos que le permitían arrastrarse hasta la orilla en las aguas poco profundas para buscar alimento. El descubrimiento de *Tiktaalik* ha proporcionado nueva evidencia fósil que permite que los científicos comprendan la relación entre los vertebrados marinos y los terrestres.

Comunica ideas **Comenta estas preguntas con un compañero. Escribe tu respuesta en los espacios que siguen.**

1. ¿Crees que el descubrimiento de *Tiktaalik* ayuda a entender la evolución? ¿Por qué?

2. ¿Crees que el *Tiktaalik* pasaba la mayor parte del tiempo en la tierra o en el agua? ¿Por qué?

PLANET DIARY Consulta ***Planet Diary*** para aprender más en inglés sobre la evidencia fósil.

Investigador de la isla de Ellesmere

Este modelo del *Tiktaalik* muestra cómo pudo haber sido hace 375 millones de años.

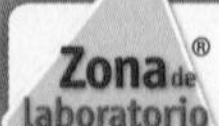

Haz la Indagación preliminar *¿Cómo puedes clasificar una especie?*

Vocabulario

- estructuras homólogas

Destrezas

- Lectura: Identifica la idea principal
- Indagación: Comunica ideas

¿Qué evidencia apoya la evolución?

Desde la época de Darwin, los científicos han hallado una gran cantidad de evidencia que apoya la teoría de la evolución. **Los fósiles, los patrones de desarrollo inicial, las estructuras corporales similares, y las semejanzas en el ADN y las estructuras de las proteínas proporcionan evidencia de que los organismos han cambiado a lo largo del tiempo.**

Fósiles Al examinar los fósiles, los científicos pueden inferir las estructuras de los organismos antiguos. Los fósiles muestran que, en muchos casos, los organismos del pasado eran muy distintos de los actuales. Los millones de fósiles que recolectaron los científicos se conocen como registro fósil. El registro fósil da pistas acerca de cómo y cuándo evolucionaron las especies nuevas y cómo están relacionados los organismos.

Semejanzas en el desarrollo inicial Los científicos también infieren relaciones evolutivas al comparar el desarrollo inicial de diferentes organismos. Por ejemplo, los organismos de la **ilustración 1** se parecen durante las primeras etapas del desarrollo. Los cuatro organismos tienen cola. También tienen una hilera en la garganta formada por pequeñas hendiduras. Las semejanzas sugieren que estas especies de vertebrados están relacionadas y que comparten un antepasado común.

ILUSTRACIÓN 1

Semejanzas en el desarrollo

Estos cuatro organismos se parecen durante la primera etapa de su desarrollo.

Completa las actividades.

1. **Observa** Encierra en un círculo al menos dos semejanzas que comparten los cuatro organismos.
2. **Describe** Menciona algunas diferencias entre los organismos.

____

____

____

____

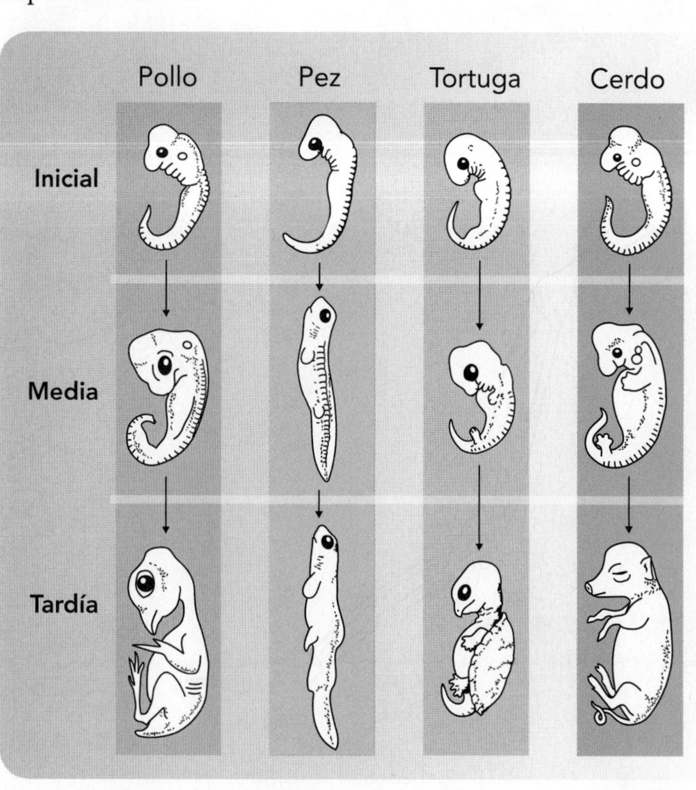

Identifica la idea principal Describe la idea principal de esta página.

____

____

____

____

____

____

Semejanzas en la estructura corporal La estructura corporal de un organismo es el esquema básico de su cuerpo, que en los vertebrados incluye la disposición de los huesos. Los peces, los anfibios, los reptiles, las aves y los mamíferos tienen un esqueleto interno con una columna vertebral. Esta semejanza entre ellos proporciona evidencia de que todos estos grupos de animales evolucionaron a partir de un antepasado común.

Las estructuras parecidas que las especies relacionadas han heredado de un antepasado común se conocen como **estructuras homólogas.** En la **ilustración 2** puedes ver algunos ejemplos de estructuras homólogas. Éstas incluyen el ala de un ave, la aleta de un delfín y la pata de un perro.

A veces, los fósiles muestran estructuras que son homólogas con las estructuras de las especies actuales. Por ejemplo, recientemente los científicos han hallado fósiles de antiguas criaturas parecidas a las ballenas. Los fósiles muestran que los antepasados de las ballenas actuales tenían patas y caminaban por la tierra. Esta evidencia apoya otra evidencia de que las ballenas y otros vertebrados comparten un antepasado común que tenía un esqueleto con una columna vertebral.

ILUSTRACIÓN 2

INTERACTIVE ART **Estructuras homólogas**

Los huesos del ala de un ave, de la aleta de un delfín y de la pata de un perro tienen estructuras similares.

Interpreta diagramas Usa el dibujo de la pata del perro como guía. Con los colores apropiados, colorea los huesos del ala del ave y de la aleta del delfín que se corresponden con los huesos del perro.

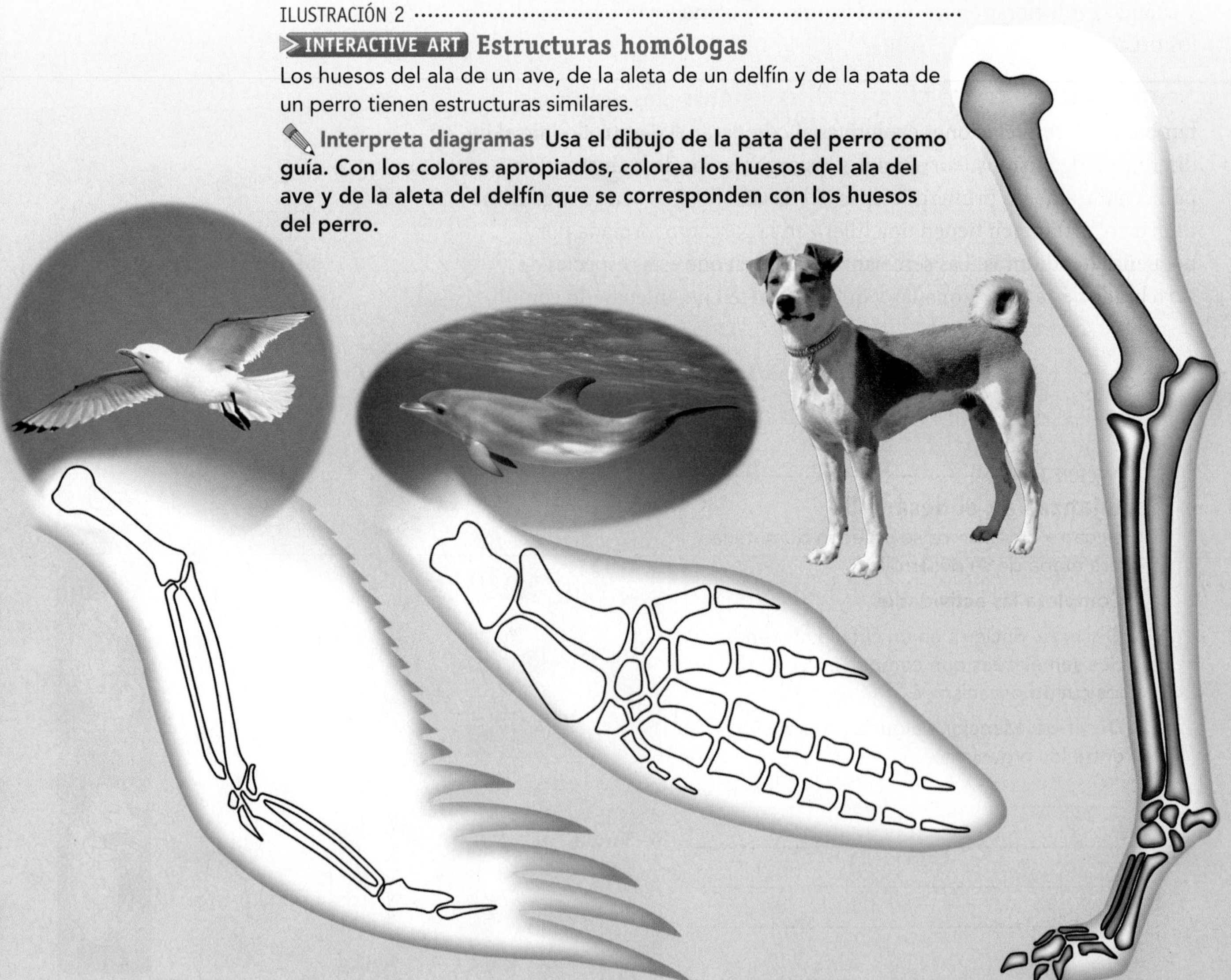

Semejanzas en el ADN y la estructura de las proteínas

¿Por qué algunas especies tienen estructuras corporales y patrones de desarrollo similares? Los científicos infieren que las especies heredaron muchos de los mismos genes de un antepasado común.

Recuerda que los genes son segmentos de ADN. Los científicos comparan la secuencia de las bases nitrogenadas en el ADN de distintas especies para inferir cuánto se relacionan las dos especies. Cuanto más parecidas son las secuencias de ADN, más estrechamente relacionadas están las especies. Las bases de ADN en un gen especifican el tipo de proteína que se producirá. Por lo tanto, los científicos también pueden comparar el orden de los aminoácidos en una proteína para ver cuánto se relacionan dos especies.

En la mayoría de los casos, la evidencia del ADN y de la estructura de las proteínas ha confirmado conclusiones basadas en los fósiles, los embriones y la estructura corporal. Por ejemplo, las comparaciones de ADN muestran que los perros se parecen más a los lobos que a los coyotes. Los científicos ya habían llegado a esa conclusión a partir de las semejanzas en la estructura y el desarrollo de estas tres especies.

¡aplícalo!

La tabla muestra la secuencia de aminoácidos en una región de una proteína, citocromo c, de cinco animales diferentes. Cada letra corresponde a un aminoácido distinto en la proteína.

Sección de la proteína citocromo c en los animales

Animal	Posición del aminoácido en la secuencia											
	39	40	41	42	43	44	45	46	47	48	49	50
Caballo	N	L	H	G	L	F	G	R	K	T	G	Q
Burro	N	L	H	G	L	F	G	R	K	T	G	Q
Conejo	N	L	H	G	L	F	G	R	K	T	G	Q
Serpiente	N	L	H	G	L	F	G	R	K	T	G	Q
Tortuga	N	L	N	G	L	I	G	R	K	T	G	Q

1 **Interpreta tablas** ¿Qué especie está menos relacionada con el caballo? ____________

2 **Comunica ideas** Explica de qué manera las secuencias de aminoácidos proporcionan información acerca de las relaciones evolutivas entre los organismos.

____

____

____

____

____

Zona de laboratorio® Haz la Actividad rápida de laboratorio *Hallar pruebas.*

Evalúa tu comprensión

1a. Define Las estructuras ____________ son partes del cuerpo de especies relacionadas que tienen estructuras parecidas.

b. DESAFÍO Tanto los insectos como las aves tienen alas. ¿Qué tipos de evidencia podrían mostrar si ambos están estrechamente relacionados? Explica tu respuesta.

____

____

____

____

____

¿comprendiste?

O ¡Comprendí! Ahora sé que la evidencia que apoya la teoría de la evolución incluye ____________

____

____

____

____

O Necesito más ayuda con ____________

Consulta MY SCIENCE COACH *en línea para obtener ayuda en inglés sobre este tema.*

LECCIÓN 3

Ritmo de cambio

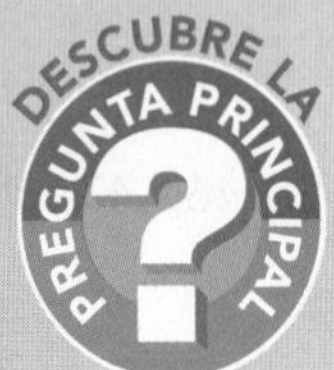

¿Cómo se forman las especies nuevas?

¿Qué patrones describen el ritmo de la evolución?

mi Diario del planeta

El silencio de los grillos

Un grillo macho chirría para atraer a su pareja. Desafortunadamente, el chirrido también atrae a una mosca parásita. Las moscas parásitas están atentas a los chirridos de los grillos. Al encontrar al grillo, la mosca hembra deposita sus larvas sobre el grillo. Las larvas, o gusanos, penetran en el interior del grillo. Siete días después, salen y matan al grillo durante el proceso. Las moscas parásitas redujeron la población de grillos en Kauai, una isla hawaiana, entre 1991 y 2001. Hacia 2003, la población de grillos en Kauai había aumentado. ¡Los grillos macho dejaron de chirriar! A lo largo de aproximadamente 20 generaciones de grillos, los grillos han evolucionado y se han convertido en una población casi silenciosa.

Haz la Indagación preliminar *Hacer una línea cronológica.*

DATO CURIOSO

Comunica ideas **Comenta estas preguntas con un compañero. Escribe tus respuestas en los espacios que siguen.**

1. ¿Por qué crees que los grillos de Kauai evolucionaron tan rápido?

2. Si la mayoría de los grillos macho ya no pueden chirriar, ¿cómo crees que esto podría afectar al tamaño de la población de grillos?

PLANET DIARY Consulta *Planet Diary* para aprender más en inglés sobre la evolución.

¿Cómo se forman las especies nuevas?

La selección natural explica cómo las variaciones pueden producir cambios en una especie. Pero, ¿cómo podría formarse una especie completamente nueva? **Una especie nueva puede formarse cuando un grupo de individuos permanece aislado del resto de su especie el tiempo suficiente para desarrollar rasgos distintos que impiden la reproducción.** El aislamiento ocurre cuando algunos miembros de una especie se separan del resto de su especie por una barrera natural, por ejemplo, un río.

Vocabulario
- gradualismo
- equilibrio puntual

Destrezas
- Lectura: Compara y contrasta
- Indagación: Haz modelos

ILUSTRACIÓN 1

Ardillas de Kaibab y de Abert

La ardilla de Kaibab (izquierda) y la ardilla de Abert (derecha) han estado aisladas entre sí desde hace mucho tiempo. Con el tiempo, este aislamiento puede dar por resultado dos especies distintas.

Identifica ¿Qué condiciones podrían diferir entre un lado del Gran Cañón y el otro para que las ardillas sean de un color diferente?

____
____
____

UTAH
COLORADO
Río Colorado
Lago Mead
Lago Powell
Gran Cañón
ARIZONA
NUEVO MÉXICO

Clave
Hábitat de la ardilla de Kaibab
Hábitat de la ardilla de Abert

Como puedes ver en la **ilustración 1**, las poblaciones de las ardillas de Kaibab y de Abert están separadas por el Gran Cañón. Los dos tipos de ardilla pertenecen a la misma especie, pero tienen características levemente diferentes. Por ejemplo, la ardilla de Kaibab tiene el vientre negro, mientras que la ardilla de Abert tiene el vientre blanco. Es posible que algún día estas ardillas lleguen a ser tan distintas que ya no puedan aparearse y se conviertan en dos especies diferentes.

Zona de laboratorio® Haz la Actividad rápida de laboratorio *Aislamiento en gran escala.*

Evalúa tu comprensión

¿comprendiste?

- O **¡Comprendí!** Ahora sé que las especies nuevas se forman cuando _______________
- O Necesito más ayuda con _______________

Consulta **my science COACH** *en línea para obtener ayuda en inglés sobre este tema.*

¿Qué patrones describen el ritmo de la evolución?

El registro fósil ha proporcionado a los científicos mucha información importante acerca de la vida pasada en la Tierra. Por ejemplo, los científicos han descubierto muchos ejemplos de aparición de nuevas especies a medida que las especies más antiguas desaparecen. A veces, las especies nuevas aparecen rápidamente mientras que otras veces esas especies son el resultado de un cambio más gradual. **Los científicos han desarrollado dos patrones para describir el ritmo de la evolución: el gradualismo y el equilibrio puntual.**

Compara y contrasta Identifica la semejanza y las diferencias clave entre el gradualismo y el equilibrio puntual.

- Ambos describen ____________________
- El gradualismo establece que la evolución se produce (rápidamente/lentamente) y (a un ritmo constante/en breves períodos de cambio rápido).
- El equilibrio puntual establece que la evolución se produce (rápidamente/lentamente) y durante __________ períodos de tiempo.

Cambio gradual

Algunas especies del registro fósil parecen cambiar gradualmente con el paso del tiempo. El **gradualismo** implica una serie de cambios pequeños que producen cambios muy importantes a través de un largo período de tiempo. Como la escala de tiempo del registro fósil consiste en cientos, miles o incluso millones de años, hay tiempo de sobra para que los cambios graduales produzcan especies nuevas. El registro fósil contiene muchos ejemplos de especies que son intermedias entre otras dos especies. Un ejemplo es el pariente del caballo, el *Merychippus*, que muestra la **ilustración 2**. Muchas de esas formas intermedias parecen ser el resultado de un cambio gradual.

Equus
Hoy

Merychippus
Hace 35 millones de años

Hyracotherium
Hace 53 millones de años

ILUSTRACIÓN 2

ART IN MOTION **La evolución del caballo**

Los caballos dejaron un registro fósil abundante y detallado de su evolución. Se han hallado muchas formas intermedias entre los caballos modernos y sus antepasados que tenían cuatro dedos. Aquí se muestra el *Merychippus*.

Responde estas preguntas.

1. **Haz una lista** Nombra dos diferencias entre los diferentes caballos.

2. DESAFÍO ¿Cómo pudo haber beneficiado al *Equus* la evolución de la forma de las patas y del número de dedos?

Cambio rápido Los científicos también han descubierto que muchas especies prácticamente no cambian durante su existencia. Entonces, poco después de extinguirse, aparecen especies relacionadas en el registro fósil. Este patrón en el que las especies evolucionan durante breves períodos de cambio rápido y luego no cambian mucho se denomina **equilibrio puntual.** Hoy en día, la mayoría de los científicos creen que la evolución puede ocurrir a veces rápidamente y otras, más gradualmente.

¡aplícalo!

A la derecha hay un modelo de dos patrones que describen el ritmo de la evolución.

Haz modelos **Observa las conchas marinas de la clave. Para cada patrón, decide si —y en qué punto— cada concha marina pertenece a las líneas cronológicas. Con lápices de colores, dibuja y colorea las conchas marinas en el lugar que corresponda para mostrar cómo han evolucionado con el tiempo.**

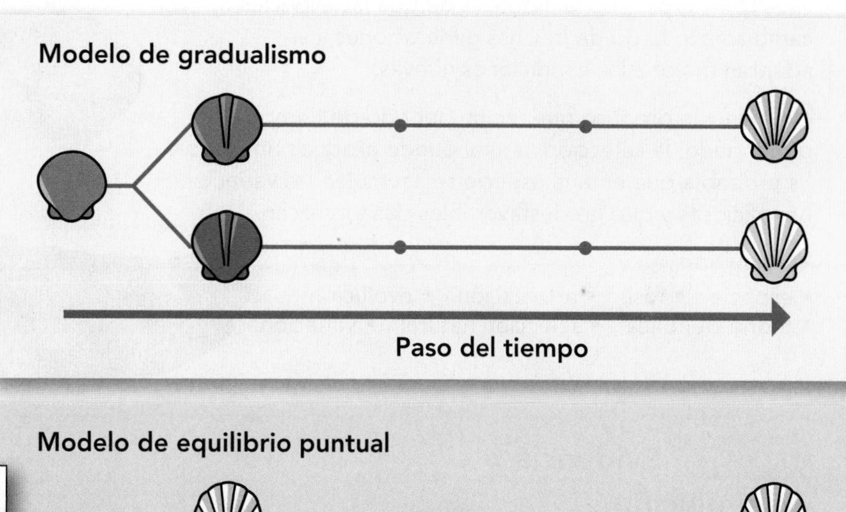

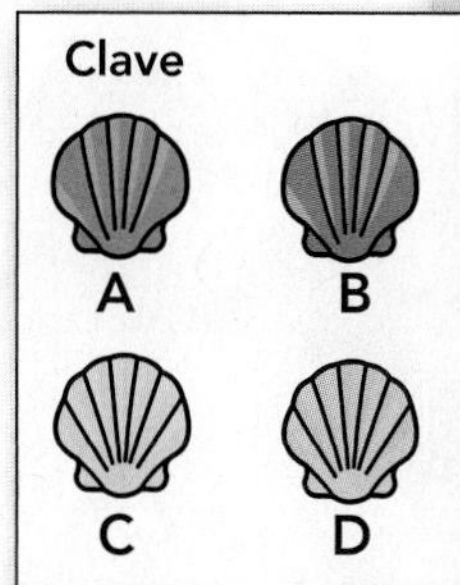

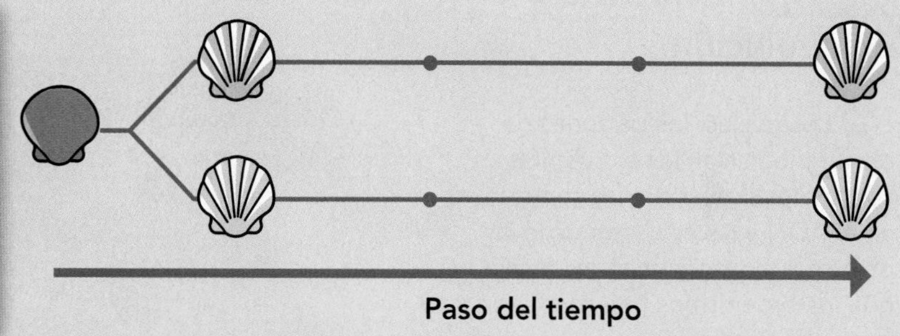

Zona de laboratorio Haz la Actividad rápida de laboratorio *¿Lento o rápido?*

Evalúa tu comprensión

1a. Identifica ____________ ha proporcionado a los científicos información acerca de la vida pasada en la Tierra.

b. Infiere ¿Por qué es probable que los fósiles de formas de vida intermedias sean escasos si el patrón de equilibrio puntual explica cómo se produce la evolución?

____

¿comprendiste?

O **¡Comprendí!** Ahora sé que dos patrones de evolución son ____________

O Necesito más ayuda con ____________

Consulta **my science coach** *en línea para obtener ayuda en inglés sobre este tema.*

CAPÍTULO 6

Guía de estudio

Los seres vivos cambian con el tiempo, o ______________________, mediante un proceso denominado ______________________

LECCIÓN 1 La teoría de Darwin

Darwin planteó la hipótesis de que las especies cambian a lo largo de muchas generaciones y se adaptan mejor a las condiciones nuevas.

Darwin propuso que, en un período de tiempo prolongado, la selección natural puede producir un cambio. Es probable que en una especie se acumulen las variaciones beneficiosas y que las desfavorables desaparezcan.

Vocabulario

- especie • fósil • adaptación • evolución
- teoría científica • selección natural • variación

LECCIÓN 2 Evidencia de evolución

Los fósiles, los patrones de desarrollo inicial, las estructuras corporales similares y las semejanzas en el ADN y las estructuras de las proteínas proporcionan evidencia de que los organismos han cambiado a lo largo del tiempo.

Vocabulario

- estructuras homólogas

LECCIÓN 3 Ritmo de cambio

Una especie nueva puede formarse cuando un grupo de individuos permanece aislado del resto de su especie el tiempo suficiente para desarrollar rasgos distintos que impiden la reproducción.

Los científicos han desarrollado dos patrones para describir el ritmo de la evolución: el gradualismo y el equilibrio puntual.

Vocabulario

- gradualismo
- equilibrio puntual

Repaso y evaluación

LECCIÓN 1 La teoría de Darwin

1. Un rasgo que le permite a un organismo sobrevivir y reproducirse es una

a. variación. **b.** adaptación.

c. especie. **d.** selección.

2. Dos organismos que pueden aparearse y producir descendientes fértiles son miembros de la misma

____

3. Infiere ¿Por qué las ideas de Darwin se consideran una teoría científica?

4. Aplica conceptos Menciona un factor que afecta la selección natural. Da un ejemplo.

5. Compara y contrasta Identifica una semejanza y una diferencia entre la selección natural y la selección artificial.

6. Escríbelo Eres un reportero del siglo XIX que entrevista a Charles Darwin acerca de su teoría de la evolución. Escribe tres preguntas que te gustaría hacerle. Luego, escribe lo que él podría haber respondido.

LECCIÓN 2 Evidencia de evolución

7. Las estructuras parecidas que las especies relacionadas han heredado de un antepasado común se denominan

a. adaptaciones.

b. fósiles.

c. estructuras ancestrales.

d. estructuras homólogas.

8. Cuanto más ________________ son las secuencias de ADN entre dos organismos, más estrechamente relacionadas se encuentran las especies.

9. Saca conclusiones Observa el dibujo de los huesos de la pata de un cocodrilo a la derecha. ¿Crees que los cocodrilos comparten un antepasado común con las aves, los delfines y los perros? Apoya tu respuesta con evidencia.

Cocodrilo

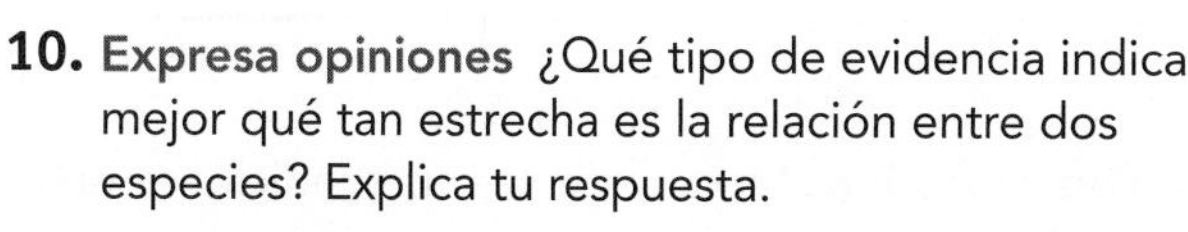

10. Expresa opiniones ¿Qué tipo de evidencia indica mejor qué tan estrecha es la relación entre dos especies? Explica tu respuesta.

CAPÍTULO 6

Repaso y evaluación

LECCIÓN 3 Ritmo de cambio

11. El patrón de la evolución que implica breves períodos de cambio rápido se denomina

a. adaptación.

b. gradualismo.

c. aislamiento.

d. equilibrio puntual.

12. ______________________ implica cambios pequeños en una especie que lentamente producen cambios muy importantes con el paso del tiempo.

13. Aplica conceptos Una población de venados vive en un bosque. Haz un dibujo que muestre cómo un accidente geográfico podría dividir a esta población de venados en dos grupos separados. Rotula el accidente geográfico.

14. Desarrolla hipótesis Describe las condiciones que podrían hacer que estos dos grupos de venados se convirtieran en especies distintas con el tiempo.

____

____

____

____

____

____

____

APLICA LA PREGUNTA PRINCIPAL ¿Cómo cambian los seres vivos con el tiempo?

15. Imagínate que, a lo largo de varios años, el clima de una región se vuelve mucho más seco de lo que era. ¿Cómo afectaría eso a las plantas como las que puedes ver a continuación? Predice qué cambios podrías observar en las plantas como resultado de ese cambio ambiental. Usa las palabras *variación* y *selección natural*.

____

____

____

____

____

____

____

____

____

____

____

____

____

____

____

Preparación para exámenes estandarizados

Selección múltiple

Encierra en un círculo la letra de la mejor respuesta.

1. La ilustración siguiente no tiene título. ¿Cuál de estos títulos describiría mejor el concepto que muestra este dibujo?

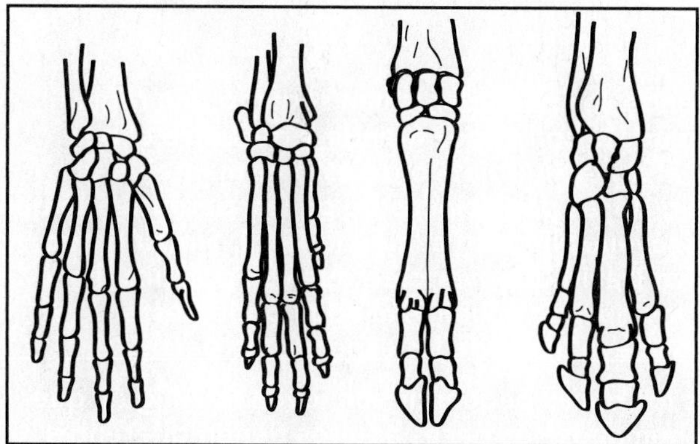

A Adaptaciones de los huesos de la muñeca
B Semejanzas en el desarrollo de los huesos de la muñeca
C Cambio evolutivo mediante el gradualismo
D Estructuras homólogas de cuatro animales

2. El proceso mediante el cual los individuos que se adaptan mejor a su medio ambiente tienen mayor probabilidad de sobrevivir y reproducirse que otros miembros de la misma especie se denomina

A selección natural.
B evolución.
C competencia.
D superproducción.

3. ¿Cuál de estas opciones es el mejor ejemplo de una adaptación que permite que los organismos sobrevivan en su medio ambiente?

A el color verde en lagartijas que viven en rocas grises
B una capa gruesa de pelaje en animales que viven en el desierto
C un sistema extenso de raíces en plantas que viven en el desierto
D hojas delicadas y delgadas en plantas que viven en un clima frío

4. ¿Cuál de estas series de factores determinó Darwin que afectaban la selección natural?

A adaptaciones, gradualismo y evolución
B superproducción, variación y competencia
C adaptaciones, rasgos y variaciones
D depredación, competencia y mutualismo

5. La evolución que se produce lentamente se describe mediante el patrón ______________________,
mientras que los cambios rápidos se describen mediante ______________________.

A del gradualismo; la selección natural
B de las estructuras homólogas; los fósiles
C del gradualismo; el equilibrio puntual
D de la selección natural; el equilibrio puntual

Respuesta elaborada

Usa el diagrama que sigue y tus conocimientos de ciencias para responder la pregunta 6. Escribe tu respuesta en una hoja aparte.

6. Este dibujo muestra las variaciones en el tamaño de las alas en una especie de mosca. Describe una situación en la que la selección natural podría favorecer a las moscas que tienen las alas más pequeñas.

EL INCREÍBLE PEZ QUE SE ENCOGÍA

Durante años, los pescadores han seguido una regla simple: quédate con el pez grande y devuelve el pez pequeño al agua. El objetivo de esto es mantener la estabilidad de las poblaciones de peces, permitiendo que los peces jóvenes lleguen a la edad fértil. Sin embargo, el científico David Conover cree que esa práctica de devolver los peces pequeños al agua podría estar afectando la evolución de las especies de peces.

No todos los peces pequeños son jóvenes. Al igual que los seres humanos, los peces adultos tienen diferentes tamaños. Conover planteó la hipótesis de que quitar al pez más grande de una población de peces podría producir poblaciones de peces más pequeños, porque los peces adultos pequeños sobrevivirían y se reproducirían más seguido que los peces adultos más grandes. Para comprobar esa hipótesis, el equipo de Conover dividió una población de 6,000 peces en distintos grupos. A lo largo de cuatro generaciones, los científicos retiraron selectivamente el 90% de los peces de cada grupo antes de que pudieran reproducirse.

Los resultados mostraron que a lo largo de sólo unas generaciones, las presiones de la selección pueden tener influencia no sólo en el tamaño de los peces, sino también en la salud de las poblaciones. Hoy en día, Conover está investigando distintas maneras de modificar las normas de pesca para que las poblaciones puedan recuperarse.

▲ Es probable que la pesca comercial esté generando poblaciones de peces cada vez más pequeños.

Este diagrama muestra la manera en que el Dr. Conover y su equipo organizaron y llevaron a cabo su experimento. También muestra los resultados. ▶

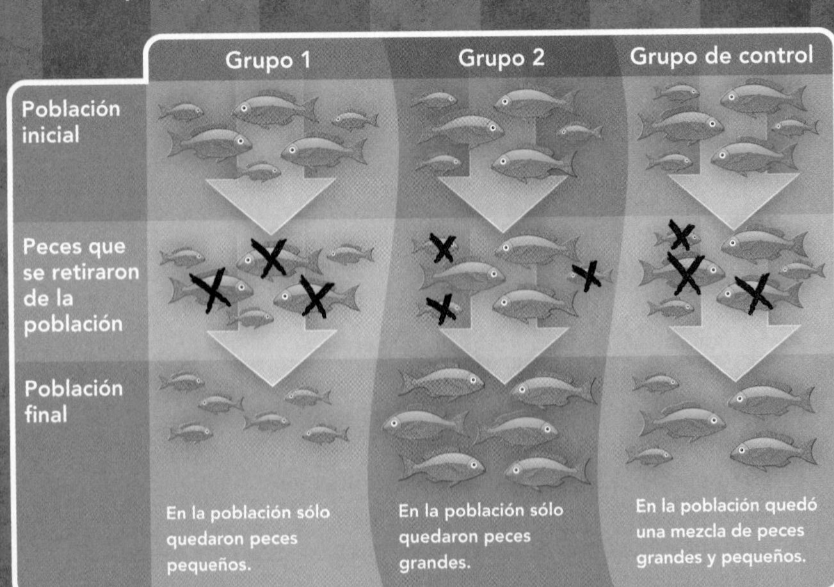

Diséñalo Si las políticas actuales están disminuyendo el tamaño promedio de los peces, ¿cuál es la mejor manera de contribuir a que se recuperen las poblaciones de peces?

¿BALLENAS QUE CAMINAN?

Si pudieras visitar la Tierra tal como existía hace 50 millones de años, verías muchas cosas asombrosas. Una de las cosas más extrañas que podrías ver es al antepasado de las ballenas modernas... ¡caminando sobre la tierra!

Durante años, los científicos han creído que las ballenas evolucionaron a partir de mamíferos terrestres. Hace 50 millones de años, aproximadamente, los antepasados de las ballenas modernas tenían cuatro patas y parecían perros grandes. A lo largo de 50 millones de años, las ballenas evolucionaron y se convirtieron en el gigantesco mamífero marino que reconocemos hoy en día. Sin embargo, los científicos han tenido dificultades para hallar fósiles de ballenas que muestren cómo se produjo este cambio radical. Esos eslabones perdidos podrían revelar cómo perdieron las patas las ballenas.

Hoy en día, varios descubrimientos nuevos permiten que los científicos puedan llenar los vacíos en la historia evolutiva de la ballena. Un fósil del esqueleto de una ballena hallado en el estado de Washington tiene una pelvis con enormes huecos similares a una taza. Es probable que esos huecos hayan sostenido patas cortas que permitían a la ballena caminar por la tierra. Otros fósiles de ballena hallados en Alabama tenían grandes extremidades traseras que probablemente permitían a los animales nadar. Los investigadores también han descubierto la mutación genética que podría haber causado la pérdida de las patas en las ballenas hace 35 millones de años.

Diséñalo Averigua más acerca de la historia evolutiva de las ballenas. ¿En qué se parecen la aleta de una ballena, el ala de un murciélago y la mano de un ser humano? Diseña un cartel para mostrar la historia evolutiva de las ballenas.

A lo largo de 50 millones de años, las ballenas evolucionaron desde una especie de mamíferos terrestres parecidos a un perro hasta convertirse en los gigantes acuáticos de hoy.

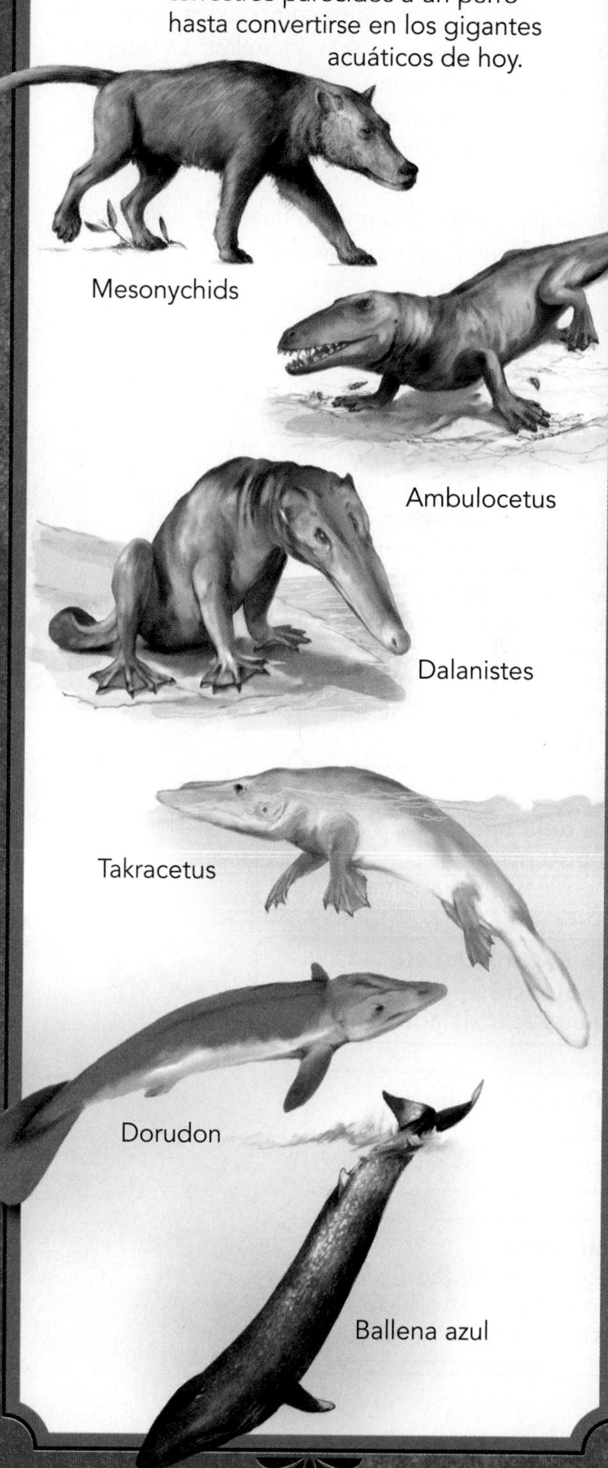

APÉNDICE A

Cómo usar un microscopio

El microscopio es un instrumento esencial para estudiar las ciencias de la vida. Te permite observar cosas que son demasiado pequeñas para ver a simple vista.

Es probable que uses un microscopio compuesto como el que ves aquí. El microscopio compuesto tiene más de una lente que aumenta el objeto que observas.

Por lo general, los microscopios compuestos tienen una lente en el ocular, la parte por la que miras. La lente del ocular suele aumentar la imagen 10×. Cualquier objeto que mires a través de esta lente se verá 10 veces más grande de lo que es.

El microscopio compuesto puede tener una o dos lentes denominadas lentes del objetivo.

Si hay dos, se denominan lentes del objetivo de baja y de alta potencia. Generalmente, las lentes de objetivo del baja potencia aumentan la imagen 10×, y las de alta potencia, 40×.

Para calcular el aumento total con el que estás observando un objeto determinado, multiplica el aumento del ocular por el aumento de la lente del objetivo que estás usando. Por ejemplo, el aumento del ocular de 10× multiplicado por el aumento de la lente del objetivo de baja potencia de 10× equivale a un aumento total de 100×.

Observa la foto del microscopio compuesto y aprende las partes del microscopio y sus funciones.

Las partes de un microscopio

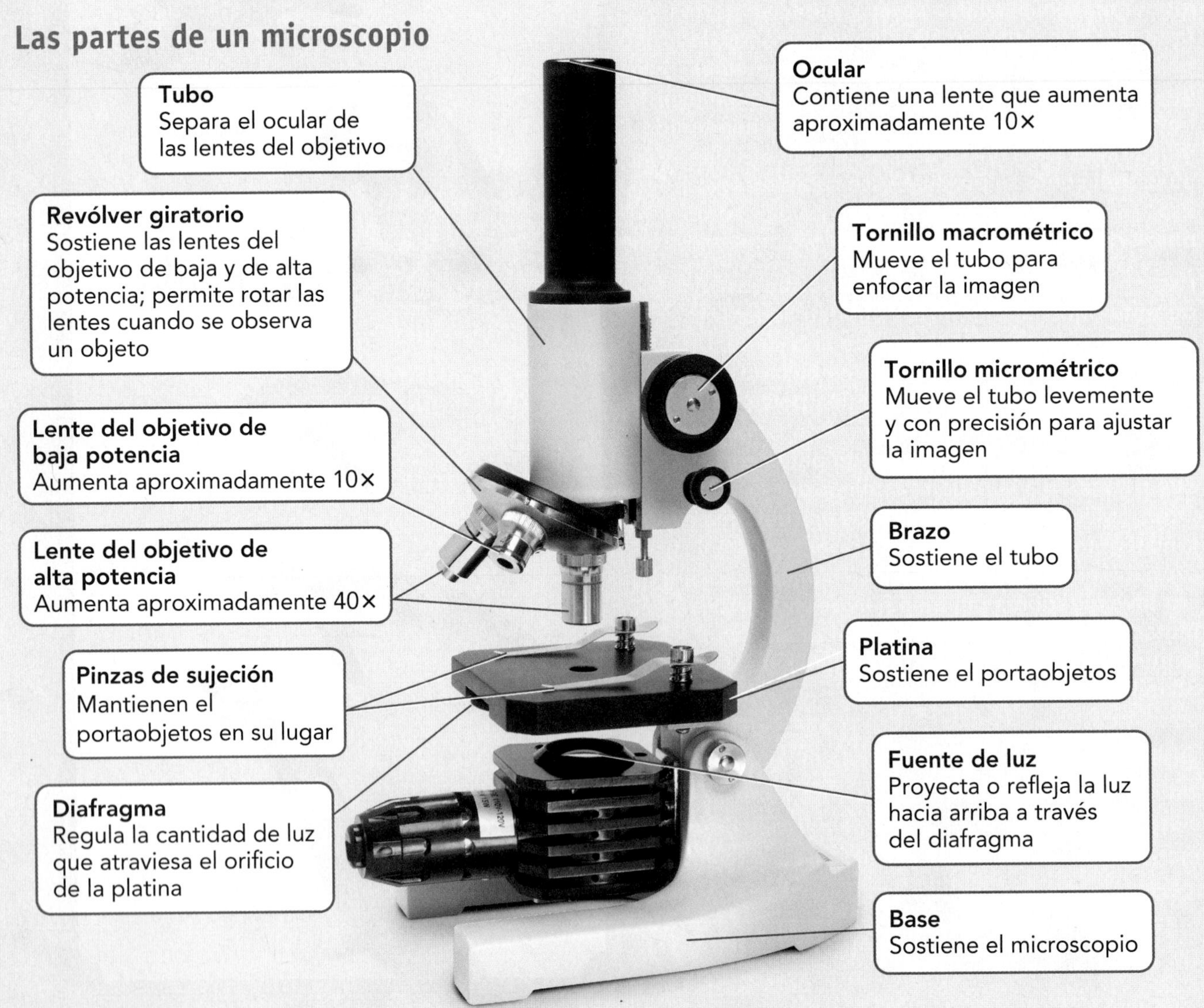

Cómo usar el microscopio

Usa los procedimientos que siguen cuando trabajes con un microscopio.

1. Para trasladar el microscopio, toma el brazo del microscopio con una mano. Pon la otra mano debajo de la base.
2. Coloca el microscopio sobre una mesa con el brazo mirando hacia ti.
3. Gira el tornillo macrométrico para elevar el tubo.
4. Gira el revólver hasta que la lente del objetivo de baja potencia encaje correctamente (se oirá un clic).
5. Ajusta el diafragma. Mientras miras por el ocular, ajusta también el espejo hasta que veas un círculo de luz blanca y brillante. **PRECAUCIÓN:** *Nunca uses luz solar directa como fuente de luz.*
6. Coloca un portaobjetos sobre la platina. Centra el espécimen en el orificio de la platina. Usa las pinzas de sujeción para mantener el portaobjetos en su lugar. **PRECAUCIÓN:** *Los portaobjetos de vidrio son frágiles.*
7. Mira la platina desde el costado. Con cuidado, gira el tornillo macrométrico para bajar el tubo hasta que el objetivo de baja potencia casi toque el portaobjetos.
8. Mira por el ocular y gira el tornillo macrométrico muy lentamente hasta que enfoques el espécimen.
9. Para usar la lente del objetivo de alta potencia, mira el microscopio desde el costado. Con cuidado, gira el revólver hasta que la lente de alta potencia encaje correctamente (se oirá un clic). Asegúrate de que la lente no golpee el portaobjetos.
10. Mira por el ocular y gira el tornillo micrométrico hasta que enfoques el espécimen.

Cómo hacer una preparación en fresco sobre un portaobjetos

Usa los procedimientos que siguen para hacer una preparación en fresco de un espécimen sobre un portaobjetos.

1. Consigue un portaobjetos limpio y un cubreobjetos. **PRECAUCIÓN:** *Los portaobjetos y los cubreobjetos de vidrio son frágiles.*
2. Coloca el espécimen en el centro del portaobjetos. El espécimen debe ser lo suficientemente delgado como para que la luz pueda atravesarlo.
3. Con un gotero de plástico, agrega una gota de agua sobre el espécimen.
4. Con cuidado, apoya uno de los bordes del cubreobjetos sobre el portaobjetos de modo que toque el borde de la gota de agua en un ángulo de 45°. Baja el cubreobjetos lentamente sobre el espécimen. Si ves burbujas de aire debajo del cubreobjetos, golpéalo suavemente con la punta de goma de un lápiz.
5. Quita el exceso de agua del borde del cubreobjetos con una toalla de papel.

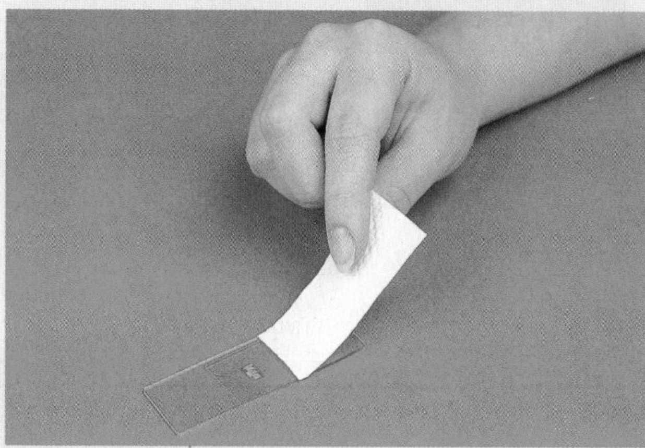

APÉNDICE B

Cómo usar una balanza de laboratorio

La balanza de laboratorio es una herramienta importante en la investigación científica. Puedes usar una balanza para determinar la masa de los materiales que estudies o con los que experimentes en el laboratorio.

En el laboratorio se usan diferentes tipos de balanzas. Uno de esos tipos es la balanza de triple brazo. Es probable que la balanza que uses en tu clase de Ciencias sea similar a la que se muestra en este Apéndice. **Para usar la balanza de manera adecuada, debes aprender el nombre, la ubicación y la función de cada parte de la balanza. ¿Qué tipo de balanza tienes en tu clase de Ciencias?**

La balanza de triple brazo

La balanza de triple brazo es una balanza de un solo platillo que tiene tres brazos calibrados en gramos. El brazo trasero, de 100 gramos, se divide en diez unidades de 10 gramos cada una. El brazo central, de 500 gramos, se divide en cinco unidades de 100 gramos cada una. El brazo delantero, de 10 gramos, se divide en diez unidades de 1 gramo cada una. A su vez, cada una de las unidades del brazo delantero se subdivide en unidades de 0.1 gramo. ¿Cuál es la mayor masa que podrías medir con una balanza de triple brazo?

Se puede usar el siguiente procedimiento para hallar la masa de un objeto con una balanza de triple brazo:

1. Ubica el objeto en el platillo.
2. Mueve la pesa del brazo central una muesca por vez hasta que el indicador, que está en posición horizontal, quede por debajo de cero. Mueve la pesa una muesca hacia atrás.
3. Mueve la pesa del brazo trasero una muesca por vez hasta que el indicador esté nuevamente por debajo de cero. Mueve la pesa una muesca hacia atrás.
4. Desliza lentamente la pesa del brazo delantero hasta que el indicador marque cero.
5. La masa del objeto será igual a la suma de las cantidades que indiquen los tres brazos.

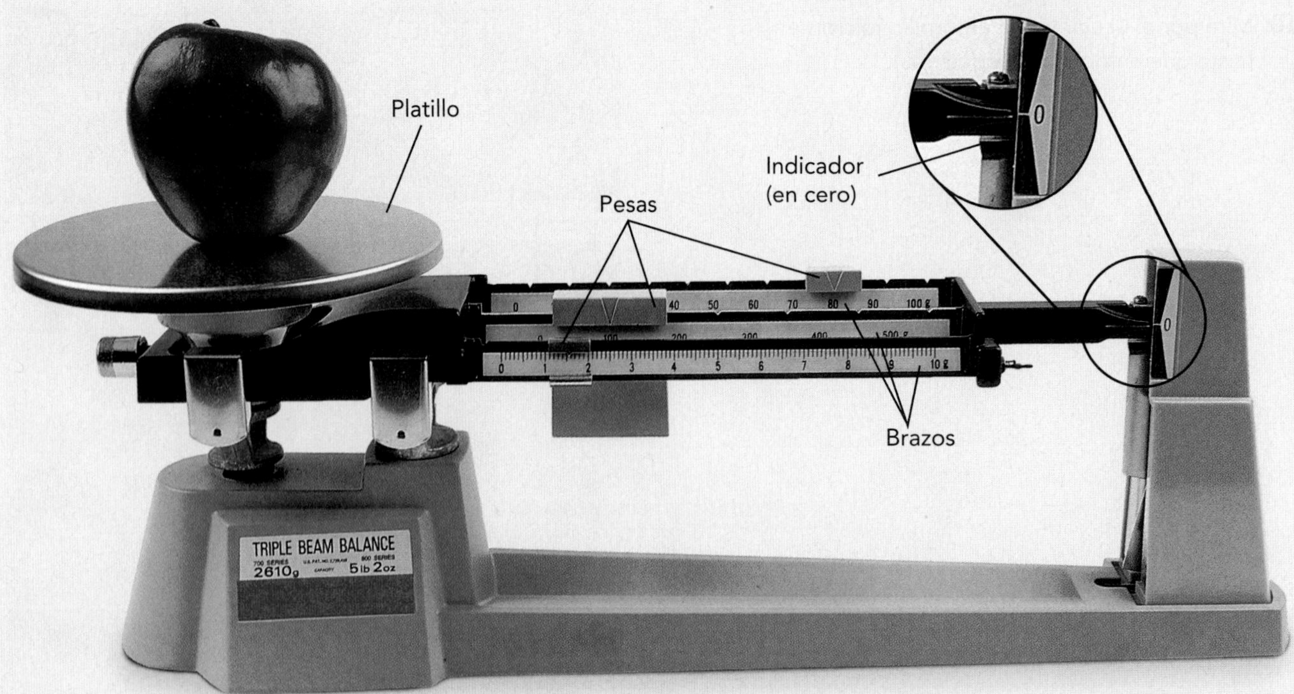

Lista de los elementos químicos

Nombre	Símbolo	Número atómico	Masa atómica[†]
Actinio	Ac	89	(227)
Aluminio	Al	13	26.982
Americio	Am	95	(243)
Antimonio	Sb	51	121.75
Argón	Ar	18	39.948
Arsénico	As	33	74.922
Astato	At	85	(210)
Azufre	S	16	32.06
Bario	Ba	56	137.33
Berilio	Be	4	9.0122
Berquelio	Bk	97	(247)
Bismuto	Bi	83	208.98
Bohrio	Bh	107	(264)
Boro	B	5	10.81
Bromo	Br	35	79.904
Cadmio	Cd	48	112.41
Calcio	Ca	20	40.08
Californio	Cf	98	(251)
Carbono	C	6	12.011
Cerio	Ce	58	140.12
Cesio	Cs	55	132.91
Cinc	Zn	30	65.38
Cloro	Cl	17	35.453
Cobalto	Co	27	58.933
Cobre	Cu	29	63.546
Copernicio	Cn	112	(277)
Criptón	Kr	36	83.80
Cromo	Cr	24	51.996
Curio	Cm	96	(247)
Darmstadtio	Ds	110	(269)
Disprosio	Dy	66	162.50
Dubnio	Db	105	(262)
Einstenio	Es	99	(252)
Erbio	Er	68	167.26
Escandio	Sc	21	44.956
Estaño	Sn	50	118.69
Estroncio	Sr	38	87.62
Europio	Eu	63	151.96
Fermio	Fm	100	(257)
Flúor	F	9	18.998
Fósforo	P	15	30.974
Francio	Fr	87	(223)
Gadolinio	Gd	64	157.25
Galio	Ga	31	69.72
Germanio	Ge	32	72.59
Hafnio	Hf	72	178.49
Hasio	Hs	108	(265)
Helio	He	2	4.0026
Hidrógeno	H	1	1.0079
Hierro	Fe	26	55.847
Holmio	Ho	67	164.93
Indio	In	49	114.82
Iridio	Ir	77	192.22
Iterbio	Yb	70	173.04
Itrio	Y	39	88.906
Lantano	La	57	138.91
Laurencio	Lr	103	(262)
Litio	Li	3	6.941
Lutecio	Lu	71	174.97
Magnesio	Mg	12	24.305
Manganeso	Mn	25	54.938
Meitnerio	Mt	109	(268)
Mendelevio	Md	101	(258)
Mercurio	Hg	80	200.59
Molibdeno	Mo	42	95.94
Neodimio	Nd	60	144.24
Neón	Ne	10	20.179
Neptunio	Np	93	(237)
Niobio	Nb	41	92.906
Níquel	Ni	28	58.71
Nitrógeno	N	7	14.007
Nobelio	No	102	(259)
Oro	Au	79	196.97
Osmio	Os	76	190.2
Oxígeno	O	8	15.999
Paladio	Pd	46	106.4
Plata	Ag	47	107.87
Plomo	Pb	82	207.2
Platino	Pt	78	195.09
Plutonio	Pu	94	(244)
Polonio	Po	84	(209)
Potasio	K	19	39.098
Praseodimio	Pr	59	140.91
Promecio	Pm	61	(145)
Protactinio	Pa	91	231.04
Radio	Ra	88	(226)
Radón	Rn	86	(222)
Renio	Re	75	186.21
Rodio	Rh	45	102.91
Roentgenio	Rg	111	(272)
Rubidio	Rb	37	85.468
Rutenio	Ru	44	101.07
Rutherfordio	Rf	104	(261)
Samario	Sm	62	150.4
Seaborgio	Sg	106	(263)
Selenio	Se	34	78.96
Sílice	Si	14	28.086
Sodio	Na	11	22.990
Talio	Tl	81	204.37
Tantalio	Ta	73	180.95
Tecnecio	Tc	43	(98)
Telurio	Te	52	127.60
Terbio	Tb	65	158.93
Titanio	Ti	22	47.90
Torio	Th	90	232.04
Tulio	Tm	69	168.93
Tungsteno	W	74	183.85
Uranio	U	92	238.03
Vanadio	V	23	50.941
Xenón	Xe	54	131.30
Yodo	I	53	126.90
Zirconio	Zr	40	91.22

[†]Los números entre paréntesis indican el número de masa del isótopo más estable.

APÉNDICE D

Tabla periódica de los elementos

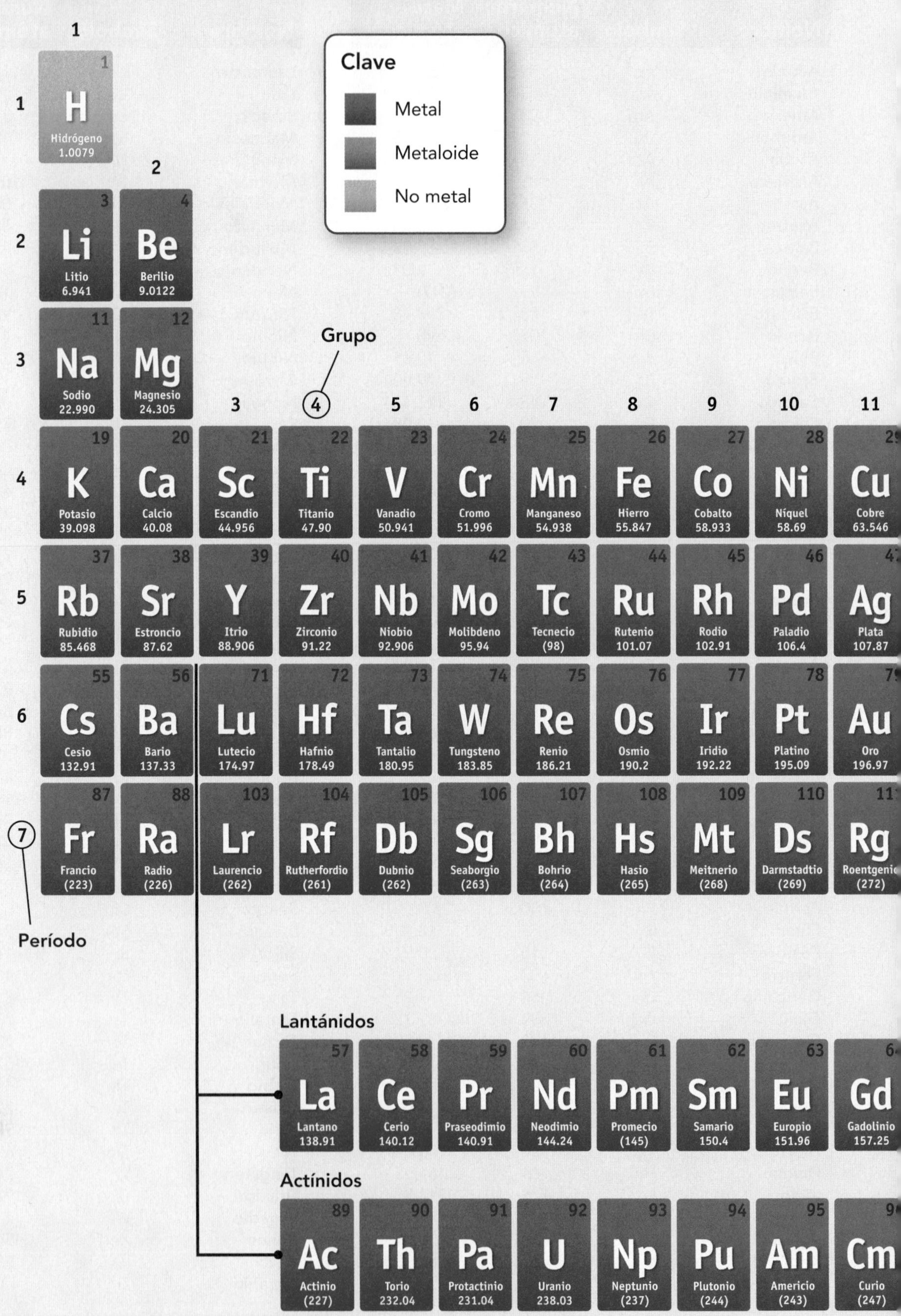

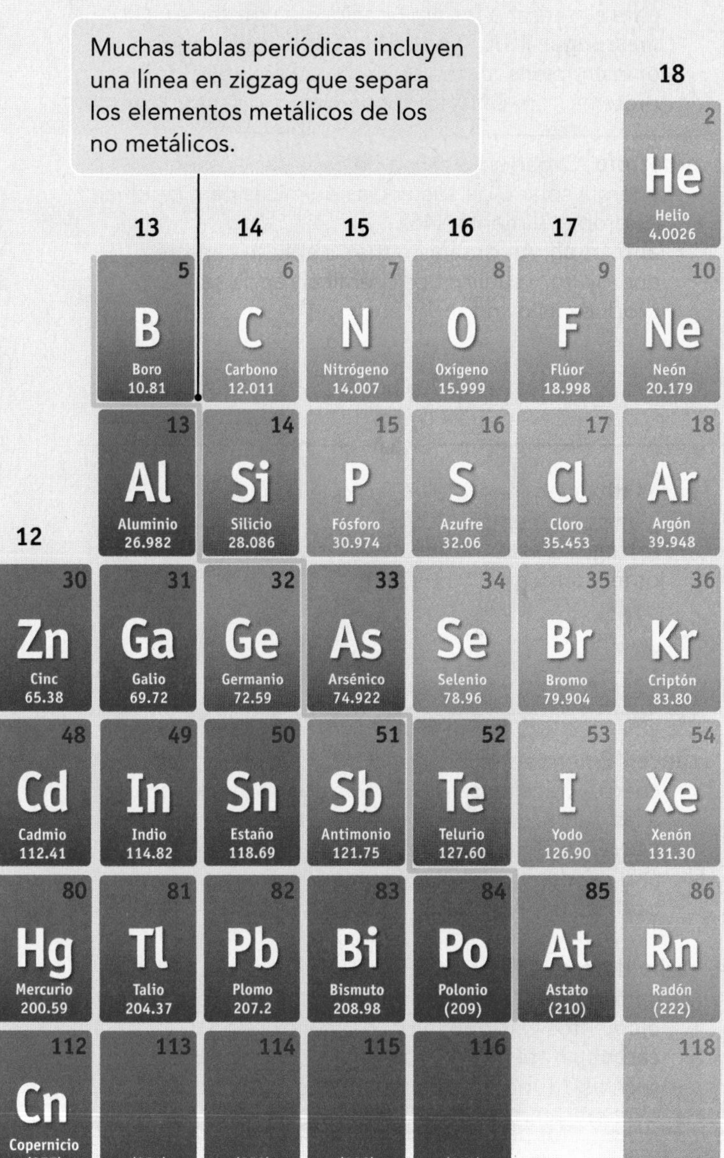

El descubrimiento de los elementos que van del 113 en adelante no se ha confirmado oficialmente.
Las masas atómicas que están entre paréntesis son las de los isótopos más estables.

GLOSARIO

A

ácido nucleico Molécula muy grande formada por carbono, oxígeno, hidrógeno, nitrógeno y fósforo, que porta las instrucciones necesarias para que las células realicen todas las funciones vitales. (26)
nucleic acid A very large organic molecule made of carbon, oxygen, hydrogen, nitrogen, and phosphorus, that contains the instructions cells need to carry out all the functions of life.

adaptación Comportamiento o característica física hereditaria que le permite a un organismo sobrevivir y reproducirse en su ambiente. (169)
adaptation An inherited behavior or physical characteristic that helps an organism survive and reproduce in its environment.

ADN Ácido desoxirribonucleico; material genético que lleva información sobre un organismo y que se transmite de padres a hijos. (26)
DNA Deoxyribonucleic acid; the genetic material that carries information about an organism and is passed from parent to offspring.

alelo dominante Alelo cuyo rasgo siempre se manifiesta en el organismo, cuando el alelo está presente. (77)
dominant allele An allele whose trait always shows up in the organism when the allele is present.

alelo múltiple Tres o más alelos posibles del gen que determina un rasgo. (88)
multiple alleles Three or more possible alleles of a gene that determine a trait.

alelo recesivo Alelo que no se manifiesta cuando el alelo dominante está presente. (77)
recessive allele An allele that is hidden whenever the dominant allele is present.

alelos Diferentes formas de un gen. (77)
alleles The different forms of a gene.

aparato de Golgi Orgánulo de la célula que recibe, empaqueta y distribuye a otras partes de la célula las proteínas y otros materiales que se forman en el retículo endoplasmático. (18)
Golgi apparatus An organelle in a cell that receives proteins and other newly formed materials from the endoplasmic reticulum, packages them, and distributes them to other parts of the cell.

ARN de transferencia Tipo de ARN del citoplasma que lleva un aminoácido al ribosoma durante la síntesis de proteínas. (115)
transfer RNA Type of RNA in the cytoplasm that carries an amino acid to the ribosome during protein synthesis.

ARN mensajero Tipo de ARN que lleva, del ADN a los ribosomas del citoplasma, copias de instrucciones para sintetizar a los aminoácidos en proteínas. (115)
messenger RNA Type of RNA that carries copies of instructions for the assembly of amino acids into proteins from DNA to ribosomes in the cytoplasm.

autótrofo Organismo capaz de capturar y usar la energía solar o de sustancias químicas para producir su propio alimento. (46)
autotroph An organism that is able to capture energy from sunlight or chemicals and use it to produce its own food.

B

bases nitrogenadas Moléculas que contienen nitrógeno y otros elementos. (109)
nitrogen bases Molecules that contain nitrogen and other elements.

C

cáncer Enfermedad en la que algunas células del cuerpo crecen y se dividen sin control, y causan daño a las partes del cuerpo que las rodean. (121)
cancer A disease in which some body cells grow and divide uncontrollably, damaging the parts of the body around them.

carbohidrato Compuesto orgánico rico en energía, como un azúcar o almidón, formado por los elementos carbono, hidrógeno y oxígeno. (24)
carbohydrate An energy-rich organic compound, such as a sugar or a starch, that is made of the elements carbon, hydrogen, and oxygen.

cariotipo Fotografía de todos los cromosomas humanos en una célula agrupados en pares y ordenados de los más grandes a los más pequeños. (144)
karyotype A picture of all the human chromosomes in a cell grouped together in pairs and arranged in order of decreasing size.

célula Unidad básica de la estructura y función de todos los seres vivos. (4)
cell The basic unit of structure and function in living things.

ciclo celular Serie de sucesos en los que una célula crece, se prepara para dividirse y se divide para formar dos células hijas. (58)
cell cycle The series of events in which a cell grows, prepares for division, and divides to form two daughter cells

citocinesis Última etapa del ciclo celular en la que se divide el citoplasma y se reparten los orgánulos entre las dos células hijas nuevas. (62)
cytokinesis The final stage of the cell cycle, in which the cell's cytoplasm divides, distributing the organelles into each of the two new daughter cells.

citoplasma Región celular de líquido espeso ubicada dentro de la membrana celular (en las procariotas) o entre la membrana celular y el núcleo (en las eucariotas). (15)
cytoplasm The thick fluid region of a cell located inside the cell membrane (in prokaryotes) or between the cell membrane and nucleus (in eukaryotes).

clon Organismo genéticamente idéntico al organismo del que proviene. (149)
clone An organism that is genetically identical to the organism from which it was produced.

clorofila Pigmento verde fotosintético de los cloroplastos de las plantas, algas y algunas bacterias. (47)
chlorophyll A green photosynthetic pigment found in the chloroplasts of plants, algae, and some bacteria.

cloroplasto Orgánulo de las células vegetales y otros organismos que absorbe energía de la luz solar y la convierte en una forma de energía que las células pueden usar para producir alimentos. (19)
chloroplast An organelle in the cells of plants and some other organisms that captures energy from sunlight and changes it to an energy form that cells can use in making food.

codominancia Situación en la que ambos alelos de un gen se manifiestan de igual manera. (87)
codominance A situation in which both alleles for a gene are expressed equally.

compuesto Sustancia formada por dos o más elementos combinados químicamente en una razón o proporción específica. (23)
compound A substance made of two or more elements chemically combined in a specific ratio, or proportion.

cromosoma Estructura filamentosa en el núcleo celular que contiene el ADN que se transmite de una generación a la siguiente. (58)
chromosome A threadlike structure within a cell's nucleus that contains DNA that is passed from one generation to the next.

cromosomas sexuales Par de cromosomas portadores de genes que determinan el sexo (masculino o femenino) de una persona. (137)
sex chromosomes A pair of chromosomes carrying genes that determine whether a person is male or female.

cruce selectivo Técnica reproductiva por medio de la cual sólo los organismos con rasgos deseados producen la próxima generación. (147)
selective breeding Method of breeding that allows only those organisms with desired traits to produce the next generation.

cuadrado de Punnett Tabla que muestra todas las combinaciones posibles de los alelos que se pueden derivar de un cruce genético. (82)
Punnett square A chart that shows all the possible combinations of alleles that can result from a genetic cross.

D

desorden genético Condición anormal que hereda una persona a través de los genes o cromosomas. (141)
genetic disorder An abnormal condition that a person inherits through genes or chromosomes.

difusión Proceso en el que las moléculas se mueven de un área de mayor concentración a otra de menor concentración. (30)
diffusion The process by which molecules move from an area of higher concentration to an area of lower concentration.

doble hélice Forma de una molécula de ADN. (26)
double helix The shape of a DNA molecule.

dominancia incompleta Situación en la que un alelo no es completamente dominante sobre el otro. (87)
incomplete dominance A situation in which one allele is not completely dominant over another allele.

E

elemento Sustancia que no se puede descomponer en otras sustancias por medios químicos o físicos. (22)
element A pure substance that cannot be broken down into other substances by chemical or physical means.

endocitosis Proceso en el que la membrana celular absorbe partículas al cambiar de forma y envolver las partículas. (33)
endocytosis The process by which the cell membrane takes particles into the cell by changing shape and engulfing the particles.

endogamia Técnica reproductiva en la que se cruzan dos individuos con conjuntos de alelos parecidos. (148)
inbreeding A selective breeding method in which two individuals with similar sets of alleles are crossed.

GLOSARIO

enzima **1.** Tipo de proteína que acelera una reacción química en un ser vivo. (25) **2.** Catalizador biológico que reduce la energía de activación o la reacción de las células.
enzyme **1.** A type of protein that speeds up a chemical reaction in a living thing. **2.** A biological catalyst that lowers the activation energy or reactions in cells.

equilibrio puntual Patrón de la evolución en el que los períodos largos estables son interrumpidos por breves períodos de cambio rápido. (183)
punctuated equilibrium Pattern of evolution in which long stable periods are interrupted by brief periods of more rapid change.

especie Grupo de organismos semejantes que pueden cruzarse y producir descendencia fértil. (167)
species A group of similar organisms that can mate with each other and produce offspring that can also mate and reproduce.

estructuras homólogas Estructuras parecidas de especies distintas y que se han heredado de un antepasado común. (178)
homologous structures Structures that are similar in different species and that have been inherited from a common ancestor.

ética Estudio de los principios de qué es lo bueno y lo malo, lo justo y lo injusto. (154)
ethics The study of principles about what is right and wrong, fair and unfair.

evolución Cambio con el tiempo; proceso por el cual los organismos modernos se originaron a partir de organismos antiguos. (170)
evolution Change over time; the process by which modern organisms have descended from ancient organisms.

exocitosis Proceso en el que la vacuola que envuelve partículas se funde con la membrana celular, expulsando así el contenido al exterior de la célula. (33)
exocytosis The process by which the vacuole surrounding particles fuses with the cell membrane, forcing the contents out of the cell.

F

fenotipo Apariencia física, o rasgos visibles, de un organismo. (84)
phenotype An organism's physical appearance, or visible traits.

fermentación Proceso en el que las células liberan energía al descomponer las moléculas de alimento sin usar oxígeno. (54)
fermentation The process by which cells release energy by breaking down food molecules without using oxygen.

fertilización Proceso de la reproducción sexual en el que un óvulo y un espermatozoide se unen para formar una nueva célula. (75)
fertilization The process in sexual reproduction in which an egg cell and a sperm cell join to form a new cell.

fósil Restos o vestigios conservados de un organismo que vivió en el pasado. (167)
fossil The preserved remains or traces of an organism that lived in the past.

fotosíntesis Proceso por el cual las plantas y otros autótrofos absorben la energía de la luz para producir alimentos a partir del dióxido de carbono y el agua. (46)
photosynthesis The process by which plants and other autotrophs capture and use light energy to make food from carbon dioxide and water.

G

gen Secuencia de ADN que determina un rasgo y que se pasa de los progenitores a los hijos. (77)
gene A sequence of DNA that determines a trait and is passed from parent to offspring.

gen ligado al sexo Gen de un cromosoma sexual (X o Y). (138)
sex-linked gene A gene that is carried on a sex (X or Y) chromosome.

genealogía Diagrama que muestra la presencia o ausencia de un rasgo según las relaciones familiares a través de varias generaciones. (143)
pedigree A chart that shows the presence or absence of a trait according to the relationships within a family across several generations.

genética Ciencia que estudia la herencia. (75)
genetics The scientific study of heredity.

genoma Toda la información genética que un organismo lleva en su ADN. (153)
genome A complete set of genetic information that an organism carries in its DNA.

genotipo Composición genética de un organismo, es decir, las combinaciones de los alelos. (84)
genotype An organism's genetic makeup, or allele combinations.

gradualismo Evolución de una especie por medio de la acumulación lenta pero continua de cambios genéticos a través de largos períodos de tiempo. (182)
gradualism Pattern of evolution characterized by the slow and steady accumulation of small genetic changes over long periods of time.

H

herencia Transmisión de rasgos de padres a hijos. (74)
heredity The passing of traits from parents to offspring.

herencia poligénica Herencia de los rasgos controlados por dos o más genes, como la altura en los seres humanos. (88)
polygenic inheritance The inheritance of traits that are controlled by two or more genes, such as height in humans.

heterocigoto Que tiene dos alelos distintos para un gen particular. (84)
heterozygous Having two different alleles for a particular gene.

heterótrofo Organismo que no puede producir sus propios alimentos y que se alimenta al consumir otros seres vivos. (46)
heterotroph An organism that cannot make its own food and gets food by consuming other living things.

hibridación Técnica reproductiva en la que se cruzan individuos distintos para reunir los mejores rasgos de ambos progenitores. (148)
hybridization A selective breeding method that involves crossing different individuals to bring together the best traits from both parents.

híbrido Descendiente de cruces que tiene dos alelos distintos para un rasgo. (78)
hybrid An offspring of crosses that has two different alleles for a trait.

homocigoto Que tiene dos alelos idénticos para un gen particular. (84)
homozygous Having two identical alleles for a particular gene.

I

ingeniería genética Transferencia de un gen desde el ADN de un organismo a otro, para producir un organismo con los rasgos deseados. (149)
genetic engineering The transfer of a gene from the DNA of one organism into another organism, in order to produce an organism with desired traits.

interfase Primera etapa del ciclo celular que ocurre antes de la división celular y durante la cual la célula crece y duplica su ADN. (58)
interphase The first stage of the cell cycle that takes place before cell division occurs, during which a cell grows and makes a copy of its DNA.

L

lípido Compuesto orgánico rico en energía, como una grasa, aceite o cera, formado por los elementos carbono, hidrógeno y oxígeno. (25)
lipid An energy-rich organic compound, such as a fat, oil, or wax, that is made of carbon, hydrogen, and oxygen.

lisosoma Orgánulo de una célula, que tiene sustancias químicas que convierten partículas grandes de alimentos en partículas más pequeñas que el resto de la célula puede utilizar. (19)
lysosome A cell organelle which contains chemicals that break down large food particles into smaller ones and that can be used by the rest of the cell.

M

meiosis Proceso durante la formación de las células sexuales (espermatozoide y óvulo) por el cual el número de cromosomas se reduce a la mitad. (96)
meiosis The process that occurs in the formation of sex cells (sperm and egg) by which the number of chromosomes is reduced by half.

membrana celular Barrera delgada y flexible alrededor de la célula, que controla lo que entra y sale de la célula. (13)
cell membrane A thin, flexible barrier that surrounds a cell and controls which substances pass into and out of a cell.

microscopio Instrumento que permite que los objetos pequeños se vean más grandes. (6)
microscope An instrument that makes small objects look larger.

mitocondria Estructura celular con forma de bastón que transforma la energía de las moléculas de alimentos en energía que la célula puede usar para llevar a cabo sus funciones. (15)
mitochondria Rod-shaped organelles that convert energy in food molecules to energy the cell can use to carry out its functions.

mitosis Segunda etapa del ciclo celular, durante la cual se divide el núcleo de la célula en dos núcleos nuevos y el conjunto del ADN se reparte entre cada célula hija. (59)
mitosis The second stage of the cell cycle during which the cell's nucleus divides into two new nuclei and one set of DNA is distributed into each daughter cell.

multicelular Que se compone de muchas células. (20)
multicellular Consisting of many cells.

mutación Cualquier cambio del ADN de un gen o cromosoma. (119)
mutation Any change in the DNA of a gene or a chromosome.

N

núcleo **1.** En las células, orgánulo grande y ovalado que contiene el material genético de la célula en forma de ADN y que controla muchas actividades celulares. (14) **2.** Centro del átomo que contiene los protones y neutrones. **3.** Centro sólido de un cometa.
nucleus **1.** In cells, a large oval organelle that contains the cell's genetic material in the form of DNA and controls many of the cell's activities. **2.** The central core of an atom which contains protons and neutrons. **3.** The solid inner core of a comet.

O

órgano Estructura del cuerpo compuesta de distintos tipos de tejidos que trabajan conjuntamente. (21)
organ A body structure that is composed of different kinds of tissues that work together.

orgánulo Estructura celular diminuta que realiza una función específica dentro de la célula. (14)
organelle A tiny cell structure that carries out a specific function within the cell.

ósmosis Difusión de moléculas de agua a través de una membrana permeable selectiva. (31)
osmosis The diffusion of water molecules across a selectively permeable membrane.

P

pared celular Capa fuerte de apoyo alrededor de las células de las plantas y algunos otros organismos. (13)
cell wall A rigid supporting layer that surrounds the cells of plants and some other organisms.

permeabilidad selectiva Propiedad de las membranas celulares que permite el paso de algunas sustancias y no de otras. (29)
selectively permeable A property of cell membranes that allows some substances to pass across it, while others cannot.

portador Persona que tiene un alelo recesivo y un alelo dominante para un rasgo. (139)
carrier A person who has one recessive allele and one dominant allele for a trait.

probabilidad Número que describe cuán probable es que ocurra un suceso. (81)
probability A number that describes how likely it is that a particular event will occur.

proteína Molécula orgánica grande compuesta de carbono, hidrógeno, oxígeno, nitrógeno y, a veces, azufre. (25)
protein Large organic molecule made of carbon, hydrogen, oxygen, nitrogen, and sometimes sulfur.

Q

quimioterapia Uso de medicamentos para tratar enfermedades como el cáncer. (123)
chemotherapy The use of drugs to treat diseases such as cancer.

R

rasgo Característica específica que un organismo puede transmitir a sus descendientes a través de los genes. (74)
trait A specific characteristic that an organism can pass to its offspring through its genes.

raza pura Descendiente de varias generaciones que tienen los mismos rasgos. (75)
purebred An offspring of many generations that have the same form of a trait.

replicación Proceso en el que la célula copia el ADN de su núcleo antes de la división celular. (58)
replication The process by which a cell makes a copy of the DNA in its nucleus before cell division.

replicación del ADN Proceso en el que el ADN se duplica, antes de que la célula se divida. (112)
DNA replication Before a cell divides, the process in which DNA copies itself.

respiración celular Proceso en el cual el oxígeno y la glucosa pasan por una serie compleja de reacciones químicas dentro de las células y así liberan energía. (51)
cellular respiration The process in which oxygen and glucose undergo a complex series of chemical reactions inside cells, releasing energy.

retículo endoplasmático Orgánulo que forma un laberinto de conductos que llevan proteínas y otros materiales de una parte de la célula a otra. (15)
endoplasmic reticulum An organelle that forms a maze of passageways in which proteins and other materials are carried from one part of the cell to another.

ribosoma Orgánulo pequeño con forma de grano en el citoplasma de una célula que produce proteínas. (14)
ribosome A small grain-shaped organelle in the cytoplasm of a cell that produces proteins.

S

selección natural Proceso por el cual los organismos que se adaptan mejor a su ambiente tienen mayor probabilidad de sobrevivir y reproducirse. (172)
natural selection The process by which organisms that are best adapted to their environment are most likely to survive and reproduce.

sistema de órganos Grupo de órganos que trabajan juntos para realizar una función importante. (21)
organ system A group of organs that work together to perform a major function.

T

tejido Grupo de células semejantes que realizan una función específica. (21)
tissue A group of similar cells that perform a specific function.

teoría celular Explicación ampliamente aceptada sobre la relación entre las células y los seres vivos. (6)
cell theory A widely accepted explanation of the relationship between cells and living things.

teoría científica Explicación comprobada de una gran variedad de observaciones o resultados de experimentos. (170)
scientific theory A well-tested explanation for a wide range of observations or experimental results.

terapia genética Proceso que consiste en cambiar un gen para tratar una enfermedad o un trastorno médico. El gen ausente o defectuoso se cambia por un gen con función normal. (151)
gene therapy The process of changing a gene to treat a medical disease or disorder. An absent or faulty gene is replaced by a normal working gene.

transporte activo Proceso que usa la energía celular para mover materiales a través de la membrana celular. (32)
active transport The movement of materials across a cell membrane using cellular energy.

transporte pasivo Movimiento de materiales a través de una membrana celular sin usar energía celular. (30)
passive transport The movement of dissolved materials across a cell membrane without using cellular energy.

tumor Masa de células que se dividen rápidamente y que puede dañar los tejidos que la rodean. (122)
tumor A mass of rapidly dividing cells that can damage surrounding tissue.

U

unicelular Compuesto por una sola célula. (20)
unicellular Made of a single cell.

V

vacuola Orgánulo en forma de bolsa que almacena agua, alimentos y otros materiales. (18)
vacuole A sac-like organelle that stores water, food, and other materials.

variación Cualquier diferencia entre individuos de la misma especie. (173)
variation Any difference between individuals of the same species.

ÍNDICE

Los números de página de los términos clave están impresos en negrita.

A

B

C

D

ÍNDICE

Los números de página de los términos clave están impresos en negrita.

N

O

P

Q

R

S

T

Los números de página de los términos clave están impresos en negrita.

U

V

W

Z

RECONOCIMIENTOS

Reconocimientos al personal

Los miembros del equipo de ***Ciencias interactivas,*** en representación de los servicios de producción, servicios de producción multimedia y diseño digital, desarrollo de productos digitales, editorial, servicios editoriales, manufactura y producción, se incluyen a continuación.
Jan Van Aarsen, Samah Abadir, Ernie Albanese, Gisela Aragón, Bridget Binstock, Suzanne Biron, MJ Black, Nancy Bolsover, Stacy Boyd, Jim Brady, Katherine Bryant, Michael Burstein, Pradeep Byram, Jessica Chase, Jonathan Cheney, Arthur Ciccone, Vanessa Corzano, Allison Cook-Bellistri, Rebecca Cottingham, AnnMarie Coyne, Bob Craton, Chris Deliee, Paul Delsignore, Michael Di Maria, Diane Dougherty, Kristen Ellis, Theresa Eugenio, Amanda Ferguson, Jorgensen Fernandez, Kathryn Fobert, Julia Gecha, Mark Geyer, Steve Gobbell, Paula Gogan-Porter, Jeffrey Gong, Sandra Graff, Adam Groffman, Lynette Haggard, Christian Henry, Karen Holtzman, Susan Hutchinson, Sharon Inglis, Marian Jones, Sumy Joy, Sheila Kanitsch, Courtenay Kelley, Chris Kennedy, Marjorie Kirstein, Toby Klang, Greg Lam, Russ Lappa, Margaret LaRaia, Ben Leveillee, Thea Limpus, Dotti Marshall, Kathy Martin, Robyn Matzke, John McClure, Mary Beth McDaniel, Krista McDonald, Tim McDonald, Rich McMahon, Cara McNally, Melinda Medina, Angelina Mendez, Maria Milczarek, Claudi Mimó, Mike Napieralski, Deborah Nicholls, Dave Nichols, William Oppenheimer, Jodi O'Rourke, Ameer Padshah, Lorie Park, Celio Pedrosa, Jonathan Penyack, Linda Zust Reddy, Jennifer Reichlin, Stephen Rider, Charlene Rimsa, Stephanie Rogers, arcy Rose, Rashid Ross, Anne Rowsey, Logan Schmidt, nda Seldera, Laurel Smith, Nancy Smith, Ted Smykal, Soltanoff, Cindy Strowman, Dee Sunday, Barry Tomack, icia Valencia, Ana Sofía Villaveces, Stephanie Wallace, stine Whitney, Brad Wiatr, Heidi Wilson, Heather Wright, hel Youdelman

otografía

ortadas

flower, Dr. Jeremy Burgess/Science Photo Library/Photo Researchers, Inc.; **stem,** Anna Subbotina/Shutterstock.

Páginas preliminares

Page vi, Solvin Zankl/Nature Picture Library; **vii,** Thinkstock/Corbis; **viii,** Blickwinkel/Alamy; **x,** HALEY/SIPA/Newscom; **xi,** Chris Newbert/Minden Pictures; **xiii,** iStockphoto.com; **xv br,** JupiterImages/Getty Images; **xviii laptop,** iStockphoto.com; **xx bl,** Dr. David Scott/Phototake; **xx br;** Adrian Bailey/Aurora Photos; **xxi** ZSSD/SuperStock.

Capítulo 1

Pages xxii–1 spread, Solvin Zankl/Nature Picture Library; **3 t,** Perennou Nuridsany/Photo Researchers, Inc.; **3 m2,** Michael Rolands/iStockphoto.com; **3 b,** Michael Abbey/Photo Researchers, Inc.; **4,** Biophoto Associates/Photo Researchers, Inc.; **5 skateboarder,** Nils-Johan Norenlind/age Fotostock; **5 cell,** Steve Gschmeissner/Photo Researchers, Inc.; **6 l,** Dr. Cecil H. Fox/Photo Researchers, Inc.; **6 m,** Dr. Jeremy Burgess/Photo Researchers, Inc.; **6 tr,** Science Museum Library/Science and Society Picture Library; **6 br,** Dorling Kindersley; **7 tl inset,** M. I. Walker/Photo Researchers, Inc.; **7 tr inset,** Perennou Nuridsany/Photo Researchers, Inc.; **7 b inset,** John Walsh/Photo Researchers, Inc.; **7 bkgrnd,** David Spears/Clouds Hill Imaging Ltd./Corbis; **8 tl,** Paul Taylor/Riser/Getty Images, Inc.; **8 tr,** Bill Beaty/Visuals Unlimited/Getty Images, Inc.; **8 bl,** Wes Thompson/Corbis; **8 br,** Millard H. Sharp/Photo Researchers, Inc.; **8 magnifying glass,** Dorling Kindersley; **10–11 t,** A. Syred/Photo Researchers, Inc.; **12,** Dr. Torsten Wittmann/Photo Researchers, Inc.; **14 tl,** Alfred Paskieka/Photo Researchers, Inc.; **14 br,** Bill Longcore/Photo Researchers, Inc.; **15,** CNRI/Photo Researchers, Inc.; **18,** Photo Researchers, Inc.; **19,** Biophoto Associates/Science Photo Library; **20 tr,** Phototake; **20 br,** Dr. David Scott/Phototake; **20 tl,** Professors P. Motta and S. Correr/Science Photo Library/Photo Researchers, Inc.; **20 bl,** Biophoto Associates/Photo Researchers Inc.; **22,** Tierbild Okapia/Photo Researchers, Inc.; **23,** Digital Vision/Getty Images, Inc.; **24 r,** Michael Rolands/iStockphoto.com; **24 l,** Dorling Kindersley; **25,** Claus Meyer/Minden Pictures; **28,** Michael Lamotte/Cole Group/Getty Images; **31 t,** Perennou Nuridsany/Photo Researchers, Inc.; **31 b,** Perennou Nuridsany/Photo Researchers, Inc.; **33 all,** Michael Abbey/Photo Researchers, Inc.; **34,** Science and Society Picture Library; **36,** Dorling Kindersley.

Sección especial

Page 38 bkgrnd and t inset, Kim Taylor and Jane Burton/Dorling Kindersley; **38 b,** David M. Phillips/Photo Researchers, Inc.; **39 mr,** Martin Shields/Photo Researchers, Inc.

Capítulo 2

Pages 40–41 spread, Thinkstock/Corbis; **43 t,** age Fotostock/SuperStock; **43 m1,** Vincenzo Lombardo/Getty Images; **43 b,** Biodisc/Visuals Unlimited; **43 m2,** Ed Reschke/Peter Arnold, Inc.; **44,** David Cook/Blue Shift Studios/Alamy; **45 r inset,** age Fotostock/SuperStock; **45 l inset,** Adrian Bailey/Aurora Photos; **45 bkgrnd,** Robbert Koene/Getty Images; **47 bkgrnd,** Rich Iwasaki/Getty Images; **49,** Yuji Sakai/Getty Images; **50,** Pete Saloutos/Corbis; **54,** Vincenzo Lombardo/Getty Images; **55,** Noah Clayton/Getty Images; **56,** George Grall/National Geographic Image Collection; **56 bkgrnd,** George Grall/National Geographic Image Collection; **57 r,** Eric Bean/Getty Images; **57 r inset,** Suzi Eszterhas/Minden Pictures; **57 l,** Helmut Gritscher/Peter Arnold Inc.; **60 and 61 all,** Ed Rescheke/Peter Arnold, Inc; **62 t,** Dr. Gopal Murti/Photo Researchers, Inc.; **62 b,** Biodisc/Visuals Unlimited/Alamy; **64,** Ed Rescheke/Peter Arnold, Inc.

Sección especial

Page 68 ml, Andres Rodriguez/Alamy; **69 bkgrnd,** Thomas Deerinck, NCMIR/Photo Researchers, Inc.

Capítulo 3

Pages 70–71, ZSSD/SuperStock; **73 t,** Timothy Large/iStockphoto.com; **73 bl,** Frank Krahmer/Getty Images; **73 bm,** Burke/Triolo/JupiterUnlimited; **73 br,** Burke/Triolo/JupiterUnlimited; **74 t,** Bettmann/Corbis; **74 b,** Wally Eberhart/Getty Images; **76,** Andrea Jones/Alamy; **79 l,** Herman Eisenbeiss/Photo Researchers, Inc.; **79 r,** WildPictures/Alamy; **79 bkgrnd,** Monika Gniot/Shutterstock; **80 l inset,** J. Pat Carter/AP Images; **80 bkgrnd,** National Oceanic and Atmospheric Administration (NOAA); **81,** Brand X/

JupiterImages; **82–83 spread,** Monika Gniot/Shutterstock; **84,** Alexandra Grablewski/JupiterImages; **85 l,** Timothy Large/iStockphoto.com; **85 r,** Jomann/Dreamstime.com; **85 bkgrnd,** Agg/Dreamstime.com; **86 inset,** Joel Sartore/Getty Images; **86 bkgrnd,** Erik Rumbaugh/iStockphoto.com; **87 black hen,** Mike Dunning/Dorling Kindersley; **87 red flower,** Burke/Triolo/JupiterUnlimited; **87 white flower,** Burke/Triolo/JupiterUnlimited; **87 pink flower,** Frank Krahmer/Getty Images; **87 white rooster**, CreativeAct-Animals Series/Alamy; **87 mixed rooster,** Dorling Kindersley; **88 r,** Jay Brousseau/Getty Images; **88 l,** Geoff Dann/Dorling Kindersley; **88 m,** John Daniels/Ardea; **89 tl,** Radius Images/Photolibrary New York; **89 bkgrnd,** Randy Faris/Corbis; **89 tm,** Stuart McClymont/Getty Images; **89 tr,** Blickwinkel/Alamy; **89 bl,** Michael Melford/Getty Images; **89 br,** Naile Goelbasi/Getty Images; **89 pushpins,** Luis Carlos Torres/iStockphoto.com; **90 black hen,** Mike Dunning/Dorling Kindersley; **90 white flower,** Burke/Triolo/JupiterUnlimited; **90 r,** Radius Images/Photolibrary New York; **90 white rooster,** CreativeAct-Animals Series/Alamy; **90 mixed rooster,** Dorling Kindersley; **90 red flower,** Burke/Triolo/JupiterUnlimited; **90 pink flower,** Frank Krahmer/Getty Images; **90–91 flowers,** Tomas Bercic/iStockphoto.com; **90–91 sky,** Serg64/Shutterstock, Inc.; **91 tr,** Wally Eberhart/Getty Images; **91 bl**, Joel Sartore/Getty Images; **91 tl**, Stuart McClymont/Getty Images; **92 r,** Phototake NYC; **92 l,** Phototake NYC; **93 grasshopper,** proxyminder/iStockphoto.com; **93 skunk,** Eric Isselée/iStockphoto.com; **93 shrimp,** Jane Burton/Dorling Kindersley; **93 mosquito,** Frank Greenaway/Dorling Kindersley; **93 corn,** Cathleen Clapper/iStockphoto.com; **93 t,** Robbin Moran; **98,** Blickwinkel/Alamy.

Sección especial

Page 102 bkgrnd, We Shoot/Alamy; **103 br,** Dorling Kindersley.

Capítulo 4

Pages 104–105 spread, David Doubilet/National Geographic/Getty Images; **107 m2,** Christian Charisius/Reuters; **107 b,** ISM/Phototake; **108 l,** Science Source/Photo Researchers, Inc.; **108 r,** Omikron/Photo Researchers, Inc.; **108–109 t,** Gerald C. Kelley/Photo Researchers, Inc.; **110 tl,** Andrew Syred/Photo Researchers, Inc.; **110 diamonds,** Mark Evans/iStockphoto.com; **113,** Dr. Gopal Murti/Science Photo Library/Photo Researchers, Inc.; **115,** JupiterImages; **114 l,** Dorling Kindersley; **114 r,** Bedrock Studios/Dorling Kindersley; **118 bkgrnd,** Peter Cade/Getty Images, Inc.; **118 inset,** Russell Glenister/image100/Corbis; **120 br inset,** Christian Charisius/Reuters; **120 bkgrnd,** Jim Stamates/Stone/Getty Images, Inc.; **121 t,** ISM/Phototake; **121 b,** Dorling Kindersley.

Sección especial

Page 128 inset, Denis Poroy/AP Images; **128 bkgrnd,** D. Robert Franz/ImageState/Alamy; **129 tl,** Dave King/Dorling Kindersley; **129 b,** Anthony Tueni/Alamy; **129 inset,** Jamie Marshall/Dorling Kindersley.

Capítulo 5

Pages 130–131 spread, HALEY/SIPA/Newscom; **133 m1,** Oliver Meckes & Nicole Ottawa/Photo Researchers, Inc.; **133 t both,** Addenbrookes Hospital/Photo Researchers, Inc.; **133 m2,** www.splashnews.com/Newscom; **133 b,** Choi Byung-kil/Yonhap/AP Images; **135,** Timothey Kosachev/iStockphoto.com; **136,** China Daily Information Corp-CDIC/Reuters; **137 x chromosomes,** Addenbrookes Hospital/Photo Researchers, Inc.; **137 x and y chromosomes,** Addenbrookes Hospital/SPL/Photo Researchers, Inc.; **138 r,** JupiterImages/Brand X/Alamy; **138 l,** Michael Newman/PhotoEdit, Inc.; **140 l,** Paul Cotney/iStockphoto.com; **140 r,** Lisa Svara/iStockphoto.com; **140 m,** John Long/iStockphoto.com; **141,** Oliver Meckes & Nicole Ottawa/Photo Researchers, Inc.; **143,** Nancy Hamilton/Photo Researchers, Inc.; **144 r,** Dennis Kunkel/Phototake; **144 l,** Dennis Kunkel/Phototake; **145 t,** iStockphoto.com; **145 b,** Tomas Ovalle/The Fresno Bee/AP Images; **146 inset,** Udo Richter/AFP/Getty Images; **146–147 bkgrnd,** Anke van Wyk/Shutterstock; **149,** www.splashnews.com/Newscom; **151,** Choi Byung-kil/Yonhap/AP Images; **152,** PeJo/Shu/Shutterstock; **153,** Laura Doss/Photolibrary New York; **153 double helix,** Andrey Prokhorov/iStockphoto.com; **154,** Kenneth C. Zirkel/iStockphoto.com; **154 bkgrnd**, David Fairfield/Getty Images; **156 b,** Tomas Ovalle/The Fresno Bee/AP Images; **156 t,** JupiterImages/Brand X/Alamy; **158,** Dennis Kunkel/Phototake.

Sección especial

Page 160 bkgrnd, Sam Ogden/Photo Researchers, Inc.; **161 bkgrnd,** Phototake Inc./Alamy; **161 inset,** Stocksearch/Alamy.

Capítulo 6

Pages 162–163 spread, Chris Newbert/Minden Pictures; **166 bl inset,** Dorling Kindersley; **166 bkgrnd,** Andreas Gross/Westend 61/Alamy; **166 t,** The Gallery Collection/Corbis; **167 bl inset,** Nigel Reed/QED Images/Alamy; **167** [illegible] Wardene Weisser/Bruce Coleman Inc./Alamy; **167 t,** Ingo Arndt/Minden Pictures; **167 m,** Enzo & Paolo Ragazzini/Corbis; **168 t**, Tui De Roy/Minden Pictures; **168 br,** Joe McDonald/Corbis; **168 bl,** Stuart Westmorland/Visions of Tomorrow, Inc./Science Faction; **170 bkgrnd,** Magdalena Duczkowska/iStockphoto.com; **170 m inset,** Steve Shott/Dorling Kindersley; **170 l inset,** GK Hart/Vikki Hart/Getty Images; **170 r inset,** Dorling Kindersley; **171 m,** PetStock Boys/Alamy; **171 r,** Derrell Fowler Photography; **171 l,** Georgette Douwma/Nature Picture Library; **174,** Mitsuaki Iwago/Minden Pictures; **175 bkgrnd,** Copyright © 2007 Maury Hatfield. All rights reserved; **176 r,** Model by Tyler Keillor/Courtesy of University of Chicago; **176 l,** Gordon Wiltsie/National Geographic Stock; **178 m,** Pacific Stock/SuperStock; **178 l,** Winfried Wisniewski/Zefa/Corbis; **178 r,** SuperStock; **180 tr,** Copyright © 2007 Gerald McCormack/Cook Islands Biodiversity Database, Version 2007.2. Cook Islands Natural Heritage Trust, Rarotonga. Online at http://cookislands.bishopmuseum.org; **180 maggots,** John T. Rotenberry/University of California at Riverside; **181 l inset,** Thomas & Pat Leeson/Photo Researchers, Inc.; **181 r inset,** Thomas & Pat Leeson/Photo Researchers, Inc.; **181 bkgrnd,** Momatiuk-Eastcott/Corbis; **186,** S. Borisov/Shutterstock; **184 bl,** Thomas & Pat Leeson/Photo Researchers, Inc.; **184 br,** Thomas & Pat Leeson/Photo Researchers, Inc.; **184 m,** Model by Tyler Keillor/Courtesy of University of Chicago; **184 t,** Joe McDonald/Corbis.

Sección especial

Page 188 inset, Joshua Roper/Alamy.